REGISTRO DE PREÇOS
ANÁLISE CRÍTICA DO DECRETO FEDERAL Nº 7.892/13, COM AS ALTERAÇÕES POSTERIORES

CRISTIANA FORTINI
Coordenadora

Prefácio
Maria Sylvia Zanella Di Pietro

REGISTRO DE PREÇOS

ANÁLISE CRÍTICA DO DECRETO FEDERAL Nº 7.892/13, COM AS ALTERAÇÕES POSTERIORES

3ª edição revista, ampliada e atualizada

Belo Horizonte

FÓRUM

CONHECIMENTO JURÍDICO

2020

© 2014 Editora Fórum Ltda.

2014 2ª edição revista e atualizada
2020 3ª edição revista, ampliada e atualizada

É proibida a reprodução total ou parcial desta obra, por qualquer meio eletrônico, inclusive por processos xerográficos, sem autorização expressa do Editor.

Conselho Editorial

Adilson Abreu Dallari
Alécia Paolucci Nogueira Bicalho
Alexandre Coutinho Pagliarini
André Ramos Tavares
Carlos Ayres Britto
Carlos Mário da Silva Velloso
Cármen Lúcia Antunes Rocha
Cesar Augusto Guimarães Pereira
Clovis Beznos
Cristiana Fortini
Dinorá Adelaide Musetti Grotti
Diogo de Figueiredo Moreira Neto (*in memoriam*)
Egon Bockmann Moreira
Emerson Gabardo
Fabrício Motta
Fernando Rossi
Flávio Henrique Unes Pereira

Floriano de Azevedo Marques Neto
Gustavo Justino de Oliveira
Inês Virgínia Prado Soares
Jorge Ulisses Jacoby Fernandes
Juarez Freitas
Luciano Ferraz
Lúcio Delfino
Marcia Carla Pereira Ribeiro
Márcio Cammarosano
Marcos Ehrhardt Jr.
Maria Sylvia Zanella Di Pietro
Ney José de Freitas
Oswaldo Othon de Pontes Saraiva Filho
Paulo Modesto
Romeu Felipe Bacellar Filho
Sérgio Guerra
Walber de Moura Agra

CONHECIMENTO JURÍDICO

Luís Cláudio Rodrigues Ferreira
Presidente e Editor

Coordenação editorial: Leonardo Eustáquio Siqueira Araújo
Aline Sobreira de Oliveira

Av. Afonso Pena, 2770 – 15º andar – Savassi – CEP 30130-012
Belo Horizonte – Minas Gerais – Tel.: (31) 2121.4900 / 2121.4949
www.editoraforum.com.br – editoraforum@editoraforum.com.br

Técnica. Empenho. Zelo. Esses foram alguns dos cuidados aplicados na edição desta obra. No entanto, podem ocorrer erros de impressão, digitação ou mesmo restar alguma dúvida conceitual. Caso se constate algo assim, solicitamos a gentileza de nos comunicar através do *e-mail* editorial@editoraforum.com.br para que possamos esclarecer, no que couber. A sua contribuição é muito importante para mantermos a excelência editorial. A Editora Fórum agradece a sua contribuição.

R337   Registro de Preços: análise crítica do Decreto Federal nº 7.892/13, com as alterações posteriores / Coordenadora Cristiana Fortini ; prefácio de Maria Sylvia Zanella Di Pietro . 3ª edição revista, ampliada e atualizada – Belo Horizonte : Fórum, 2020.
265p.
ISBN 978-65-5518-038-1

1. Direito administrativo. 2. Contratações públicas. 3. Licitações.
I. Fortini, Cristiana. II. Di Pietro, Maria Sylvia Zanella

CDD: 341.3
CDU: 342.9

Informação bibliográfica deste livro, conforme a NBR 6023:2018 da Associação Brasileira de Normas Técnicas (ABNT):

FORTINI, Cristiana (Coord.). *Registro de Preços*: análise crítica do Decreto Federal nº 7.892/13, com as alterações posteriores. 3. ed. rev., ampl. e atual. Belo Horizonte: Fórum, 2020. 265p. ISBN 978-65-5518-038-1.

SUMÁRIO

PREFÁCIO DA PRIMEIRA EDIÇÃO
MARIA SYLVIA ZANELLA DI PIETRO 11

APRESENTAÇÃO DA PRIMEIRA EDIÇÃO
CRISTIANA FORTINI 17

APRIMORAMENTOS DO DECRETO FEDERAL:
ÓRGÃO GERENCIADOR, ÓRGÃO PARTICIPANTE, CARONA
E OUTROS DISPOSITIVOS
CRISTIANA FORTINI 19
Referências 28

ROTEIRO DO PROTAGONISTA DO SRP: AS COMPETÊNCIAS
DO ÓRGÃO GERENCIADOR PREVISTAS NO DECRETO
Nº 7.892, DE 23.01.2013
GILBERTO PINTO MONTEIRO DINIZ 29

1 Introdução 29

2 Órgão gerenciador 33

3 As competências do órgão gerenciador
(art. 5º, Decreto nº 7.892/2013) 35

3.1 Praticar atos de administração (art. 5º, *caput*) 37

3.2 Praticar atos de controle (art. 5º, *caput*) 38

3.3 Registrar Intenção de Registro de Preços – IRP
(art. 5º, I) 38

3.4 Consolidar informações sobre estimativa de consumo
(art. 5º, II) 41

3.5 Instruir o processo relativo à licitação (art. 5º, III) 46

3.6 Realizar pesquisa de mercado (art. 5º, IV) 47

3.7 Confirmar o objeto a ser licitado com os órgãos participantes
(art. 5º, V) 51

3.8	Realizar a licitação (art. 5º, VI)	51
3.9	Gerenciar a Ata de Registro de Preços (art. 5º, VII)	53
3.10	Renegociar preços registrados na ata (art. 5º, VIII)	55
3.11	Aplicar penalidades (art. 5º, IX e X)	56
3.12	Autorizar a prorrogação do prazo previsto no §6º do art. 22 (art. 5º, XI)	60
4	Considerações finais	61
	Referências	62

ASPECTOS GERAIS, A INTENÇÃO PARA REGISTRO DE PREÇOS (IRP) E CONSIDERAÇÕES SOBRE OS ÓRGÃOS ENVOLVIDOS

CRISTIANA FORTINI, FERNANDA PIAGINNI ROMANELLI ... 65

1	Introdução	65
2	A necessidade de regulamentação do art. 15 da Lei nº 8.666/93 e os limites da normatização	66
3	Limites da regulamentação do Decreto	68
4	Definições	69
4.1	O Registro de Preços	69
4.1.1	Cadastro de Reserva	72
4.2	Os atores do Registro de Preços	74
5	A compra nacional	77
6	Intenção de Registro de Preços (IRP)	78
7	Conclusões	83
	Referências	84

AS COMPETÊNCIAS DO ÓRGÃO PARTICIPANTE NO SISTEMA DE REGISTRO DE PREÇOS

SARAH CAMPOS ... 85

1	Introdução	85
2	Das competências do órgão participante no Sistema de Registro de Preços	86
3	Das competências do órgão participante de compra nacional	95
4	Da participação de órgãos e entidades de esferas federativas diversas no Sistema de Registro de Preços	98
5	Conclusões	104
	Referências	105

A CONTRATAÇÃO PARA EXECUÇÃO CONFORME A DEMANDA
E O USO DO SISTEMA DE REGISTRO DE PREÇO
RAFAEL SÉRGIO LIMA DE OLIVEIRA 107
1   Introdução 107
2   Dos regimes de execução contratual dos serviços e das formas
de fornecimento 108
3   Do cabimento do Sistema de Registro de Preços (SRP) 115
4   Da preferência ao Sistema de Registro de Preço 118
5   Conclusão 122
Referências 122

BREVES CONSIDERAÇÕES SOBRE A LICITAÇÃO PARA
REGISTRO DE PREÇOS À LUZ DO DECRETO FEDERAL Nº 7.892/13
ARIANE SHERMAM MORAIS VIEIRA 125
1   A Lei nº 8.666/93 e o Sistema de Registro de Preços –
Apontamentos iniciais 125
2   A licitação para Registro de Preços e o Decreto
nº 7.892/13 – Aspectos relevantes 127
3   Considerações finais 139
Referências 140

DISPENSA DE LICITAÇÃO PARA FINS DE REGISTRO DE PREÇOS
RONNY CHARLES L. DE TORRES 143
1   Introdução 143
2   Sistema de Registro Preços 144
2.1   Desnecessidade de prévia dotação orçamentária 146
2.2   Facultatividade da contratação 147
2.3   Formação da Ata de Registro de Preços 147
2.4   Utilização para atendimento de diversas pretensões contratuais....148
3   A dispensa de licitação para registro de preços 150
3.1   Possibilidade de utilização compartilhada da dispensa 152
3.2   A questão da ata de registro de preços e a volatilidade dos
preços de insumos voltados às ações de combate à COVID-19 156
3.3   A questão da Ata de Registro de Preços e os aspectos subjetivos
impactantes no preço 157
3.4   A questão do planejamento mitigado em contratações voltadas
às ações de combate à COVID-19 159
3.5   Da inexistência de regulamento específico 159

3.6	Da exigência de Intenção de Registro de Preços	162
4	Considerações Finais	163
	Referências	165

REGISTRO DE PREÇOS – COMENTÁRIOS AOS CAPÍTULOS VI E VII DO DECRETO FEDERAL Nº 7.892/13
THIAGO QUINTÃO RICCIO, MARIANA MAGALHÃES AVELAR 167

1	Capítulo VI – Do registro de preços e da validade da ata	167
1.1	Artigo 11	167
1.2	Artigo 12	175
2	Capítulo VII – Da assinatura da ata e da contratação com fornecedores registrados	185
2.1	Artigo 13	185
2.2	Artigo 14	188
2.3	Artigo 15	194
2.4	Artigo 16	196
	Referências	197

DA REVISÃO E DO CANCELAMENTO DOS PREÇOS REGISTRADOS
IÚLIAN MIRANDA 199

1	Introdução	199
2	Da revisão dos preços registrados	201
2.1	Da revisão de preço registrado que se tornar superior aos preços praticados no mercado	203
2.2	Da ausência de previsão de revisão do preço registrado na hipótese em que o preço de mercado se tornar superior aos preços registrados	205
3	Do registro cancelado e do cancelamento dos preços registrados	210
	Referências	214

CARONA – FEDERALISMO POR COOPERAÇÃO E EFICIÊNCIA ADMINISTRATIVA
BRUNA RODRIGUES COLOMBAROLLI 217

1	Introdução	217
2	Breves notas sobre o Sistema de Registro de Preços e a figura do carona	217
3	A disciplina do Sistema de Registro de Preços e da figura do carona	222

3.1 O poder normativo da Administração Pública 223

3.2 A matriz de competências sobre licitação e contratos públicos 224

3.3 A arquitetura normativa do Sistema de Registro de Preços e o instituto do carona 226

4 Conclusões 229

Referências 229

A GESTÃO DE RISCOS COMO INSTRUMENTO DE EFICIÊNCIA DAS CONTRATAÇÕES PÚBLICAS POR SISTEMA DE REGISTRO DE PREÇOS

RODRIGO PIRONTI AGUIRRE DE CASTRO, MIRELA MIRÓ ZILIOTTO 231

1 Introdução 231

2 Vantagens do Sistema de Registro de Preços e o planejamento atrelado à gestão de riscos 232

3 A gestão de riscos nas contratações por Sistema de Registro de Preços 236

4 Conclusão 241

Referências 242

DISPOSIÇÕES FINAIS E TRANSITÓRIAS E ANÁLISE COMPARATIVA DO DECRETO Nº 7.892/13 COM OUTRAS REGULAMENTAÇÕES SOBRE REGISTRO DE PREÇOS

MURILO MELO VALE 245

1 Utilização de recursos de tecnologia da informação e certificação digital 245

2 Normas complementares do Ministério do Planejamento, Orçamento e Gestão (MPOG) 247

3 O Decreto nº 7.892/2013 e outros diplomas vigentes disciplinadores do Sistema de Registro de Preços 250

3.1 Similitudes de demais regulamentações com o Decreto nº 7.892/13 250

3.2 Peculiaridades do Decreto nº 7.892/2013 com relação às demais normatizações 254

3.3 Peculiaridades de outras normatizações com relação ao Decreto nº 7.892/2013 256

Referências 262

SOBRE OS AUTORES 263

PREFÁCIO DA PRIMEIRA EDIÇÃO

A ilustre Professora de Direito Administrativo da Faculdade de Direito da Universidade Federal de Minas Gerais, Dra. Cristiana Fortini, muito me honrou com o convite para prefaciar o livro por ela coordenado, sobre Registro de Preços na licitação. Trata-se de obra que reúne artigos elaborados sob sua orientação, por alunos do curso de pós-graduação da mesma faculdade.

Todos os trabalhos, inclusive os de autoria da própria coordenadora, tratam de aspectos do Sistema de Registro de Preços, previsto no art. 15, II, da Lei nº 8.666, de 21.06.1993, e regulamentado pelo Decreto nº 7.892, de 23.01.2013, que veio substituir o anterior Regulamento, aprovado pelo Decreto nº 3.931, de 19.09.2001.

Os autores analisam, com muita acuidade, a origem do instituto, no Decreto-Lei nº 2.300, de 21.11.1986, a sua evolução no direito brasileiro, o conceito, as competências do órgão gerenciador, a revisão e o cancelamento dos preços registrados, a figura do "carona", com comentários sobre os vários capítulos do Regulamento e comparações com outras regulamentações sobre o Registro de Preços, inclusive com a que consta da Lei do RDC (Lei nº 12.462, de 04.08.2011), e seu respectivo Regulamento (Decreto nº 7.581, de 11.10.2011).

O tema é dos mais relevantes, porque trata de instituto — o Registro de Preços — que faz parte do dia a dia da Administração Pública, já que abrange "o conjunto de procedimentos para o registro formal de preços relativos à prestação de serviços e à aquisição de bens para contratações futuras", conforme definição contida no art. 2º, I, do Regulamento.

O fato de ser previsto em lei e regulamentado por decreto não significa que o Sistema de Registro de Preços seja procedimento obrigatório para a Administração Pública, que pode adotá-lo ou, se preferir, utilizar outros procedimentos previstos na Lei de Licitações. No entanto, não há dúvida de que o objetivo do Registro de Preços é facilitar as contratações futuras, evitando que, a cada novo contrato, seja realizado novo procedimento de licitação.

A Lei nº 8.666/93, em seu art. 15, exige, para o sistema de Registro de Preços:

a) efetivação prévia de ampla pesquisa de mercado (§1º);
b) publicação trimestral dos preços registrados para orientação da Administração, na Imprensa Oficial (§2º);
c) regulamentação por decreto, com observância das peculiaridades regionais e das seguintes condições: seleção feita mediante concorrência, estipulação prévia do sistema de controle e atualização dos preços registrados; e validade do registro não superior a um ano (§3º); e
d) informatização, quando possível, do sistema de controle originado no quadro geral de preços.

Pelo art. 3º, I, da Lei nº 8.666/93, a seleção dos preços deve ser feita mediante concorrência; porém, a Lei nº 10.520, de 17.07.2002, que disciplina o pregão, permite que, quando as compras forem efetuadas pelo Sistema de Registro de Preços, seja adotada a modalidade de pregão. A mesma modalidade de licitação é prevista para a aquisição de bens e serviços comuns destinados à implementação de ações de saúde no âmbito do Ministério da Saúde, conforme previsão contida no art. 2º-A da Lei nº 10.191, de 14.02.2001. Essa matéria de licitação, no Registro de Preços, é analisada no artigo "Breves considerações sobre a licitação para Registro de Preços à luz do Decreto Federal nº 7.892/13", de Ariane Shermam Morais Vieira.

O Regulamento do Registro de Preços (Decreto nº 7.782/13) prevê a figura do órgão gerenciador, a quem cabem os atos de controle e administração do Sistema de Registro de Preço. Suas competências são analisadas no artigo "Roteiro do protagonista do SRP – As competências do órgão gerenciador previstas no Decreto nº 7.892, de 23.01.2013", de Gilberto Pinto Monteiro Diniz.

O Regulamento trata ainda do chamado órgão participante, que é aquele que participa dos procedimentos iniciais do Sistema de Registro de Preços. A sua análise consta do artigo "As competências do órgão participante no Sistema de Registro de Preços", de Sarah Campos.

E há, ainda, no livro, um trabalho que trata do órgão não participante, ou seja, daquele que, embora não tendo participado dos procedimentos iniciais da licitação, adere à ata de Registro de Preços, sendo chamado, na prática administrativa e na doutrina, de "carona".

Essa figura é objeto de análise no artigo "Carona – Federalismo por cooperação e eficiência administrativa", de Bruna Rodrigues Colombarolli. O tema é relevante, porque a figura do carona tem sido objeto de críticas por parte da doutrina, tendo em vista que permite aos órgãos ou entidades da Administração Pública a contratação de bens ou serviços sem que tenham participado do procedimento da licitação; o que se alega é que a admissão do carona afronta o princípio da legalidade (porque a sua previsão consta apenas do Regulamento e não da Lei nº 8.666/93) e o princípio da vinculação ao edital (uma vez que a contratação de fornecedores poderá ser feita por órgãos e entidades que não participaram do procedimento e, portanto, não se vincularam ao instrumento convocatório). Alega-se, ainda, que pode haver desrespeito às normas sobre habilitação, porque o volume das contratações pode ser de tal ordem que o fornecedor não tenha idoneidade para a contratação, quando somada à efetuada pelos órgãos participantes da licitação. Trata-se, na realidade, de hipótese de contratação direta, admitida apenas no Regulamento, mas sem previsão na Lei nº 8.666/93. Apesar das opiniões contrárias, o Tribunal de Contas da União tem admitido a figura do "carona".

No caso do Regime Diferenciado de Contratações Públicas (RDC), a Lei nº 12.462/11, que o disciplina, expressamente admite a figura do carona em seu art. 32, §1º, deixando de ser pertinente qualquer alegação quanto à falta de fundamento legal para a possibilidade de terceiros, não participantes da licitação, aderirem à ata de Registro de Preços.

Quanto ao procedimento do Sistema de Registro de Preços, pode-se resumi-lo da seguinte forma: o órgão gerenciador divulga sua intenção de efetuar o Registro de Preços; os órgãos participantes manifestam sua concordância, indicando sua estimativa de demanda e cronograma de contratações; o órgão gerenciador consolida tais informações e faz pesquisa de mercado para verificação do valor estimado da licitação; a seguir, realiza o procedimento licitatório na modalidade de concorrência ou pregão; terminada a licitação, o órgão gerenciador elabora a ata de Registro de Preços e convoca os fornecedores classificados para assiná-la, ficando os mesmos obrigados a firmar o instrumento de contratação.

Note-se que a ata do Registro de Preços — analisada no artigo "Registro de Preços – Comentários aos Capítulos VI e VII do Decreto Federal nº 7.892/2013", de Thiago Quintão Riccio e Mariana Magalhães

Avelar — constitui documento com efeito vinculativo, porque obriga os licitantes ao fornecimento de bens ou à prestação de serviço, conforme o caso, observados os preços, quantidades e demais condições previstas no instrumento convocatório; em caso de descumprimento do pactuado na ata ou do descumprimento das obrigações contratuais pelo fornecedor, cabe ao próprio órgão participante, em relação às suas contratações, aplicar as penalidades cabíveis, observando o direito de defesa e o contraditório; a mesma competência para aplicação de penalidade é atribuída aos órgãos não participantes que aderiram à ata de Registro de Preços, em caso de descumprimento das obrigações contratuais pelos fornecedores por eles contratados. Só que não há obrigatoriedade, para os fornecedores registrados, de contratarem com os órgãos aderentes; em caso de recusa, não ficam sujeitos a qualquer penalidade.

O artigo de Iúlian Miranda trata "Da revisão e do cancelamento dos preços registrados". Cabe ao órgão gerenciador avaliar a compatibilidade entre o preço registrado e o valor de mercado, verificar que o preço registrado se tornou superior ao valor de mercado, por motivo superveniente, e convocar os fornecedores para negociação da redução dos preços aos valores praticados pelo mercado. Os fornecedores que não aceitarem reduzir seus preços serão liberados do compromisso assumido, sem aplicação de penalidade e sem prejuízo da classificação dos fornecedores que aceitarem reduzir seus preços aos valores de mercado.

Não havendo êxito nas negociações para redução dos preços registrados, em função dos valores de mercado, o órgão gerenciador deverá revogar a ata de Registro de Preços, adotando as medidas cabíveis para obtenção da contratação mais vantajosa. A medida cabível seria, no caso, a realização de licitação ou contratação direta, se esta tiver fundamento em uma das hipóteses previstas na Lei nº 8.666/93.

As hipóteses de cancelamento dos preços estão previstas nos artigos 20 e 21 do Regulamento.

Todos esses aspectos são objeto de análise cuidadosa no livro coordenado pela Professora Cristiana Fortini. Já tive a oportunidade de organizar livros com trabalhos de alunos de mestrado e doutorado e sei, por experiência própria, o cuidado e a atenção que essa tarefa requer. E a Professora e amiga Cristiana Fortini cumpriu muito bem essa tarefa. Merece, só por isso, todo o respeito e admiração. Tenho certeza de que o livro se revelará como preciosa fonte de consulta, não só para os estudiosos do Direito Administrativo, mas também para todos quantos atuam na área de licitações e contratos dentro da Administração Pública de todas as esferas de governo.

Maria Sylvia Zanella Di Pietro

Mestre, Doutora e Livre-Docente pela Faculdade de Direito da USP. Professora Titular aposentada da mesma Universidade.

APRESENTAÇÃO DA PRIMEIRA EDIÇÃO

O livro que agora apresentamos reflete discussões travadas pelos alunos e por mim ao longo de 2013, no contexto de disciplina do Programa de Pós-Graduação da Faculdade de Direito da UFMG. Os alunos do mestrado e doutorado foram convidados a realizar análise anatômica do Registro de Preços.

Justificava-se a abordagem do tema, não apenas porque inserido na temática central da disciplina, qual seja, *Licitações e Contratos*, mas porque deparávamos com o advento de novo Decreto Federal, cujo propósito estava em tecer novo regramento para o Registro de Preços na esfera da União e de suas entidades descentralizadas.

Verificamos, à luz da Lei nº 8.666/93, os dispositivos do citado Decreto, comparando-o a outros decretos, sem descurar do entendimento doutrinário e da importante contribuição dos Tribunais de Contas para a matéria.

O envolvimento dos alunos e o alto nível das discussões levaram-me a cogitar de um livro que revelasse o estudo intramuros, em especial porque o compromisso da academia está, se não em exercer o protagonismo, em figurar como importante ator nos centros de discussão.

Pontos distribuídos, os textos foram enviados para minha inicial apreciação.

Alterações e ajustes foram realizados, novas discussões foram travadas e versões aprimoradas foram se revelando, exaltando a preocupação de levar ao leitor textos cada vez mais densos.

Penso que a obra comunitária oferece ao leitor não apenas a compreensão do Registro de Preços, desde a Lei nº 8.666 até o Decreto Federal, mas possibilita análise crítica. O leitor ainda poderá enveredar-se pelo exame comparativo do citado diploma com outros editados por outros entes federados.

Convido-os a conhecer os autores e suas ideias. Convido-os a tomar assento no cenário de debates que o tema propicia.

Cristiana Fortini

APRIMORAMENTOS DO DECRETO FEDERAL: ÓRGÃO GERENCIADOR, ÓRGÃO PARTICIPANTE, CARONA E OUTROS DISPOSITIVOS

CRISTIANA FORTINI

Os artigos que compõem este livro oferecem apreciação crítica do instituto do Registro de Preços desde a concepção inicial e tímida proposta pela Lei Geral de Licitações até a normatização federal, introduzindo, ainda, comparações com outros Decretos, ao menos em dois trabalhos.[1]

Como conclusão, objetiva-se apresentar alguns apontamentos de forma a contribuir para a reflexão, desejando que as demais esferas de governo evitem reproduzir fielmente o regramento federal.

Sem qualquer pretensão de esgotar a relação de artigos que poderia ter recebido distintos conteúdos e tratamento, faz-se ponderação sobre melhorias que o Decreto Federal poderia sofrer e, consequentemente, que os demais atos normativos estaduais e municipais poderiam observar.

---

[1] Ver os artigos "Aspectos gerais, a Intenção para Registro de Preços (IRP) e considerações sobre os órgãos envolvidos", de Cristiana Fortini e Fernanda Piaginni Romanelli; e "Disposições finais e transitórias e análise comparativa do Decreto nº 7.892/2013 com outras regulamentações sobre Registro de Preços", de Murilo Melo Vale, publicados nesta obra.

De início, passa-se ao exame das definições constantes do art. 2º. A redação ali encontrada dificulta a compreensão exata e precisa sobre o órgão gerenciador. Diz o inciso III:

III – órgão gerenciador – órgão ou entidade da administração pública federal responsável pela condução do conjunto de procedimentos para registro de preços e gerenciamento da ata de registro de preços dele decorrente [...].

O órgão gerenciador não necessariamente interessa-se pelo objeto licitado como, em um primeiro momento, poder-se-ia imaginar. Para além das situações em que a iniciativa da licitação é resultado de demanda própria a ser suprida, pode ocorrer que a atuação do órgão gerenciador decorra de competências que lhe foram conferidas e que o colocam na condição de órgão incumbido de promover certames, atuando como verdadeiro parceiro para a satisfação de pretensões alheias.

Ao assim atuar, o órgão gerenciador estará instaurando procedimento licitatório sem que lhe interesse o proveito final daí advindo. O §5º do art. 22, hoje revogado com o advento do Decreto nº 8.250/14, reforçava a ideia ao prever:

§5º O órgão gerenciador somente poderá autorizar adesão à ata após a primeira aquisição ou contratação por órgão integrante da ata, exceto quando, justificadamente, não houver previsão no edital para aquisição ou contratação pelo órgão gerenciador.

Ainda que o parágrafo não mais exista, existe a possibilidade de o órgão gerenciador ter instaurado o certame com viés colaborativo.

Logo, a intepretação correta do art. 9º, inciso II do Decreto em exame, é a de que a estimativa de quantidades a serem adquiridas pelo órgão gerenciador, ali prevista, terá lugar se o citado órgão possuir e manifestar efetivo interesse.[2] Inexistindo interesse no objeto do certame pelo órgão gerenciador, que, então, estará a promover a licitação para auxiliar demais entes e órgãos (os participantes), o ato convocatório não fixará estimativa que lhe diga respeito.

---

[2] "Art. 9º O edital de licitação para Registro de Preços observará o disposto nas Leis nº 8.666, de 1993, e nº 10.520, de 2002, e contemplará, no mínimo: [...] II – estimativa de quantidades a serem adquiridas pelo órgão gerenciador e órgãos participantes [...]".

Outro dispositivo de destaque é o inciso IV do art. 2º. Originalmente, antes do advento do Decreto nº 8.250/14, assim se apresentava o conceito de órgão participante:

> IV – órgão participante – órgão ou entidade da administração pública federal que participa dos procedimentos iniciais do Sistema de Registro de Preços e integra a ata de registro de preços;

A redação estreita, no nosso sentir, atraía críticas, como as constantes na primeira edição deste livro, quando afirmamos:

> Diante da opção político-administrativa realizada, escapam da possível catalogação como órgãos participantes aqueles encontrados em esferas de governos estaduais e municipais.

A redação parece inofensiva não fosse pelo fato de que, ao assim se materializar, órgãos estranhos ao aparato federal e que, desde os primórdios, ainda na fase preparatória da licitação, poderiam dela tomar assento, na condição de participantes, são impedidos e, consequentemente, "lançados" a, se for o caso e observados os limites, atuar como "caronas".

Afirmamos em capítulo anterior, em que examinamos as diretrizes gerais do Registro de Preços e a IRP, a inconveniência da decisão adotada, sobretudo considerando que o Decreto atual nasce em boa medida a partir de recomendações do TCU, crítico da proliferação de "caronas".

Solução mais ajustada, sobretudo diante do espírito cooperativo que está nos meandros da nossa Constituição, seria a de estimular a presença e a atuação, ainda na fase interna, de distintos órgãos a quem a licitação poderia interessar.

Felizmente, a atual redação do inciso IV do art. 2º não adjetiva o órgão participante, porque removida a palavra "federal" que o caracterizava. No nosso sentir, a mudança sinaliza importante avanço.

A disciplina do "carona" também nos parece merecedora de reflexões, senão de verdadeiros reparos.

O Decreto Federal, ao abordar a adesão tardia pelo órgão não participante, conceituado no art. 2º, inciso IV, e disciplinado no art. 22, repudia a adesão de integrantes da esfera federal em ata de registros de preços gerenciada por entidades estaduais, distritais e municipais (art. 22, §8º).

Trata-se de incorporação do entendimento anterior da Advocacia Geral da União, constante da Orientação Normativa NAJ nº 21/2009,[3] que não permitia que a Administração federal aderisse à ata de registro de preços de entidade estadual, distrital ou municipal. A Orientação Normativa NAJ-MG nº 30, de 23.03.2009, revisada em 28.02.2013, ao tratar da adesão à ata de registro de preços, visando à contratação de serviço, destacava a necessidade de a ata ter sido realizada por órgão integrante do Sistema de Serviços Gerais (SISG), em obséquio ao então disposto no art. 1º da Instrução Normativa nº 02/08 do Ministério do Planejamento, Orçamento e Gestão.[4]

No nosso sentir, ainda que em linhas gerais, o dispositivo seja condizente com o pressuposto segundo o qual certames federais exercem maior atratividade e, em regra, preveem estimativas de demanda mais expressivas, capazes de, em tese, contribuir para maior economia de escala, a proibição absoluta impede que organismos federais possam, eventualmente, satisfazer suas demandas, aderindo a licitações lícitas e de positivo grau de economicidade perpetradas em outras "localidades".

Não se pode descurar para o fato de que toda e qualquer adesão há de pressupor avaliação no que toca à adequação do valor (entre outros fatores). Tal condição bastaria para acautelar o interesse público a ser tutelado por órgão e entes federais.

O Tribunal de Contas da União há tempos vem assinalando seu inconformismo com a utilização desmedida.

No Acórdão nº 1.487/2007, o TCU recomendou que não fosse permitida a utilização ilimitada do carona, recomendando providências com vistas à reavaliação das regras federais, de forma a que se estabelecessem limites para adesão a atas externas, visando a preservar a igualdade de competições entres os licitantes e a busca da maior vantagem para a Administração Pública. Esse Acórdão é considerado precursor da reforma dos dispositivos federais e estaria, assim, na raiz para o atual tratamento atribuído ao carona na esfera federal.

Sob o argumento de que a adesão desmesurada implica ofensa à moralidade administrativa e colide frontalmente com o espírito

---

[3] A Orientação Normativa NAJ nº 21, de 01.04.2009, decidiu que "é vedada aos órgãos públicos federais a adesão à ata de registro de preços, quando a licitação tiver sido realizada pela administração pública estadual, municipal ou do distrito federal".

[4] A IN nº 2/08 foi revogada pela IN nº 5/17.

competitivo das licitações, a doutrina, em grande parte, também somou suas vozes, propugnando por nova modelagem.

Parece passar despercebido que o carona pode encarnar medida salutar ao interesse público, a depender do olhar a ele emprestado. Em outra oportunidade, em artigo escrito com o intuito de homenagear o Professor Carlos Motta, abordamos a figura do carona, quando assinalamos:

> Não se pode ignorar as dificuldades, em especial, em Municípios de pequeno porte, desprovidos de corpo funcional quantitativa e qualitativamente ajustado à solução das demandas com as quais se defrontam.
>
> A ausência de pessoal e/ou o despreparo do corpo funcional para enveredar no campo das licitações públicas fomenta o interesse pela adesão à ata de registro de preços alheia. Em princípio, diante do risco de um certame mal conduzido, malogrado pela realização de uma fase interna sem os cuidados e rigores necessários e a se concretizar em fase externa não submetida às balizas normativas, concluir-se-ia pelo prestígio à adesão, sem que se lhe devesse criar qualquer constrangimento ou limites. Existindo demanda a ser suprida em certo Município, estaria lhe franqueando o acesso à ata de registro de preços, fruto de licitação implementada por outro ente, de maneira a que sua necessidade fosse atendida por quem já se consagrou vencedor, desde que, claro, se comprovasse a vantagem da contratação pretendida.[5]

Todavia, mesmo à luz do propósito presente no atual Decreto Federal, muito influenciado pelos entendimentos do TCU, e partindo-se do pressuposto de que a adesão tardia há ser vista com ressalvas, o ato normativo merece, no mínimo, um olhar mais atento.

O §1º-A, adicionado por meio do Decreto nº 9.488/18, salienta que os órgãos e as entidades que não participaram do registro de preços devem demonstrar o ganho de eficiência, a viabilidade e a economicidade, para a administração pública federal, da utilização da ata de registro de preços.

---

[5] Cf. FORTINI, Cristiana; PIRES, Maria Fernanda; CAMARÃO, Tatiana. Dos aspectos polêmicos da adesão tardia a atas de registros de preços. *In*: BICALHO, Alécia Paolucci Nogueira; DIAS, Maria Tereza Fonseca (Coord.). *Contratações públicas*: estudos em homenagem ao Professor Carlos Pinto Coelho Motta. Belo Horizonte: Fórum, 2013. p. 231-243.

A norma, de incômoda redação, parece atribuir ao órgão gerenciador o dever de conferir se presentes as razões que poderiam justificar a adesão. Todavia, segundo as orientações gerais emitidas pelo Governo Federal[6] não caberá ao gerenciador aprovar ou validar os estudos. O intuito da regra seria o de prever que os estudos devem estar atrelados a critérios/regras.

A despeito da explicação oferecida pelo Governo Federal remanesce uma dúvida.

Os estudos serão enviados ao órgão gerenciador ou o pedido do órgão não participante apenas fará menção à sua existência?

Difícil compreender o porquê de tais estudos serem encaminhados ao órgão gerenciador, dado que, imprópria, na visão desta autora, a tarefa de atribuir-lhe controlar, sob qualquer aspecto, a adesão alheia. As orientações anteriormente referidas mencionam que não se trata de validar, mas de padronizar. Assim, importa que o postulante os tenha desenvolvido e assim declare.

A ideia de que alguma sorte de responsabilidade poderá recair sobre o órgão gerenciador, ligada à insuficiência dos estudos do postulante, poderá desencorajá-lo a prever a possibilidade de adesão no edital.[7]

De fato, percebe-se, a cada alteração normativa, uma incessante luta contra o carona, não franca a ponto de impedir a adesão, mas sempre vocacionada a inibir, a dificultar sua ocorrência.

Ora, já é passada a hora de se adotar uma postura coerente seja no sentido de reconhecer as benesses que a adesão pode proporcionar, sobretudo diante da realidade dos municípios, em grande parte desprovidos de pessoal preparado para preparar e conduzir uma licitação, seja em mão oposta, proibi-la, rotulando-a como inconciliável com os princípios vetores da atividade administrativa.

A posição do Decreto soa estranha, porque não o coíbe, mas a cada alteração adiciona dificuldades – não apenas limites – para a sua concretização. Desincentivos se sustentam quando se entende nocivo

---

[6] PORTAL DE COMPRAS. *Orientações gerais sobre novas regras para contratação por registro de preços*. 2018. Disponível em: https://www.comprasgovernamentais.gov.br/index.php/noticias/1005-irp-noticia. Acesso em 19 jan. 2020.

[7] O edital precisa prever e justificar a possibilidade da futura adesão. A esse respeito, os acórdãos nº 2037/19, nº 244/2020 e nº 444/2020, todos do Plenário do TCU.

o instituto. Se esse é o entendimento, seu desaparecimento deveria ser pavimentado. Mas não é o que se descortina no horizonte, já que o PL nº 1.292/95, aprovado na Câmara dos Deputados, contempla os órgãos não participantes.[8]

A propósito, os limites atuais para se efetivar a adesão, introduzidos pelo Decreto nº 9.488/18 e mais rigorosos em comparação aos constantes na redação original do Decreto nº 7.892/13, são os mesmos propostos no PL nº 1.292/95.

Há teto a endereçar cada adesão e há teto a disciplinar o conjunto de adesões. Eles estão descritos no art. 22, mais especificamente nos parágrafos abaixo transcritos:

§3º As aquisições ou as contratações adicionais de que trata este artigo não poderão exceder, por órgão ou entidade, a cinquenta por cento dos quantitativos dos itens do instrumento convocatório e registrados na ata de registro de preços para o órgão gerenciador e para os órgãos participantes.

§4º O instrumento convocatório preverá que o quantitativo decorrente das adesões à ata de registro de preços não poderá exceder, na totalidade, ao dobro do quantitativo de cada item registrado na ata de registro de preços para o órgão gerenciador e para os órgãos participantes, independentemente do número de órgãos não participantes que aderirem.

Percebe-se, primeiro, que o órgão não participante pode postular a adesão à Ata de Registro de Preços em até 50% dos quantitativos dos itens registrados para os órgãos gerenciador e participante. A redução do limite individual, em comparação à regra original do Decreto nº 7.892/13, é expressiva.[9]

Para além do recorte individual, a soma das adesões não poderá exceder, na totalidade, ao dobro do quantitativo de cada item registrado na ata para o órgão gerenciador e órgãos participantes. A regra anteriormente fixava como marco o quíntuplo do mesmo quantitativo. Novamente se percebe um freio à carona.

Não se trata do dobro do quantitativo do órgão gerenciador (que, até pode não ter interesse no certame, como visto), mas da soma de ambos os quantitativos possíveis: gerenciador e participantes.

---

[8]   Artigos 81 a 85 do PL nº 1.292/95 abordam o assunto.

[9]   A redação original limitava em 100% a adesão individual.

CRISTIANA FORTINI (COORD.)
REGISTRO DE PREÇOS – ANÁLISE CRÍTICA DO DECRETO FEDERAL Nº 7.892/13, COM AS ALTERAÇÕES POSTERIORES

Pensando com os olhos dos críticos à adesão e considerando, como dito, a incessante preocupação com a restrição do carona, talvez fosse adequado tomar como referência, ao menos quando assim houver, o quantitativo do órgão gerenciador e não a soma dos quantitativos. Vale dizer, a mudança da base de cálculo também seria uma forma de diminuir a adesão.

Interessante a opção constante do PL nº 1.292/95. Embora repita os limites anteriormente comentados, o que na condição de regra constante de lei geral valerá para todo o país, afasta o delimitador hoje referenciado no §4º no caso de aquisição emergencial de equipamentos e material de consumo médico-hospitalar.[10]

Há outros dispositivos que igualmente atraem a atenção. No art. 10 há importante regra.[11]

De acordo com a citada regra, os licitantes cujas propostas não lhes permitam vencer o certame terão uma segunda oportunidade para reduzir seus preços, de maneira a que se repita o valor da proposta do licitante mais bem classificado.

Analisando esse dispositivo em conjunto com os artigos 11 e 13, observa-se que, ao exercer a faculdade contida no art. 10, os licitantes terão os seus preços registrados. Antes, usava-se a própria ARP para o registro, hoje, após as mudanças realizadas nos parágrafos do art. 11, em especial no seu §4º, por meio do Decreto nº 8250/14, a inclusão ocorrerá na ata da sessão pública. Parece-nos que a mudança visou facilitar a publicação da ARP.

Sem a exigência de assinatura por todos os que eventualmente seriam alcançados pela regra do atual art. 11, II, antecipa-se a publicação da ARP.

Obviamente que o fato de não "constarem" na ARP não lhes "liberta" do prazo de validade fixado legalmente no inciso III do §3º do art. 15 da Lei nº 8.666/93.

Em nosso sentir, melhor seria se se admitisse que, para além daqueles alcançados pelo art. 10, outros licitantes, autores de outras propostas, também pudessem registrar os seus preços, desde que

---

[10] Art. 85, §7º do PL nº 1.292/95.

[11] "Art. 10. Após o encerramento da etapa competitiva, os licitantes poderão reduzir seus preços ao valor da proposta do licitante mais bem classificado. Parágrafo único. A apresentação de novas propostas na forma do *caput* não prejudicará o resultado do certame em relação ao licitante mais bem classificado".

aceitáveis. A presença de outros preços obviamente não autorizaria o desprestígio à ordem de classificação, mas poderia significar ganho de tempo se, em dado caso, houvesse problemas com os licitantes (vitorioso e os referidos no art. 10), quando os órgãos ainda poderiam lançar mão da ata, convocando outros licitantes cujos preços (mesmo que mais altos, mas ainda assim satisfatórios) estariam registrados. Finalmente, há de se comentar o art. 19 e seu parágrafo único. Diz o artigo:

> Art. 19. Quando o preço de mercado tornar-se superior aos preços registrados e o fornecedor não puder cumprir o compromisso, o órgão gerenciador poderá:
>
> I – liberar o fornecedor do compromisso assumido, caso a comunicação ocorra antes do pedido de fornecimento, e sem aplicação da penalidade se confirmada a veracidade dos motivos e comprovantes apresentados; e
>
> II – convocar os demais fornecedores para assegurar igual oportunidade de negociação.
>
> Parágrafo único. Não havendo êxito nas negociações, o órgão gerenciador deverá proceder à revogação da ata de registro de preços, adotando as medidas cabíveis para obtenção da contratação mais vantajosa.

O Decreto, ao determinar a revogação da revogação, diante do fracasso das negociações, sem criar alternativa gerencial para o administrador, ignora os percalços que a medida pode provocar.

Revogar a licitação pressupõe quase sempre (se a demanda persiste) dar início a novo certame. Para além da questão temporal e do gasto de recursos financeiros envolvidos nas concorrências e pregões, realizar nova licitação pode significar mudanças de agenda e atrasos nos cronogramas, por exemplo.

Soma-se a isso o fato de que instaurar e realizar novo certame não é certeza de que os futuros preços (futuras propostas) serão menores. O próprio *caput* do art. 19 informa o ambiente: os preços registrados estão abaixo dos preços de mercado. Logo, na nova licitação é mais provável que novos e mais elevados valores, gestados no ambiente de mercado, sejam apresentados.

A crítica aqui se assemelha à apresentada para os artigos 10, 11 e 13 antes examinados.

Impedir o exame do caso concreto inviabiliza a eleição da escolha mais adequada e conduz o administrador a caminhos que nem sempre salvaguardam o interesse público.

Apresentadas as críticas, sem pretender exauri-las, penso que o compromisso que reuniu alunos do Mestrado da UFMG, esta professora e alguns convidados para a Terceira Edição, fora alcançado. O livro oferece importante panorama do instituto do Registro de Preços. Novos olhares e diferentes percepções poderão nos levar a rever ou a frisar as ideias lançadas.

O tempo dirá.

Referências

FORTINI, Cristiana; PIRES, Maria Fernanda; CAMARÃO, Tatiana. Dos aspectos polêmicos da adesão tardia a atas de registros de preços. *In*: BICALHO, Alécia Paolucci Nogueira; DIAS, Maria Tereza Fonseca (Coord.). *Contratações públicas*: estudos em homenagem ao Professor Carlos Pinto Coelho Motta. Belo Horizonte: Fórum, 2013.

PORTAL DE COMPRAS. *Orientações gerais sobre novas regras para contratação por registro de preços*. 2018. Disponível em: https://www.comprasgovernamentais.gov.br/index.php/noticias/1005-irp-noticia. Acesso em 19 jan. 2020.

Informação bibliográfica deste texto, conforme a NBR 6023:2018 da Associação Brasileira de Normas Técnicas (ABNT):

FORTINI, Cristiana. Aprimoramentos do Decreto Federal: órgão gerenciador, órgão participante, carona e outros dispositivos. *In*: FORTINI, Cristiana (Coord.). *Registro de Preços*: análise crítica do Decreto Federal nº 7.892/13, com as alterações posteriores. 3. ed. rev., ampl. e atual. Belo Horizonte: Fórum, 2020. p. 19-28. ISBN 978-65-5518-038-1.

ROTEIRO DO PROTAGONISTA DO SRP: AS COMPETÊNCIAS DO ÓRGÃO GERENCIADOR PREVISTAS NO DECRETO Nº 7.892, DE 23.01.2013

GILBERTO PINTO MONTEIRO DINIZ

1 Introdução

Na onda de fenômenos ligados à redemocratização e à mundialização da economia, a Reforma da Gestão Pública – cujo principal objetivo é a adoção de modelo gerencial no âmbito da Administração Pública brasileira, centrado no planejamento e na busca por resultados –, surgiu em meados da década dos anos 1990, inspirada em experiências estrangeiras, sobretudo inglesas e neozelandesas.

A Emenda Constitucional nº 19, promulgada em 4 de junho de 1998, e publicada no *Diário Oficial da União* no dia seguinte, mais conhecida como reforma administrativa, é fruto desse movimento que começou no âmbito federal, no primeiro mandato do presidente Fernando Henrique Cardoso, sob a batuta do então ministro Bresser-Pereira.

A par de outras modificações introduzidas no texto constitucional, a mencionada Emenda conferiu à eficiência posição constitucional, ao inseri-la entre aqueles princípios prescritos no *caput* do art. 37 da Constituição da República de 1988, de observância obrigatória pela "administração pública direta e indireta de qualquer dos Poderes da União, dos Estados, do Distrito Federal e dos Municípios".

Essa alteração, entretanto, não constitui ideia nova ou inédita no ordenamento jurídico pátrio, porquanto a eficiência, além de ser desiderato de qualquer gestão, máxime a de recursos públicos, era determinada em vários comandos do emblemático Decreto-Lei nº 200/1967, notadamente quando submeteu toda atividade pública ao controle de resultados (artigos 13 e 25, V); fortaleceu o sistema de mérito (art. 25, III); sujeitou a Administração indireta à supervisão ministerial quanto à eficiência administrativa (art. 26, III); determinou aos responsáveis pelos diversos órgãos competentes dos sistemas que atuassem de modo a imprimir o máximo rendimento e a reduzir os custos operacionais da administração (art. 30, §3º) e recomendou a demissão ou a dispensa do servidor comprovadamente ineficiente ou desidioso (art. 100).

Demais disso, o texto original da Constituição da República de 1988, mais precisamente em seu inciso II do art. 74, traz a eficiência como meta a ser alcançada pelo administrador público, ao prescrever que compete ao sistema de controle interno dos Poderes constituídos, entre outras finalidades, "comprovar a legalidade e avaliar os resultados, quanto à eficácia e à eficiência da gestão orçamentária, financeira e patrimonial nos órgãos e entidades da administração federal, bem como a aplicação de recursos públicos por entidades de direito privado".

Mas, o fato é que, a partir da Emenda Constitucional nº 19/1998, a eficiência foi erigida a princípio constitucional, quando passou a figurar no *caput* do art. 37, junto aos princípios da legalidade, da impessoalidade, da moralidade e da publicidade, todos, pois, de observância obrigatória pela Administração Pública.

Medauar associa o princípio da eficiência à busca de resultados no âmbito da Administração Pública, neste trecho de seu magistério:

> Agora a eficiência é o princípio que norteia toda a atuação da Administração Pública. O vocábulo liga-se à ideia de ação, para produzir resultado de modo rápido e preciso. Associado à Administração Pública, o princípio da eficiência determina que a Administração deve agir, de modo rápido e preciso, para produzir resultados que satisfaçam às necessidades da população.[1]

---

[1] MEDAUAR, Odete. *Direito administrativo moderno*. 3. ed. São Paulo: Revista dos Tribunais, 2000. p. 183.

Nessa vertente, não basta simplesmente fazer o mais, gastando o menos. Deve-se qualificar a despesa pública, a fim de atender a real necessidade do beneficiário final – a sociedade. É dizer, o resultado que se almeja na gestão dos recursos públicos, em razão da natureza eminentemente ética do Estado, como pontifica Salgado,[2] não é o retorno financeiro, mas que o gasto público gere serviço de qualidade, prestado de forma tempestiva, oportuna e, ainda, preferencialmente, com o menor custo possível.

A dimensão do princípio da eficiência na Administração Pública está, pois, longe de representar apenas a busca da melhor relação custo-benefício. A eficiência, com efeito, deve ser compreendida com alcance mais amplo, como elemento apto a propiciar maior benefício na prestação de serviço à sociedade, notadamente em tempos de crise financeira, como os atuais, que tornam ainda mais escassos os recursos.

Nesse contexto, embora não seja panaceia para resolver as mazelas da Administração Pública, é inegável que o Sistema de Registro de Preços (SRP), previsto no art. 15 da Lei nº 8.666/1993, apresenta-se como valioso instrumento de planejamento e de gestão estratégica para a busca da eficiência na atividade pública.

Essa conclusão é plausível porque o SRP, como procedimento legal, hábil e apto a garantir o registro formal de preços para futuras e eventuais contratações, possibilita, entre outros benefícios, reduzir o número de processos licitatórios e, consequentemente, dos custos de realização desses certames, melhorar a logística das aquisições, reduzir os custos de estocagem, pois se pode trabalhar com estoques mínimos, principalmente em relação àquelas demandas em que há dificuldade, ou mesmo impossibilidade, de se mensurar, de antemão, os quantitativos exatos de bens e serviços que serão necessários ao longo de determinado ciclo operacional.

Tudo isso será possível, por óbvio, se o SRP for utilizado como técnica de planejamento e de gestão estratégica das contratações públicas, e não como meio para suprir a inércia, a desídia ou a incúria administrativa, que geram, exatamente, a falta de planejamento, o que,

---

[2] "No Estado poiético, o produto do fazer é o econômico, que nenhum compromisso tem com o ético, e procura, com a aparência de cientificidade, subjugar o político, o jurídico e o social. Não é ético, porque o seu fazer não se dirige a realizar os direitos sociais. Evidentemente, se o Estado realiza os direitos sociais, esse fazer é ético". (SALGADO, Joaquim Carlos. O estado ético e o estado poiético. *Revista do Tribunal de Contas*, Belo Horizonte, v. 27, n. 2, p. 3-34, 1998).

caso venha a ocorrer, caracteriza o emprego desse procedimento de forma inadequada ou até viciosa.

Em razão da autonomia federativa e das capacidades jurídicas que lhe são dimanantes, a normatização do Sistema de Registro de Preços (SRP) deve ser feita pelos entes federados, a exemplo do Decreto nº 7.892/2013, editado pela então presidente da República Federativa do Brasil, Dilma Rousseff, juntamente com a ministra do Planejamento, Orçamento e Gestão, à época, Miriam Belchior.

Esse diploma, que foi alterado pelos Decretos nºs 8.250/2014 e 9.488/2018, regulamenta o SRP no âmbito da administração pública federal direta, autárquica e fundacional, fundos especiais, empresas públicas, sociedades de economia mista e demais entidades controladas, direta ou indiretamente pela União.

O Decreto nº 7.892/2013, por meio das disposições contidas nos incisos III, IV e V do art. 2º, especifica o responsável para conduzir os procedimentos administrativos necessários para realização do SRP, quem poderá participar do SRP e quem poderá aderir à Ata de Registro de Preços dele decorrente, que são, respectivamente, o órgão gerenciador, o órgão participante e o órgão não participante.

O decreto regulamentador define tais atores do SRP, nestes termos:

1. Órgão gerenciador – "órgão ou entidade da administração pública federal responsável pela condução do conjunto de procedimentos para registro de preços e gerenciamento da Ata de Registro de Preços dele decorrente";
2. Órgão participante – "órgão ou entidade da administração pública que participa dos procedimentos iniciais do Sistema de Registro de Preços e integra a Ata de Registro de Preços";
3. Órgão não participante, também conhecido como "carona" ou "aderente" – "órgão ou entidade da administração pública que, não tendo participado dos procedimentos iniciais da licitação, atendidos os requisitos desta norma, faz adesão à Ata de Registro de Preços".

Ainda não se pode olvidar que, além desses, são atores do SRP os fornecedores dos bens ou os prestadores de serviços participantes do procedimento.

Nessa esteira, o objetivo deste trabalho é discorrer sobre as competências do órgão gerenciador previstas no Decreto nº 7.892/2013, incluídas as modificações trazidas a lume pelos Decretos nºs 8.250/2014 e 9.488/2018. Em notas de rodapé, considerando que não dizem respeito, ainda, a normas legais positivadas, foram feitas referências a disposições pertinentes ao tema que se encontram insertas no Projeto de Lei nº 1.292/1995, em tramitação no Congresso Nacional, o qual estabelece normas gerais de licitação e contratação para a Administração Pública direta, autárquica e fundacional da União, dos Estados, do Distrito Federal e dos Municípios.[3]

2 Órgão gerenciador

O órgão gerenciador apresenta-se como protagonista desse procedimento, em razão das competências e, consequentemente, da responsabilidade que lhe foram conferidas pelo aludido ato normativo federal, as quais têm por objetivo a efetiva implantação do SRP. É necessário enfatizar, todavia, que essa condição de gerenciador não gera vínculo de subordinação jurídica em relação aos demais partícipes do SRP. Em verdade, existe entre o órgão gerenciador, o órgão participante e o órgão não participante liame de coordenação, fundado na cooperação que deve existir entre órgãos e entidades públicos para a consecução de desiderato comum.

Mas, antes de perscrutar as competências reservadas ao órgão gerenciador, calha examinar a acepção do termo "órgão", empregada no decreto executivo federal.

Partindo-se, então, da teoria do órgão e do princípio da imputação volitiva, verifica-se, na lição de Meirelles,[4] que órgãos públicos são considerados centros de competência instituídos para o desempenho de funções estatais, por intermédio de seus agentes, cuja atuação é imputada à pessoa jurídica a que pertencem.

Como se vê, o conceito de órgão público não se identifica com o de pessoa jurídica, que tem capacidade, nos termos da lei, de ser sujeito de direito e de obrigações, embora, ao órgão, seja atribuída capacidade para expressar parcela de vontade estatal.

---

[3] Diferentemente da Lei nº 8.666/1993, que remete a regulamentação do SRP para ato normativo infralegal (decreto), observadas as condições que especifica (art. 15, §3º), o Projeto de Lei nº 1.292/1995, confere especial tratamento a esse procedimento, tendo em vista que: 1) define o que é SRP (art. 6º, XLV); 2) reconhece o SRP como elemento de planejamento de compras públicas (art. 40, II) e como procedimento auxiliar das licitações e contratações públicas (art. 77, IV); e 3) estabelece regras inerentes à formalização e realização do SRP (Seção V – artigos 81 a 85).

[4] MEIRELLES, Hely Lopes. *Direito administrativo brasileiro*. São Paulo: Malheiros, 1993. p. 63.

Nesse contexto, pois, a ideia jurídica de órgão difere do conceito de entidade. Com efeito, esta é dotada de personalidade jurídica e pode ser exemplificada nas figuras das entidades políticas – União, Estados, Distrito Federal e Municípios –, como também das criações jurídicas destas, as autarquias, as empresas governamentais ou estatais, as fundações. Os órgãos públicos, por sua vez, não têm personalidade jurídica, isto é, são despersonalizados, conquanto, àqueles de matriz constitucional, seja reconhecida capacidade processual ou judiciária para defesa de direito relacionado às respectivas competências e prerrogativas institucionais, a exemplo do que ocorre com os órgãos representativos do Poder Legislativo, o Tribunal de Contas, o Ministério Público.

Diante dessa explanação, a despeito de existir diferenciação entre o conceito de órgão e o de entidade, a dúvida que porventura pudesse surgir da interpretação da expressão "órgão gerenciador" fica totalmente dissipada com as disposições contidas no inciso III do art. 2º do Decreto nº 7.892/2013, ao estatuir que, para os efeitos desse normativo, órgão gerenciador é definido como: "órgão ou entidade da administração pública federal responsável pela condução do conjunto de procedimentos para registro de preços e gerenciamento da ata de registro de preços dele decorrente".

Mas, para Jacoby Fernandes,[5] ainda poderá haver dúvida sobre quem é o órgão gerenciador, sobretudo em relação a possível mandado de segurança em face de atos deste, no caso de um órgão, a exemplo de um Ministério, instituir Comissão Especial de Sistema de Registro de Preços, que também é um órgão.

Assim, com Jacoby Fernandes, concluo que é recomendável a criação, mediante a publicação de ato normativo próprio, de órgão especial, a exemplo de uma Comissão Especial de Sistema de Registro de Preços, com a finalidade de conduzir e realizar os procedimentos necessários para a efetiva implantação do SRP e para gerenciar a decorrente Ata de Registro de Preços.

---

[5] "[...] quem será considerado órgão gerenciador se, por exemplo, um Ministério, vinculado à Presidência da República – que é um órgão – institui uma 'Comissão especial de Sistema de Registro de Preços' –, que também é um órgão? O órgão gerenciador será a comissão, uma Secretaria do Ministério ao qual se vincular a comissão, o próprio Ministério ou, ainda, a União? A dúvida assume relevo porque, para fins de mandado de segurança, será o órgão gerenciador a autoridade coatora, isto é, o sujeito passivo da ação". (JACOBY FERNANDES, Jorge Ulisses. *Sistema de registro de preços e pregão presencial e eletrônico*. 5. ed. Belo Horizonte: Fórum, 2013. p. 274-275).

3 As competências do órgão gerenciador (art. 5º, Decreto nº 7.892/2013)

Expendidas essas considerações, passa-se à análise das competências outorgadas ao "órgão gerenciador" do SRP, na esfera da União. Nesse particular, as competências do órgão gerenciador do SRP, no âmbito da Administração Pública federal, estão estatuídas no Capítulo III do Decreto nº 7.892/2013, com as alterações do Decreto nº 8.250/2014, nestes termos:

Art. 5º Caberá ao órgão gerenciador a prática de todos os atos de controle e administração do Sistema de Registro de Preços, e ainda o seguinte:

I - registrar sua intenção de registro de preços no Portal de Compras do Governo federal;

II - consolidar informações relativas à estimativa individual e total de consumo, promovendo a adequação dos respectivos termos de referência ou projetos básicos encaminhados para atender aos requisitos de padronização e racionalização;

III - promover atos necessários à instrução processual para a realização do procedimento licitatório;

IV - realizar pesquisa de mercado para identificação do valor estimado da licitação e consolidar os dados das pesquisas de mercado realizadas pelos órgãos e entidades participantes, inclusive nas hipóteses previstas nos §§2º e 3º do art. 6º deste Decreto;

V – confirmar, junto aos órgãos participantes, a sua concordância com o objeto a ser licitado, inclusive quanto aos quantitativos e termo de referência ou projeto básico;

IV - realizar o procedimento licitatório;

VII - gerenciar a ata de registro de preços;

VIII - conduzir eventuais renegociações dos preços registrados;

IX - aplicar, garantida a ampla defesa e o contraditório, as penalidades decorrentes de infrações no procedimento licitatório;

X - aplicar, garantida a ampla defesa e o contraditório, as penalidades decorrentes do descumprimento do pactuado na ata de registro de preços ou do descumprimento das obrigações contratuais, em relação às suas próprias contratações; e

XI - autorizar, excepcional e justificadamente, a prorrogação do prazo previsto no §6º do art. 22 deste Decreto, respeitado o prazo de vigência da ata, quando solicitada pelo órgão não participante.

§1º A ata de registro de preços, disponibilizada no Portal de Compras do Governo federal, poderá ser assinada por certificação digital.

§2º O órgão gerenciador poderá solicitar auxílio técnico aos órgãos participantes para execução das atividades previstas nos incisos III, IV e VI do *caput*.

De início, percebe-se que o *caput* do dispositivo regulamentar transcrito tem os mesmos comandos do §2º do art. 3º do revogado Decreto nº 3.931/2001, tendo em vista que confere ao órgão gerenciador a prática de todos os atos necessários ao controle e à administração do SRP. Trata-se de competência que comporta conjunto de numerosos atos e procedimentos sucessivos, como será demonstrado na sequência.

Segundo Sá,[6] que se baseia na clássica lição de Fayol, o estudo da administração não pode prescindir de observar a divisão: previsão, organização, comando, coordenação e controle.

A respeito do controle, o mesmo autor diz que se trata de uma das cinco funções fundamentais estabelecidas por Fayol para definir administração racional e cuja finalidade principal é verificar se os fatos se passaram em conformidade com o que foi estabelecido pela Administração.

Na mesma toada, Maximiano[7] conceitua administração como sendo o processo de tomar decisões sobre objetivos e utilização de recursos, o qual abrange cinco tipos principais de decisões, também chamadas processos ou funções: planejamento, organização, liderança, execução e controle.

O direito administrativo não é refratário aos fundamentos da ciência da Administração, como não poderia ser diferente. Otero diz que o conceito de administrar comporta três elementos estruturantes:

(i) Primeiro: administrar é uma tarefa humana inserida numa organização – tudo aquilo que existe na sociedade existe em função da pessoa humana;

(ii) Segundo: administrar envolve a gestão de recursos (*v.g.*, humanos, técnicos, financeiros, materiais, imateriais), sendo possível de compreender as seguintes tarefas:

---

[6] SÁ, Antônio Lopes de; SÁ, Ana Maria Lopes de. *Dicionário de contabilidade*. 11. ed. São Paulo: Atlas, 2009. p. 7 e 104.

[7] MAXIMIANO, Antônio César Amaru. *Teoria geral da administração*: da revolução urbana à revolução digital. 7. ed. São Paulo: Atlas, 2012. p. 6.

(1) planejar – administrar obedece a uma estratégia ou a um plano;

(2) organizar – administrar significa dispor os meios existentes de forma mais apta à prossecução dos propósitos definidos;

(3) conformar – administrar determina uma intervenção sobre a realidade material existente;

(4) controlar – administrar pressupõe fiscalizar o que foi feito ou deveria ter sido feito;

(5) informar – administrar é também comunicar, tornando-se a informação condição de eficácia ou sucesso das decisões;

(iii) Terceiro: administrar visa à satisfação de interesses que pertencem à pessoa diferente daquele que os administra – há aqui uma ideia de função vicarial a cargo da administração ou o exercício de poderes da natureza fiduciária.[8]

De fato, como se depreende dos conceitos colacionados, as atividades de administração e controle previstas no *caput* do art. 5º comportam gama bastante ampla de tarefas, atos, procedimentos e rotinas para que sejam levadas a termo com sucesso, sendo o controle um dos processos ou funções da Administração.

3.1 Praticar atos de administração (art. 5º, *caput*)

Ante esse embasamento teórico, os atos de administração, de modo geral, comportam gerência ou direção de negócios, pessoas e recursos para a consecução de fim ou objetivo devidamente e previamente definido. E, no caso em estudo, os atos de administração são todos aqueles inerentes ao planejamento, organização, execução, controle dos procedimentos necessários para a efetiva implantação do Sistema de Registro de Preços e para o gerenciamento da Ata de Registro de Preços dele originada.

À guisa de exemplificação, relativamente à função de administrar, segundo também o magistério de Jacoby Fernandes,[9] sobrelevam-se estes atos: consolidar estimativas; definir a possibilidade de troca de produtos; gerenciar a Ata de Registro de Preços; renegociar preços;

---

[8] OTERO, Paulo. *Manual de direito administrativo*. Coimbra: Almedina, 2013. v. 1, p. 20-21.

[9] JACOBY FERNANDES, Jorge Ulisses. *Sistema de registro de preços e pregão presencial e eletrônico*. 5. ed. Belo Horizonte: Fórum, 2013. p. 284.

autorizar o ingresso de órgão não participante (carona); coordenar com os órgãos participantes o uso da Ata de Registro de Preços. Acresceria a esses atos os de pesquisar e estimar o valor da licitação.

3.2 Praticar atos de controle (art. 5º, *caput*)

Por sua vez, os atos de controle, por exemplo, e em linhas gerais, abarcam verificação, fiscalização, inspeção e, até, intervenção. Nesse sentido, por atos dessa natureza podem ser entendidas todas as manifestações de vontade desenvolvidas pelo órgão gerenciador, para que os procedimentos necessários para efetivar o Sistema de Registro de Preços, como também o gerenciamento da respectiva Ata de Registro de Preços, realizem-se em conformidade com o planejamento, bem assim com as determinações legais e regulamentares pertinentes.

Para Jacoby Fernandes,[10] na função de controle, destacam-se os atos de acompanhar a regularidade das pesquisas de preços; verificar a legalidade do procedimento licitatório; observar o preço de mercado nas negociações com fornecedores. Acrescentaria o de zelar pelo cumprimento do quantitativo estimado no edital do SRP para adesões à Ata de Registro de Preços.

Vistas as competências do órgão gerenciador constantes no *caput* do art. 5º do Decreto nº 7.892/2013, passa-se, então, ao exame de cada uma das atribuições enumeradas nos dez incisos desse dispositivo regulamentar, as quais retratam – nada mais, nada menos – particularizações da atividade de administração, porquanto têm por finalidade a efetiva implantação do SRP, consoante se demonstrará neste breve trecho.

3.3 Registrar Intenção de Registro de Preços – IRP (art. 5º, I)[11]

O inciso I do art. 5º impõe ao gerenciador "registrar sua intenção de registro de preços no Portal de Compras do Governo federal".

---

[10] JACOBY FERNANDES, Jorge Ulisses. *Sistema de registro de preços e pregão presencial e eletrônico*. 5. ed. Belo Horizonte: Fórum, 2013. p. 284.

[11] Remetemos o leitor ao artigo "Aspectos gerais, a Intenção para Registro de Preços (IRP) e considerações sobre os órgãos envolvidos" de Cristiana Fortini e Fernanda Piaginni Romanelli, constante deste livro, para outros apontamentos sobre o tema, em especial sobre as alterações realizadas pelo Decreto nº 8.250/2014.

A "Intenção de Registro de Preços (IRP)" foi implantada no Comprasnet, a partir de 20 de agosto de 2008, pelo Ministério do Planejamento, Orçamento e Gestão (MP), por intermédio da Secretaria de Logística e Tecnologia da Informação (SLTI), e do Departamento de Logística e Serviços Gerais (DLSG), com a finalidade de dar publicidade a futuras licitações na modalidade pregão ou concorrência, para implantação de SRP. A IRP não constava, pois, do revogado Decreto nº 3.931/2001.

Mas, o procedimento relativo à IRP foi incorporado ao Decreto nº 7.892/2013, conforme as disposições contidas no art. 4º, com este teor:

> Art. 4º Fica instituído o procedimento de Intenção de Registro de Preços – IRP, a ser operacionalizado por módulo do Sistema de Administração e Serviços Gerais – SIASG, que deverá ser utilizado pelos órgãos e entidades integrantes do Sistema de Serviços Gerais – SISG, para registro e divulgação dos itens a serem licitados e para a realização dos atos previstos nos incisos II e V do caput do art. 5º e dos atos previstos no inciso II e *caput* do art. 6º.

Com a incorporação da IRP ao texto do Decreto, tal procedimento, antes facultativo, passou a ser compulsório, sendo que somente poderá deixar de ser observado em caso de inviabilidade devidamente justificada e registrada no processo.

Quanto à operacionalização do procedimento de IRP, observa-se que ocorrerá de forma eletrônica, por meio de preenchimento de módulo próprio do Sistema de Administração e Serviços Gerais (SIASG). O módulo do Sistema para a realização desse procedimento é composto de campos para indicação do bem, produto ou serviço a ser licitado, quantidade, local, data de entrega.

O gerenciador deverá informar, ainda, o período da divulgação da IRP. Esse período, a propósito, foi ampliado pelo Governo Federal, o que veio ao encontro daquilo que propugnávamos desde a primeira versão deste trabalho. É que o período da divulgação da IRP, antes de até cinco dias úteis, passou a ser de, no mínimo, oito dias úteis, em conformidade com o §1º-A do art. 4º do Decreto nº 7.892/2013, dispositivo acrescido pelo Decreto nº 9.488/2018. Esse espaço de tempo constitui o prazo para as adesões de outros interessados na contratação do objeto que está sendo licitado.[12] Além disso, o gerenciador deverá estabelecer data provável para realização da licitação.

Salienta-se que os participantes ou aderentes não poderão acrescer qualquer objeto que não esteja originalmente contemplado pelo órgão gerenciador na IRP. Mas, de acordo com as disposições contidas no inciso II do §3º e no §4º do art. 4º, que foram acrescidas ao Decreto nº 7.892/2013 pelo Decreto nº 8.250/2014, cabe ao órgão gerenciador da IRP aceitar ou recusar, justificadamente, os quantitativos considerados ínfimos ou a inclusão de novos itens, antes da elaboração do edital e de seus anexos. Esgotado o prazo de adesão estabelecido, o sistema processa, automaticamente, o somatório dos quantitativos dos participantes ou aderentes com os do órgão gerenciador. Dessa maneira, o órgão gerenciador computará todos os quantitativos do objeto em comum e, consequentemente, poderá auferir melhores preços por meio de economia de escala.

O registro da IRP é procedimento que possibilitará, de forma mais efetiva, o fornecimento de informações e dados sobre o objeto e itens em processo de licitação aos órgãos e entidades interessados. Lado outro, facilitará a consolidação, pelo gerenciador, das informações prestadas pelos participantes, naquilo que é pertinente às quantidades almejadas, ao período de contratação, aos requisitos para padronização, além de permitir obter deles anuência quanto ao objeto posto em disputa licitatória.

Assim, entendo que o registro da IRP no Portal de Compras do Governo Federal substituiu, com sobras, pelo maior espectro de difusão, abrangência e penetração do ComprasNet, a anterior competência – prevista no Decreto revogado – para o órgão gerenciador convidar órgãos e entidades para participarem do SRP.

O registro da IRP pelo órgão gerenciador, portanto, tem por finalidade imediata atender aos ditames do princípio da publicidade

---

[12] O §1º-A do art. 4º do Decreto nº 7.892/2013, acrescido pelo Decreto nº 9.488/2018, assim dispõe: "O prazo para que outros órgãos e entidades manifestem interesse em participar de IRP será de oito dias úteis, no mínimo, contado da data de divulgação da IRP no Portal de Compras do Governo federal".
O Projeto de Lei nº 1.292/1995 prevê disposição similar a essa do Decreto nº 9.488/2018, ao estatuir no *caput* do art. 85: "O órgão ou entidade gerenciadora deverá, na fase preparatória do processo licitatório, para fins de registro de preços, realizar procedimento público de intenção de registro de preços para, nos termos de regulamento, possibilitar, pelo prazo mínimo de 8 (oito) dias úteis, a participação de outros órgãos ou entidades na respectiva ata e determinar a estimativa total de quantidades da contratação".

e conferir maior transparência e legitimidade ao SRP que está sendo realizado, porquanto permitirá que informações mais completas e detalhadas sobre licitações para implantação de SRP sejam conhecidas por universo bem maior de potenciais interessados, o que pode ocasionar aumento de órgãos participantes e, consequentemente, reduzir as adesões de órgãos não participantes.

Ademais, esse procedimento visa, de forma mediata, atender aos desígnios dos princípios da eficiência e da economicidade. É que, verificando-se maior número de partícipes no SRP, os quantitativos mínimos a serem adquiridos serão maiores, fato que, em contrapartida, redundará em maior possibilidade de obtenção de economia de escala, pois, numa relação inversamente proporcional, os preços tendem a diminuir quando ocorre aumento da estimativa das quantidades licitadas.

3.4 Consolidar informações sobre estimativa de consumo (art. 5º, II)

Já o inciso II do art. 5º do Decreto nº 7.892/2013 determina ao órgão gerenciador "consolidar informações relativas à estimativa individual e total de consumo, promovendo a adequação dos respectivos termos de referência ou projetos básicos encaminhados para atender aos requisitos de padronização e racionalização".

A redação desse dispositivo repete, basicamente, aquela do inciso II do §2º do art. 3º do revogado Decreto nº 3.931/2001. Foi incluída, no transcrito e vigente dispositivo, tão somente a necessidade de se promover, também, a adequação dos termos de referência, além dos projetos básicos, encaminhados para atender aos requisitos de padronização e racionalização. O acréscimo é devido porque, a despeito de o termo de referência ter sido criado pelo Decreto nº 3.555/2000, a possibilidade de o SRP ser licitado, também por meio de pregão, ocorreu a partir da vigência da Lei nº 10.520/2002, que é posterior ao Decreto revogado.

A estimativa dos quantitativos de consumo é essencial para o SRP, uma vez que assegurará ao órgão gerenciador mecanismos para: conseguir melhores preços, em função da economia de escala; controlar as aquisições e contratações adicionais, segundo os limites previstos no §3º do art. 22; prever o quantitativo decorrente das adesões à Ata de Registro de Preços, consoante o disposto no §4º do art. 22.[13]

Além disso, a delimitação dessas estimativas de consumo servirá de parâmetro para o fornecedor elaborar a proposta comercial e evitar que seja surpreendido com aquisições ou contratações que não possa atender, por não ter tido condições de realizar planejamento adequado, o que era suscetível de acontecer na vigência do Decreto nº 3.931/2001, que não previa limite para as adesões à Ata de Registro de Preços.

Nesse particular, Niebuhr aduz que o ponto nuclear do Decreto nº 7.892/2013 reside justamente na adesão à Ata de Registro de Preços, a qual figura em destaque no Capítulo IX, cujo título é "Da utilização da ata de registro de preços por órgão ou entidades não participantes".[14] E mais: que a cada órgão não participante ou carona é permitido contratar o total do quantitativo definido inicialmente na ata, limitado, para o conjunto de adesões, ao seu quíntuplo.

O referido autor[15] diz que, excepcionalmente e diante de determinada situação peculiar devidamente justificada, há situações em que o órgão gerenciador, mesmo não pretendendo contratar, abre licitação para SRP. É o caso de um órgão ou entidade central que realiza licitações para registro de preços com o objetivo deliberado de ofertar a ata para órgãos ou entidades a ele vinculados ou ligados.

Nesse contexto, e em princípio, a atribuição de consolidar os quantitativos individuais e totais de consumo, a qual somente será realizada se houver órgãos participantes no SRP em implantação, parece ser simples e, de certa forma, aparenta ser mero trabalho de combinação de dados e informações, com a finalidade de totalizar as demandas do órgão gerenciador e dos órgãos participantes do SRP.

---

[13] Os §§3º e 4º do art. 22 do Decreto nº 7.892/2013 receberam nova redação com o advento do Decreto nº 9.488/2018: "§3º As aquisições ou as contratações adicionais de que trata este artigo não poderão exceder, por órgão ou entidade, a cinquenta por cento dos quantitativos dos itens do instrumento convocatório e registrados na ata de registro de preços para o órgão gerenciador e para os órgãos participantes. §4º O instrumento convocatório preverá que o quantitativo decorrente das adesões à ata de registro de preços não poderá exceder, na totalidade, ao dobro do quantitativo de cada item registrado na ata de registro de preços para o órgão gerenciador e para os órgãos participantes, independentemente do número de órgãos não participantes que aderirem".

[14] GUIMARÃES, Edgar; NIEBUHR, Joel de Menezes. *Registro de preços*: aspectos práticos e jurídicos. 2. ed. atualizada de acordo com o Decreto nº 7.892/2013. Belo Horizonte: Fórum, 2013. p. 115-116.

[15] GUIMARÃES, Edgar; NIEBUHR, Joel de Menezes. *Registro de preços*: aspectos práticos e jurídicos. 2. ed. atualizada de acordo com o Decreto nº 7.892/2013. Belo Horizonte: Fórum, 2013. p. 144-145.

Mas, a singeleza ou mecanicidade desse trabalho de compilar dados e informações é aparente, tratando-se, em verdade, de atividade bastante complexa e laboriosa. Isso porque, como adverte e esclarece Jacoby Fernandes,[16] nessa fase, além das quantidades, definem-se as especificações do objeto da licitação.

Para o citado autor, é recomendável que o SRP seja implantado por setor, visando buscar objetos passíveis de serem contratados no mesmo grupo econômico, coexistindo, no mesmo órgão ou entidade, vários Sistemas de Registros de Preços em funcionamento, ou seja, e exemplificando, um para peças de automóveis, um para medicamentos, um para alimentos, um para material de expediente, e assim por diante.

E, conforme a modalidade ou a natureza do objeto da licitação escolhida, essa consolidação acarretará a adequação dos diversos termos de referência ou dos projetos básicos apresentados pelo órgão gerenciador e pelos órgãos participantes.

O termo de referência, conforme dispõe o Decreto nº 3.555/2000, art. 8º, II, deverá conter elementos capazes de propiciar a avaliação do custo pela Administração, diante de orçamento detalhado, considerando os preços praticados no mercado, a definição dos métodos, a estratégia de suprimento e o prazo de execução do contrato.

A Administração, portanto, entre os primeiros procedimentos da fase interna do certame, deverá elaborar termo de referência, caso a modalidade de licitação cabível e escolhida para efetivação do SRP seja o pregão, que é destinado, como sabido e ressabido, para contratação que tenha por objeto bens e serviços de natureza comum.

Acerca dessa qualificação "natureza comum", calha salientar que há serviços de engenharia passíveis de serem enquadrados nessa categoria, porquanto a Lei nº 10.520/2002 não faz qualquer restrição a isso, como, aliás, ficou cristalizado no verbete da Súmula nº 257/2010, da jurisprudência do TCU.[17]

Ademais, sendo passíveis de padronização, possível e cabível será a realização de SRP para contratação de serviços de engenharia. Confira sobre o tema trecho da lição de Niebuhr, nestes termos:

---

[16] JACOBY FERNANDES, Jorge Ulisses. *Sistema de registro de preços e pregão presencial e eletrônico*. 5. ed. Belo Horizonte: Fórum, 2013. p. 379-381.

[17] Súmula nº 257/2010 do TCU: "O uso do pregão nas contratações de serviços comuns de engenharia encontra amparo na Lei nº 10.520/2002".

CRISTIANA FORTINI (COORD.)
REGISTRO DE PREÇOS – ANÁLISE CRÍTICA DO DECRETO FEDERAL Nº 7.892/13, COM AS ALTERAÇÕES POSTERIORES

É permitido utilizar o registro de preços sempre que o objeto que se pretende licitar e contratar seja viável, não importa se compra, serviço ou o que seja. Cabe o registro de preços para tudo o que for padronizado, que apresentar as mesmas especificações, variando apenas a quantidade.[18]

Diante disso, conclui-se: sendo comum e padronizado, cabível será a adoção do SRP, por meio de pregão, para contratar a prestação de serviço de engenharia. Lado outro, em se tratando de serviço de engenharia incomum e padronizado, a realização de SRP somente será possível por meio de licitação na modalidade de concorrência.[19]

Santana[20] diz que o termo de referência pode instruir qualquer modalidade de licitação, embora a lei o exija apenas para o pregão, exceto quando o objeto da contratação se tratar de obra e serviço de engenharia não comum, cujo detalhamento deverá ser feito mediante projeto básico (art. 7º, §2º, Lei nº 8.666/1993).

O projeto básico, por seu turno, é definido no inciso IX do art. 6º da Lei nº 8.666/1993 como sendo um conjunto de elementos necessários e suficientes, com nível de precisão adequado para caracterizar a obra ou o serviço, ou o complexo de obras ou serviços objeto da licitação, elaborado com base nas indicações dos estudos técnicos preliminares, que assegurem a viabilidade técnica e o adequado tratamento do

---

[18] GUIMARÃES, Edgar; NIEBUHR, Joel de Menezes. *Registro de preços*: aspectos práticos e jurídicos. 2. ed. atualizada de acordo com o Decreto nº 7.892/2013. Belo Horizonte: Fórum, 2013. p. 38.

[19] A respeito do tema, o §5º do art. 81 e o art. 84 do Projeto de Lei nº 1.292/1995 preveem que o SRP poderá ser utilizado para a contratação de obras e serviços de engenharia. Confira-se o que dispõem esses dispositivos: "Art. 81. [...] §5º O Sistema de Registro de Preços poderá ser usado para a contratação de bens e serviços, inclusive de obras e serviços de engenharia, e observará as seguintes condições: I – realização prévia de ampla pesquisa de mercado; II – seleção de acordo com os procedimentos previstos em regulamento; III – desenvolvimento obrigatório de rotina de controle; IV – atualização periódica dos preços registrados; V – definição do período de validade do registro de preços; VI – inclusão, em ata de registro de preços, do licitante que aceitar cotar os bens ou serviços em preços iguais aos do licitante vencedor na sequência de classificação da licitação e inclusão do licitante que mantiver sua proposta original". "Art. 84. A Administração poderá contratar a execução de obras e serviços de engenharia pelo sistema de registro de preços, desde que atendidos os seguintes requisitos: I – existência de projeto padronizado, sem complexidade técnica e operacional; II – necessidade permanente ou frequente de obra ou serviço a ser contratado".

[20] SANTANA, Jair Eduardo; CAMARÃO, Tatiana; CHRISPIM, Anna Carla Duarte. *Termo de referência*: o impacto da especificação do objeto e do termo de referência na eficácia das licitações e contratos. Bahia: JAM Jurídica, 2012. p. 25.

impacto ambiental do empreendimento, e que possibilite a avaliação do custo da obra e a definição dos métodos e do prazo de execução.

Dessa forma, embora apresentem distinções de variadas ordens, o termo de referência e o projeto básico, em linhas gerais, são documentos imprescindíveis que consubstanciam informações necessárias e suficientes, com adequado e minucioso nível de precisão, para definir e descrever o objeto da licitação.

Na elaboração desses documentos referenciais, que são valiosos instrumentos de planejamento da contratação pública,[21] os órgãos e entidades devem observar as normas legais e regulamentares acerca da adoção de critérios e práticas de sustentabilidade nas licitações e contratações governamentais, sobretudo aquelas contidas na Lei nº 12.349/2010, nos Decretos nºs 7.746/2012 e 4.131/2002, na Instrução Normativa nº 01/2010, da Secretaria de Logística e Tecnologia da Informação do Ministério do Planejamento Orçamento e Gestão (MPOG), e na Resolução nº 20/1986, do Conselho Nacional do Meio Ambiente (Conama).

Nessa ordem de ideias, não é demasia salientar que – tendo esses documentos o escopo primordial de demonstrar, de forma minudente, as necessidades da Administração, de permitir a elaboração da proposta comercial pelo licitante, de viabilizar a execução do futuro ajuste –, o sucesso ou o insucesso da licitação e, por conseguinte, da contratação, está diretamente relacionado com a formulação do termo de referência (TR) ou do projeto básico (PB), conforme o caso específico. Equivale a dizer: quando o TR ou o PB for bem elaborado, a licitação e a contratação tendem a serem bem-sucedidas; caso contrário, o certame e a contratação estão fadados ao fracasso.

Afora isso, a consolidação das informações e a correspondente adequação dos termos de referências ou, dependendo do caso, dos projetos básicos dos órgãos e entidades partícipes do SRP visam a atender aos requisitos de padronização e racionalização, sendo que tais atos deverão ser realizados com o auxílio do módulo próprio do Sistema de Administração e Serviços Gerais (SIASG), desenvolvido

---

[21] "[...] o termo de referência foi idealizado para cumprir uma importante função no planejamento da contratação, a qual não era atendida pela requisição. [...] Nesse sentido, juntamente com o projeto básico, ele é um dos mais importantes instrumentos de planejamento da contratação pública". (MENDES, Renato Geraldo. *O processo de contratação pública*: fases, etapas e atos. Curitiba: Zênite, 2012. p. 121).

para registro da IRP, consoante previsão contida no *caput* do art. 4º do Decreto nº 7.892/2013.

A esse respeito, Justen Filho[22] diz que a padronização é regra e imposição legal aplicável às compras, obras e serviços, constituindo-se instrumento de racionalização da atividade administrativa, com redução de custos e melhoria na aplicação de recursos. E, ainda, que a padronização deve ser motivada, tendo por critério fundamental vantagem concreta e definida para a Administração.

A racionalização preconizada pelo dispositivo em comento, no dizer de Jacoby Fernandes,[23] ultrapassa a padronização, já que diz respeito à redução entre tempo da aquisição e da entrega, redução de estoques, certeza de compromisso dos fornecedores, redução de custos, garantia de qualidade.

Essa atribuição do órgão gerenciador resultará, pois, em novo termo de referência ou projeto básico, conforme o caso, o qual conterá a totalização das quantidades máximas estimadas pelo órgão gerenciador e pelos órgãos participantes, as especificações e características dos bens, produtos ou serviços a serem licitados, observados os critérios de padronização e racionalização, e as demais pertinentes e necessárias informações acerca das futuras e eventuais contratações. Uma vez devidamente finalizado pelo órgão gerenciador, o termo de referência ou projeto básico consolidado deverá ser então validado pelos órgãos participantes, para prosseguimento da licitação.

3.5 Instruir o processo relativo à licitação (art. 5º, III)

O inciso III do art. 5º do Decreto nº 7.892/2013, repetindo o comando principal contido no inciso III do §2º do art. 3º do revogado Decreto nº 3.931/2001, determina ao órgão gerenciador "promover atos necessários à instrução processual para a realização do procedimento licitatório".

Em razão dessa competência, o órgão gerenciador é responsável, com arrimo na lição de Jacoby Fernandes,[24] pela elaboração do edital da

---

[22] JUSTEN FILHO, Marçal. *Comentários à Lei de Licitações e Contratos Administrativos*. 15. ed. São Paulo: Dialética, 2012. p. 211-212.

[23] JACOBY FERNANDES, Jorge Ulisses. *Sistema de registro de preços e pregão presencial e eletrônico*. 5. ed. Belo Horizonte: Fórum, 2013. p. 380.

[24] JACOBY FERNANDES, Jorge Ulisses. *Sistema de registro de preços e pregão presencial e eletrônico*. 5. ed. Belo Horizonte: Fórum, 2013. p. 288.

licitação para implantação do SRP – cujo certame poderá ser instaurado na modalidade concorrência ou pregão, dependendo do objeto – o que inclui a apresentação e a formalização das justificativas necessárias, como para definição dos locais de entrega dos bens ou produtos ou para a prestação dos serviços; promover as publicações devidas; elaborar as minutas de contratos que se fizerem necessárias e definir quando e em quais hipóteses elas serão utilizadas; elaborar a minuta da Ata de Registro de Preços; juntar laudos técnicos, caso necessário.

Além disso, cabe ao órgão gerenciador promover a devida e necessária autuação do correspondente processo administrativo, que se consubstancia na numeração das folhas que o integrarão; na juntada de documentos relativos, por exemplo: ao termo de juntada, que deverá preceder a toda e qualquer juntada aos autos; à autorização formal para início do processo; à designação da comissão de licitação; à relação dos órgãos participantes; às correspondências entre os órgãos; às atas de reuniões; às pesquisas de preços; ao parecer do órgão jurídico aprovando o edital e os documentos obrigacionais decorrentes (contrato e Ata de Registro de Preços).

3.6 Realizar pesquisa de mercado (art. 5º, IV)

O inciso IV do art. 5º do Decreto regulamentador do SRP, a seu turno, incumbe o órgão gerenciador de "realizar pesquisa de mercado para identificação do valor estimado da licitação e consolidar os dados das pesquisas de mercado realizadas pelos órgãos e entidades participantes, inclusive nas hipóteses previstas nos §§2º e 3º do art. 6º deste Decreto".

Pelo comando normativo transcrito, o órgão gerenciador, a fim de identificar o valor estimado da licitação, deve realizar pesquisa de mercado. A inovação trazida pelo vigente Decreto regulamentador do SRP, em relação ao revogado Decreto nº 3.931/2001, refere-se à possibilidade de o órgão gerenciador solicitar auxílio técnico aos órgãos participantes para realizar a pesquisa de mercado, conforme o disposto no §2º do mesmo dispositivo, fazendo a devida consolidação, caso se utilize dessa faculdade.

Em se tratando de contratação pública, a pesquisa de mercado é obrigatória e imprescindível, até para a realização de outros atos no desencadear do item procedimental da licitação, tais como: a escolha da modalidade de licitação; quando o critério for o quantitativo da despesa; a fixação do preço máximo. A ausência ou a inadequação na realização desse procedimento de exponencial importância pode resultar em contrato celebrado com preço inexequível, que não se consegue executar, ou com sobrepreço, que é superior àquele praticado no mercado.

A pesquisa de mercado constitui-se, também, em elemento de salvaguarda do interesse público e do gestor, pois o certame licitatório, sendo considerado ato administrativo formal (art. 4º, parágrafo único, Lei nº 8.666/1993), deve ter todos os seus atos justificados e comprovados documentadamente, com a finalidade de garantir lisura ao procedimento e, via de consequência, eximir a autoridade competente de responsabilidade pessoal.

Nesse diapasão, para Jacoby Fernandes,[25] a pesquisa de mercado, além de ser prévia à instauração da licitação, tem que ser atual, abrangente, efetiva e parametrizada. É dizer, a pesquisa deve: refletir o mercado atual de preços; atingir todo o possível mercado fornecedor, observado o dever de eficiência; conseguir retratar o comportamento do efetivo mercado fornecedor; e parametrizar a qualidade do produto com indicação de marca, quantidade por embalagem, local de entrega, prazo de garantia e outros fatores.

A abrangência da pesquisa de mercado preconizada pelo citado autor está consignada no Acórdão nº 819/2009,[26] do Tribunal de Contas da União (TCU), cuja orientação é a de que o orçamento do objeto a ser licitado deve basear-se em "cesta de preços aceitáveis".

No caso do SRP, em razão das peculiaridades desse procedimento, não se pode esquecer que a pesquisa de mercado deve perdurar enquanto viger a correspondente Ata de Registro de Preços, para manter atualizados os preços nela constantes. Somente dessa maneira o SRP atingirá o seu desiderato de propiciar à Administração a melhor

---

[25] JACOBY FERNANDES, Jorge Ulisses. *Sistema de registro de preços e pregão presencial e eletrônico*. 5. ed. Belo Horizonte: Fórum, 2013. p. 289-291.

[26] "1.7.2. faça o orçamento do objeto a ser licitado com base em 'cesta de preços aceitáveis' oriunda, por exemplo, de pesquisas junto a cotação específica com fornecedores, pesquisa em catálogos de fornecedores, pesquisa em bases de sistemas de compras, avaliação de contratos recentes ou vigentes, valores adjudicados em licitações de outros órgãos públicos, valores registrados em atas de SRP e analogia com compras/contratações realizadas por corporações privadas, desde que, com relação a qualquer das fontes utilizadas, sejam expurgados os valores que, manifestamente, não representem a realidade do mercado, à luz do art. 6º, inc. IX, alínea 'f', da Lei nº 8.666/93 (nessa linha, itens 32 a 39 do voto do Acórdão nº 2.170/2007-P)" (TCU, Acórdão nº 819/2009, Plenário).

contratação e, sobretudo, permitirá ao órgão gerenciador efetivar as medidas preconizadas nos artigos 17 a 19 do Decreto nº 7.892/2013, entre as quais a de promover negociação com os fornecedores, quando houver, por exemplo, redução dos preços praticados no mercado.

Afinal, é importante ressaltar, como destacado no início, a novidade trazida a lume no §2º do dispositivo regulamentar em análise, relativamente à possibilidade de o órgão gerenciador solicitar auxílio técnico aos órgãos participantes para realizar a pesquisa de mercado, tarefa grave e relevante.

Com efeito, trata-se de medida benfazeja porque – devendo a pesquisa de mercado realizar-se de forma ampla e detalhada, segundo rigorosa técnica de parametrização –, o órgão gerenciador necessitará de informações adicionais ou pesquisas de preços suplementares para corroborar os dados coletados por ele, porquanto é possível ocorrer, sobretudo diante de diversidade de custo de vida das variadas regiões e localidades dos órgãos e entidades participantes do SRP, discrepâncias nos preços de mercado.

O Decreto nº 8.250/2014 acresceu o inciso IV ao art. 2º do Decreto nº 7.892/2013. Esse dispositivo consigna o conceito de "compra nacional", que é a "compra ou contratação de bens e serviços, em que o órgão gerenciador conduz os procedimentos para registro de preços destinado à execução descentralizada de programa ou projeto federal, mediante prévia indicação da demanda pelos entes federados beneficiados".[27]

O Regulamento deixa clara a atribuição de o órgão gerenciador conduzir procedimento de registro de preços para aquisições ou contratações de bens e serviços necessários à execução de projetos ou programas desenvolvidos pelo Governo Federal e que têm como partícipes outras unidades da Federação brasileira.

Em razão disso, o Decreto nº 8.250/2014 também modificou o inciso IV do art. 5º do Decreto nº 7.892/2013. Agora, o órgão gerenciador,

---

[27] O Decreto nº 9.488/2018 acresceu o §4º-A ao art. 22 do Decreto nº 7.892/2013, com a seguinte redação: "Na hipótese de compra nacional: I – as aquisições ou as contratações adicionais não excederão, por órgão ou entidade, a cem por cento dos quantitativos dos itens do instrumento convocatório e registrados na ata de registro de preços para o órgão gerenciador e para os órgãos participantes; e II – o instrumento convocatório da compra nacional preverá que o quantitativo decorrente das adesões à ata de registro de preços não excederá, na totalidade, ao quíntuplo do quantitativo de cada item registrado na ata de registro de preços para o órgão gerenciador e para os órgãos participantes, independentemente do número de órgãos não participantes que aderirem".

relativamente a SRP para compra nacional, "promoverá a divulgação da ação, a pesquisa de mercado e a consolidação da demanda dos órgãos e entidades da administração direta e indireta da União, dos Estados, do Distrito Federal e dos Municípios".

Outras inovações veiculadas pelo Decreto nº 8.250/2014, relativamente à pesquisa de mercado, constam dos parágrafos 5º e 6º acrescidos ao art. 6º do Decreto nº 7.892/2013. O §5º dispõe que, caso o órgão gerenciador aceite a inclusão de novos itens, o órgão participante autor da demanda, além de elaborar a correspondente especificação ou termo de referência ou projeto básico – conforme o caso – realizará pesquisa de mercado, observado o disposto no art. 6º. Por sua vez, o §6º estatui que, caso o órgão gerenciador consinta na inclusão de novas localidades para entrega do bem ou execução do serviço, o órgão participante responsável pela demanda elaborará, ressalvada a hipótese prevista no §2º – que se refere à compra nacional –, pesquisa de mercado que contemple a variação de custos locais ou regionais.

As exigências impostas ao órgão participante que demande qualquer uma das inclusões especificadas, ou ambas, quando o pleito dele é aceito pelo órgão gerenciador, guarda total pertinência com a lógica dos procedimentos do SRP. Ora, se haverá inclusão de novos itens ou de novas localidades para entrega do bem ou execução do serviço, a correspondente pesquisa de mercado se impõe, observada a variação de custos locais e regionais, sobretudo para ajustar o valor estimado da licitação e para servir de baliza procedimental para o órgão gerenciador na condução da licitação.

Parece-me, entretanto, existir equívoco na parte final do §5º do art. 6º do Decreto nº 7.892/2013, dispositivo acrescido pelo Decreto nº 8.250/2014. Ali consta a seguinte expressão "observado o disposto no art. 6º", quando deveria consignar "observado o disposto no §6º". A meu ver, a intenção é que a pesquisa de mercado determinada pelo dispositivo em destaque contemple a variação de custos locais e regionais, tal como previsto no caso de que trata o §6º do art. 6º. Ademais, é ilógico, ou mesmo discrepa da melhor técnica legislativa, comando contido em parágrafo para que seja observado, de forma genérica, o disposto no próprio artigo legal ou normativo no qual o parágrafo está inserido. Quando necessário, a remissão é feita a específico dispositivo do próprio ou de outro artigo legal ou normativo.

3.7 Confirmar o objeto a ser licitado com os órgãos participantes (art. 5º, V)

Na sequência, o inciso V do art. 5º estatui ser da competência do órgão gerenciador "confirmar junto aos órgãos participantes a sua concordância com o objeto a ser licitado, inclusive quanto aos quantitativos e termo de referência ou projeto básico".

A única inovação trazida pelo transcrito dispositivo, em relação ao que dispunha o inciso V do §2º do art. 3º do revogado Decreto nº 3.931/2001, diz respeito à alusão ao termo de referência, tendo em vista que, conforme já explicitado em subitem anterior, somente a partir de 2002, com a edição da Lei nº 10.520, o pregão passou a ser aceito como segunda modalidade de licitação para implantação do SRP.

Essa atribuição do órgão gerenciador é complementar àquela prevista no inciso II do mesmo dispositivo em comento, por meio da qual lhe é determinado "consolidar informações relativas à estimativa individual e total de consumo, promovendo a adequação dos respectivos termos de referência ou projetos básicos encaminhados para atender aos requisitos de padronização e racionalização".

É que, pela competência ora em exame, o órgão gerenciador deve assegurar que os órgãos participantes atestem sua anuência com a consolidação promovida pelo gerenciador do procedimento, relativamente ao objeto a ser licitado, aos quantitativos, às especificações, enfim, quanto ao termo de referência ou projeto básico consolidado.

Essa etapa é de essencial importância para o pleno êxito do SRP, pois permite aos órgãos participantes fazer novos ajustes para atender suas específicas necessidades, sendo que os atos relativos a esse procedimento deverão ser realizados com a utilização do módulo próprio do Sistema de Administração e Serviços Gerais (SIASG), desenvolvido para registro da IRP, consoante previsão contida no *caput* do art. 4º.

3.8 Realizar a licitação (art. 5º, VI)

Pelo inciso VI do art. 5º, é atribuído ao órgão gerenciador o dever de "realizar o procedimento licitatório". Essa competência já era prevista no inciso V do §2º do art. 3º do revogado Decreto nº 3.931/2001.

Em linhas gerais, como sabido e ressabido, o procedimento da licitação é constituído de duas fases distintas, a interna ou preparatória e a externa ou executória, as quais se desenvolvem em sequência lógica e cronológica de atos.

Na fase interna, além do planejamento, delimitam-se e determinam-se as condições do ato convocatório antes de torná-lo de conhecimento público, por meio de publicação. Nessa fase, a Administração tem a oportunidade de corrigir as falhas porventura verificadas no procedimento, sem a necessidade de anular atos praticados.

A fase externa inicia-se com a publicação do ato convocatório ou edital ou com a entrega do convite e termina com a celebração do respectivo contrato, ou com a emissão de documento equivalente, nos termos da Lei (art. 62, §4º, Lei nº 8.666/1993), ou ainda, no caso do SRP, com a assinatura da Ata de Registro de Preços. Diferentemente do que ocorre na fase interna, na fase externa, depois de publicado o edital, qualquer falha ou irregularidade constatada, se insanável, levará à anulação do procedimento.

Nessa linha de raciocínio, e considerando as competências acometidas ao órgão gerenciador nos incisos anteriores, estando já o termo de referência ou projeto básico devidamente consolidado e validado pelos órgãos participantes, conforme atribuição que lhe foi outorgada no inciso V, conclui-se que, com a efetivação de tal ato, a fase interna da licitação esteja encerrada.

Dessa forma, com a atribuição estatuída no inciso VI, ora em exame, qual seja: "realizar o procedimento licitatório", cabe ao órgão gerenciador também levar a cabo a fase externa da licitação.

Vale dizer, caberá ao órgão gerenciador publicar o ato convocatório da licitação, na modalidade concorrência ou pregão, dependendo do objeto, bem como os correspondentes anexos, e também realizar todos os atos e demais etapas subsequentes, observadas as normas da legislação pertinente, assim como aquelas dos artigos 7º e 8º do Decreto nº 7.892/2013, para conclusão do certame e assinatura da Ata de Registro de Preços decorrente.

A propósito, isso é o que se extrai dos comentários de Jacoby Fernandes.[28] Esse autor lembra que o dispositivo em exame deve ser lido em conjunto com as disposições do §2º do mesmo art. 5º, que

---

[28] JACOBY FERNANDES, Jorge Ulisses. *Sistema de registro de preços e pregão presencial e eletrônico*. 5. ed. Belo Horizonte: Fórum, 2013. p. 291-292.

autoriza o órgão gerenciador a requerer auxílio técnico dos órgãos participantes para realizar o procedimento licitatório.

3.9 Gerenciar a Ata de Registro de Preços (art. 5º, VII)

Seguindo o desencadear lógico de fixação de competências ao órgão gerenciador, uma vez finalizado o procedimento licitatório, cabe a ele "gerenciar a Ata de Registro de Preços", consoante dispõe o inciso VII do art. 5º do Decreto nº 7.892/2013, o qual também repete o comando principal do inciso VII do §2º do art. 3º do anterior Decreto regulamentador do SRP.

Trata-se de mais uma missão complexa e laboriosa, considerando que envolve a gestão do produto final do SRP a Ata de Registro de Preços, que deverá atender, de forma simultânea, às demandas do órgão gerenciador, dos órgãos participantes e, até mesmo, de possíveis órgãos não participantes (carona).

Entre as tarefas decorrentes dessa atribuição, compete ao órgão gerenciador autorizar adesão à Ata de Registro de Preços. E, de acordo com o §1º-A do art. 22 do Decreto nº 7.892/2013, acrescido pelo Decreto nº 9.488/2018, a manifestação do órgão gerenciador sobre possível adesão à Ata de Registro de Preços deverá ser fundamentada em estudo realizado pelo órgão ou pela entidade não participante do SRP. Nesse estudo, deverão ser demonstrados o ganho de eficiência, a viabilidade e a economicidade para a administração pública federal da utilização da Ata de Registro de Preços, observado o disposto em ato do Secretário de Gestão do Ministério do Planejamento, Desenvolvimento e Gestão.[29] O órgão não participante tem o prazo de noventa dias para efetivar a contratação, contado da autorização dada pelo órgão gerenciador, observado o prazo de validade da ata (art. 22, §6º). Esse lapso nonagesimal poderá ser prorrogado pelo órgão gerenciador, de

---

[29] O Projeto de Lei nº 1.292/1995, por meio do §2º do art. 85, também estabelece requisitos para adesão à Ata de Registro de Preços por órgão ou entidade não participante, ao dispor: "Se não participarem do procedimento previsto no *caput* deste artigo, os órgãos e entidades poderão aderir à ata de registro de preços na condição de não participantes, observados os seguintes requisitos: I – apresentação de justificativa da vantagem da adesão, inclusive em situações de provável desabastecimento ou descontinuidade de serviço público; II – demonstração de que os valores registrados estão compatíveis com os valores praticados pelo mercado na forma do art. 23 desta Lei; III – prévias consulta e aceitação do órgão ou entidade gerenciadora e do fornecedor".

acordo com as disposições do Decreto nº 8.250/2014, observadas as condicionantes que serão examinadas em subitem posterior.

Consequentemente, compete ao órgão gerenciador controlar as contratações ou aquisições adicionais, que devem se limitar a cinquenta por cento dos quantitativos dos itens do instrumento convocatório e constantes na Ata de Registro de Preços para o órgão gerenciador e órgãos participantes (Decreto nº 7.892/2013, art. 22, §3º, com a redação dada pelo Decreto nº 9.488/2018),[30] e ainda não exceder, na totalidade, ao dobro do quantitativo de cada item inscrito na Ata de Registro de Preços para o órgão gerenciador e órgãos participantes, independentemente do número de órgãos não participantes que aderirem à ata (Decreto nº 7.892/2013, art. 22, §4º, com a redação dada pelo Decreto nº 9.488/2018).[31]

Essas circunstâncias peculiares do procedimento, por si, potencializam a complexa missão do órgão gerenciador inscrita no inciso em comento, o qual deverá desenvolver mecanismos para que haja perfeita harmonia e interação entre ele e os demais órgãos participantes e aderentes, a fim de evitar a ocorrência de transtornos para os partícipes e, por conseguinte, que a gestão da Ata de Registro de Preços seja exitosa.

Para desincumbir-se dessa competência, cabe, ainda, ao órgão gerenciador, entre outras ações, controlar o saldo dos quantitativos constantes da Ata de Registro de Preços, com o registro das baixas relativas aos quantitativos adquiridos; controlar o prazo de validade da Ata de Registro de Preços; acompanhar o cadastro dos fornecedores, promovendo a baixa daqueles que porventura tenham o registro cancelado.

---

[30] O §4º do art. 85 do Projeto de Lei nº 1.292/1995 tem conteúdo semelhante ao do §3º do art. 22 do Decreto nº 7.892/2013, com a redação dada pelo Decreto nº 9.488/2018, nestes termos: "As aquisições ou as contratações adicionais a que se refere o §2º deste artigo não poderão exceder, por órgão ou entidade, a 50% (cinquenta por cento) dos quantitativos dos itens do instrumento convocatório registrados na ata de registro de preços para o órgão gerenciador e para os órgãos participantes".

[31] O §5º do art. 85 do Projeto de Lei nº 1.292/1995 apresenta comando similar àquele contido no §4º do art. 22 do Decreto nº 7.892/2013, com a redação dada pelo Decreto nº 9.488/2018, nestes termos: "O quantitativo decorrente das adesões à ata de registro de preços a que se refere o §2º deste artigo não poderá exceder, na totalidade, ao dobro do quantitativo de cada item registrado na ata de registro de preços para o órgão gerenciador e para os órgãos participantes, independentemente do número de órgãos não participantes que aderirem".

A esse respeito, o Tribunal de Contas da União (TCU), consoante as disposições contidas no Acórdão nº 1.233/2012, decidiu que a fixação, no termo de convocação, de quantitativos (máximos) a serem contratados por meio dos contratos derivados da Ata de Registro de Preços, é obrigação e não faculdade do gestor. E, ainda, que, em atenção ao princípio da vinculação ao instrumento convocatório, o órgão gerenciador deve gerenciar a ata de forma que a soma dos quantitativos contratados derivados da ata não supere o quantitativo máximo previsto no edital.[32]

3.10 Renegociar preços registrados na ata (art. 5º, VIII)

A atribuição prevista no inciso VIII do art. 5º, qual seja: "conduzir eventuais renegociações dos preços registrados", também constava na primeira parte do inciso VIII do §2º do art. 3º do revogado Decreto nº 3.931/2001.

Embora conste de forma apartada em novo inciso, em verdade, essa tarefa se insere no rol – ou pode ser consectário lógico – dos atos de gestão da Ata de Registro de Preços. Creio que a *ratio essendi* da distinção feita pelo diploma regulamentador do SRP foi enfatizar e deixar patente, ou seja, estreme de dúvida, que o órgão gerenciador tem competência para conduzir possíveis renegociações dos preços registrados na ata.

Jacoby Fernandes[33] adverte que, como não tem a obrigação de contratar em se tratando de SRP, a Administração somente deverá renegociar a ata quando comprovar, mediante a realização de nova licitação, que não haverá preços melhores, o que poderá ser comprovado comparando-se o preço registrado com novas licitações de outros órgãos ou do próprio órgão.

E mais: que deverá ser observado o ato jurídico perfeito, no caso das contratações formalizadas por contrato ou outro instrumento. Sendo certo, porém, que caso os reflexos jurídicos da majoração ou redução de preços extrapole a relação existente entre gerenciador

---

[32] Destaca-se que, embora não exista obrigatoriedade de contratação por nenhum dos envolvidos (gerenciador, participantes e não participantes), a estimativa presta-se a retratar o cenário possível de contratação, a envolver até uma possível (não tão remota) adesão à ata (art. 9º, I e II).

[33] JACOBY FERNANDES, Jorge Ulisses. *Sistema de registro de preços e pregão presencial e eletrônico*. 5. ed. Belo Horizonte: Fórum, 2013. p. 293-294.

e beneficiário da ata e alcance outras partes, beneficiário da ata e participante ou carona, promover-se-á nova renegociação.

Para o citado autor, igualmente, não existe irregularidade em cada participante ou carona efetuar a própria negociação visando à redução de preços, mesmo antes da adesão. Mas o acréscimo de preços somente poderá ocorrer nas hipóteses legais, depois de celebrado o contrato, com fundamento no Acórdão nº 474/2005 do TCU.[34]

Para desempenhar a atribuição de renegociar os preços registrados na ata, o órgão gerenciador não pode deixar de observar, ainda, as disposições contidas no Capítulo VIII também do Decreto nº 7.892/2013, especificamente os artigos 17 a 21, que tratam da revisão e do cancelamento dos preços registrados.

3.11 Aplicar penalidades (art. 5º, IX e X)

A aplicação de penalidades por descumprimento do pactuado na Ata de Registro de Preços constava na segunda parte do inciso VIII do §2º do art. 3º do revogado Decreto nº 3.931/2001.

---

[34] "[...] 9.1.1. A interpretação sistemática do inciso XXI do art. 37 da Constituição Federal, do art. 3º, §1º, da Lei nº 10.192 e do art. 40, inciso XI, da Lei nº 8.666/93 indica que o marco inicial, a partir do qual se computa o período de um ano para a aplicação de índices de reajustamento previstos em edital, é a data da apresentação da proposta ou a do orçamento a que a proposta se referir, de acordo com o previsto no edital. 9.1.2. Na hipótese de vir a ocorrer o decurso de prazo superior a um ano entre a data da apresentação da proposta vencedora da licitação e a assinatura do respectivo instrumento contratual, o procedimento de reajustamento aplicável, em face do disposto no art. 28, §1º, da Lei nº 9.069/95 c/c os arts. 2º e 3º da Lei nº 10.192/2001, consiste em firmar o contrato com os valores originais da proposta e, antes do início da execução contratual, celebrar termo aditivo reajustando os preços de acordo com a variação do índice previsto no edital relativa ao período de somente um ano, contado a partir da data da apresentação das propostas ou da data do orçamento a que ela se referir, devendo os demais reajustes ser efetuados quando se completarem períodos múltiplos de um ano, contados sempre desse marco inicial, sendo necessário que estejam devidamente caracterizados tanto o interesse público na contratação quanto a presença de condições legais para a contratação, em especial: haver autorização orçamentária (incisos II, III e IV do §2º do art. 7º da Lei nº 8.666/93); tratar-se da proposta mais vantajosa para a Administração (art. 3º da Lei nº 8.666/93); preços ofertados compatíveis com os de mercado (art. 43, IV, da Lei nº 8.666/93); manutenção das condições exigidas para habilitação (art. 55, XIII, da Lei nº 8.666/93); interesse do licitante vencedor, manifestado formalmente, em continuar vinculado à proposta (art. 64, §3º, da Lei nº 8.666/93); [...] 9.1.3. Não é cabível a correção monetária das propostas de licitação, vez que esse instituto visa a preservar o valor a ser pago por serviços que já foram prestados, considerando-se somente o período entre o faturamento e seu efetivo pagamento, consoante disposto nos arts. 7º, §7º; 40, XIV, 'c'; e 55, III, da Lei nº 8.666/93; [...]".

O inciso X do art. 5º do Decreto nº 7.892/2013 reiterou essa atribuição do órgão gerenciador, mas trouxe a lume duas inovações. Confiram-se as respectivas redações dos incisos IX e X do dispositivo em comento:

> IX - aplicar, garantida a ampla defesa e o contraditório, as penalidades decorrentes de infrações no procedimento licitatório;
> X - aplicar, garantida a ampla defesa e o contraditório, as penalidades decorrentes do descumprimento do pactuado na ata de registro de preços ou do descumprimento das obrigações contratuais, em relação às suas próprias contratações; [...].

Depreende-se, dos termos dos dois dispositivos transcritos, que o órgão gerenciador, na qualidade de gestor do SRP, pode aplicar as sanções decorrentes de infrações verificadas e praticadas no procedimento licitatório, como também aquelas oriundas do descumprimento do pactuado na Ata de Registro de Preços. Ademais, mas nesse caso como contratante, o órgão gerenciador pode aplicar as penalidades decorrentes do descumprimento das obrigações contratuais, em relação às suas próprias contratações.

Aplicar penalidades é atribuição do órgão gerenciador que se insere entre os atos de controle aludidos, de forma genérica, no *caput* do art. 5º e que foi devidamente especificada nos dois transcritos dispositivos regulamentares.

Essa competência, com efeito, decorre do poder disciplinar da Administração Pública, que é a prerrogativa conferida a ela para apurar fatos caracterizadores de ilícito administrativo e aplicar, se for o caso e observados os princípios constitucionais pertinentes, as sanções previstas em lei.

Por força do poder disciplinar, o Estado exerce sua prerrogativa de autoridade ou de mando em relação àqueles que mantêm vínculo jurídico de qualquer natureza com a Administração Pública e que, por conseguinte, ficam subordinados às normas de funcionamento do serviço público. Esse poder se aplica, ainda, a particulares que mantêm alguma relação jurídica especial com a Administração.

As sanções administrativas, no entanto, somente podem ser cominadas mediante regular processo administrativo autônomo,[35]

---

[35] "[...] O Estado, em tema de punições disciplinares ou de restrição a direitos, qualquer que seja o destinatário de tais medidas, não pode exercer a sua autoridade de maneira abusiva

instaurado por ato administrativo de autoridade competente. O ato de instauração do processo administrativo deve conter a identificação dos autos do processo administrativo originário da licitação ou do contrato, a indicação das disposições legais aplicáveis ao procedimento para apuração de responsabilidade, a designação da comissão de servidores que irá conduzir o procedimento, o prazo para a conclusão dos trabalhos da comissão, entre outros requisitos de informação.

Ao licitante ou contratado que supostamente incidiu em falta, como, a propósito, estatuem os dispositivos em exame, devem ser assegurados a ampla defesa e o contraditório, garantias constitucionais decorrentes do devido processo legal. O exercício da ampla defesa e do contraditório, é bom frisar, envolve não só a participação daquele que está sendo processado, mas também o fornecimento de informação sobre os fatos, documentos, provas e dados do processo. Isso ressai cristalino da pacífica jurisprudência do Supremo Tribunal Federal, *v.g.*, deste excerto do voto condutor do Min. Gilmar Mendes:

> A Constituição de 1988 (art. 5º, LV) ampliou o direito de defesa, assegurando aos litigantes, em processo judicial ou administrativo, e aos acusados em geral o contraditório e a ampla defesa, com os meios e recursos a ela inerentes. [...] Assinale-se, por outro lado, que há muito a doutrina constitucional vem enfatizando que o direito de defesa não se resume a um simples direito de manifestação no processo. Efetivamente, o que o constituinte pretende assegurar – como bem anota Pontes de Miranda – é uma pretensão à tutela jurídica [...]. Daí afirmar-se, correntemente, que a pretensão à tutela jurídica, que corresponde exatamente à garantia consagrada no art. 5º, LV, da Constituição, contém os seguintes direitos: a) direito de informação (*Recht auf Information*), que obriga o órgão julgador a informar a parte contrária dos atos praticados no processo e sobre os elementos dele constantes; b) direito de manifestação (*Recht auf* Äusserung), que assegura ao defendente

---

ou arbitrária, desconsiderando, no exercício de sua atividade, o postulado da plenitude de defesa, pois o reconhecimento da legitimidade ético-jurídica de qualquer medida estatal – que importe em punição disciplinar ou em limitação de direitos – exige, ainda que se cuide de procedimento meramente administrativo (CF, art. 5º, LV), a fiel observância do princípio do devido processo legal. A jurisprudência do Supremo Tribunal Federal tem reafirmado a essencialidade desse princípio, nele reconhecendo uma insuprimível garantia, que, instituída em favor de qualquer pessoa ou entidade, rege e condiciona o exercício, pelo Poder Público, de sua atividade, ainda que em sede materialmente administrativa, sob pena de nulidade do próprio ato punitivo ou da medida restritiva de direitos". (STF. Agravo de Instrumento nº 241.201).

a possibilidade de manifestar-se, oralmente ou por escrito, sobre os elementos fáticos e jurídicos constantes do processo; c) direito de ver seus argumentos considerados (*Recht auf Berücksichtigung*), que exige do julgador capacidade de apreensão e isenção de ânimo (*Aufnahmefähigkeit und Aufnahmebereitschaft*) para contemplar as razões apresentadas [...]. (STF. MS nº 22.693, Rel. Min. Gilmar Mendes, *DJ*, 13 dez. 2010).

A garantia constitucional do devido processo legal exige, ainda, decisão final fundamentada, em homenagem à regra da motivação, que se origina dos princípios republicano e da publicidade dos atos e decisões administrativas. A observância da regra da motivação encontra-se positivada no inciso VII do parágrafo único do art. 2º e no art. 50 da Lei nº 9.784, de 1999, que regula o processo administrativo no âmbito da Administração Pública Federal.

O princípio da proporcionalidade, ou da vedação do excesso,[36] também está implícito na cláusula do devido processo legal, inscrita no inciso LIV do art. 5º da vigente Constituição da República, como pacificado na jurisprudência do Excelso Pretório e consubstanciado neste trecho do voto condutor do Min. Celso de Mello:

> [...] a cláusula do devido processo legal – objeto de expressa proclamação pelo art. 5º, LIV, da Constituição, e que traduz um dos fundamentos dogmáticos do princípio da proporcionalidade – deve ser entendida, na abrangência de sua noção conceitual, não só sob o aspecto meramente formal, que impõe restrições de caráter ritual à atuação do Poder Público (*procedural due process of law*), mas, sobretudo, em sua dimensão material (*substantive due process of law*), que atua como decisivo obstáculo à edição de atos normativos revestidos de conteúdo arbitrário ou irrazoável. A essência do *substantive due process of law* reside na necessidade de proteger os direitos e as liberdades das pessoas contra qualquer modalidade de legislação ou de regulamentação que se revele opressiva ou destituída do necessário coeficiente de razoabilidade. (STF. SS nº 1.320, Min. Celso de Mello, *DJ*, 14 abr. 1999).

---

[36] "A convergência dos sistemas de *common law* e de direito administrativo, no ordenamento europeu, vem realçar que o *princípio da proporcionalidade ou da proibição do excesso é*, hoje, assumido como um princípio de controlo exercido pelos tribunais sobre a adequação dos meios administrativos (sobretudo coativos) à prossecução do escopo e ao balanceamento concreto dos direitos ou interesses em conflito". (CANOTILHO, José Joaquim Gomes. *Direito constitucional e teoria da Constituição*. 7. ed. 6. reimpr. Coimbra: Almedina, 2003. p. 268).

CRISTIANA FORTINI (COORD.)
REGISTRO DE PREÇOS – ANÁLISE CRÍTICA DO DECRETO FEDERAL Nº 7.892/13, COM AS ALTERAÇÕES POSTERIORES

Nessa esteira, o princípio da proporcionalidade ou da proibição do excesso constitui baliza para a prática de atos administrativos, cuja execução deve ser dosada na exata medida para atingir o fim maior almejado pela Administração, o interesse público. Tal princípio ganha exponencial relevo e importância, em se tratando de atos de imposição de sanções, quando a Administração deve adotar providências adequadas e razoáveis para consecução dos fins pretendidos.

O princípio da proporcionalidade, com efeito, consta expressamente no inciso VI do parágrafo único do art. 2º da Lei nº 9.784/1999, que assim dispõe: "adequação entre meios e fins, vedada a imposição de obrigações, restrições e sanções em medida superior àquelas estritamente necessárias ao atendimento do interesse público".

Em suma, observadas as garantias constitucionais, princípios e regras referenciados, ao órgão gerenciador compete aplicar as sanções previstas em lei, nestas hipóteses:

1. Por irregularidades na fase do procedimento de licitação;
2. Por descumprimento da Ata de Registro de Preços; e
3. Por descumprimento contratual pelo contratado, nesta última hipótese quando for o contratante.

Lado outro, sendo o contratante órgão participante ou órgão não participante (carona), a estes cabem aplicar as sanções legais por descumprimento contratual e informar ao órgão gerenciador a ocorrência, conforme dispõem, respectivamente, o §1º do art. 6º e o §7º do art. 22, ambos os dispositivos do Decreto nº 7.892/2013.

3.12 Autorizar a prorrogação do prazo previsto no §6º do art. 22 (art. 5º, XI)

O Decreto nº 8.250/2014 acresceu ao art. 5º do Decreto nº 7.892/2013 o inciso XI. Ao órgão gerenciador agora compete, também, "autorizar, excepcional e justificadamente, a prorrogação do prazo previsto no §6º do art. 22 deste Decreto, respeitado o prazo de vigência da ata, quando solicitada pelo órgão não participante".

Segundo o §6º do art. 22 do Regulamento do SRP, depois da autorização do gerenciador, o órgão não participante deverá efetivar a aquisição ou a contratação solicitada em até noventa dias, observado o prazo de vigência da ata.

De acordo, pois, com as novas disposições regulamentares, o órgão gerenciador poderá prorrogar tal prazo, mediante solicitação do órgão não participante, e desde que não exceda o prazo de vigência da ata de registro de preço.

Além disso, o comando regulamentar é categórico: o ato de prorrogação deverá ser formalmente motivado com razões que diferem da regra, que fogem do normal, daí o emprego, no Decreto, do vocábulo "excepcional".

4 Considerações finais

Do exame dos onze incisos do art. 5º do Decreto nº 7.892/2013, com as alterações introduzidas pelo Decreto nº 8.250/2014, conclui-se que o rol de atribuições consubstanciado neles não é taxativo, ou *numerus clausus*. Isso porque a simples utilização da expressão "prática de todos os atos de controle e administração do Sistema de Registro de Preços" no *caput* do dispositivo regulamentar em causa, *per si*, é bastante para indicar a existência de rol exemplificativo, ou *numerus apertus*, de competências reservadas ao órgão gerenciador do SRP. A propósito, isso ressai de forma palmar, até, da própria natureza do conceito de administração, que abrange, como demonstrado, plexo muito vasto de atos, tarefas, processos e funções. Vale dizer, o órgão gerenciador pode realizar todos os atos necessários para a efetiva implantação do SRP e para gerenciar a Ata de Registro de Preços dele decorrente, observados, por óbvio, os princípios norteadores da Administração Pública.

Essas atribuições, com efeito, até mesmo pelo fato de o procedimento constituir-se em valioso instrumento de planejamento e gestão estratégica para busca da eficiência na Administração Pública, revestem-se de incontestável magnitude, de alta complexidade e de extrema responsabilidade, em razão do protagonismo conferido ao órgão gerenciador, no qual foi concentrada a responsabilidade para realizar, coordenar e controlar todas as atividades cabíveis e necessárias para implantar o SRP e para gerenciar a Ata de Registro de Preços dele decorrente.

Para ênfase e reforço dessa asserção, basta verificar que o próprio ato regulamentar do SRP procurou minorar o esforço a ser suportado e despendido pelo órgão gerenciador para desincumbir-se de suas tarefas, ao facultar a possibilidade de ele solicitar auxílio técnico aos órgãos participantes para a execução de algumas atribuições que lhe foram acometidas (art. 5º, §2º). Além disso, o Decreto prevê a realização de atos para implantação do SRP com o emprego de tecnologia da informação (TI), por exemplo, no §1º do art. 5º (assinatura digital da Ata de Registro de Preços) e no *caput* do art. 4º (registro da IRP no Sistema de Administração e Serviços Gerais), como também poderão ser utilizados recursos de TI para automatizar procedimentos de controle e atribuições dos órgãos gerenciadores e participantes (art. 23).

Diante de tão graves encargos suportados pelo órgão gerenciador e dos benefícios que a Ata de Registro de Preços proporciona aos órgãos e entidades que dela usufruem, penso que é injustificada a falta de previsão normativa de alguma forma de contrapartida ou compensação, até mesmo financeira, ao órgão gerenciador, a ser dada pelos demais partícipes do SRP, sobretudo, pelos órgãos não participantes ou "caronas".

Referências

CANOTILHO, José Joaquim Gomes. *Direito constitucional e teoria da Constituição*. 7. ed. 6. reimpr. Coimbra: Almedina, 2003.

GUIMARÃES, Edgar; NIEBUHR, Joel de Menezes. *Registro de preços*: aspectos práticos e jurídicos. 2. ed. atualizada de acordo com o Decreto nº 7.892/2013. Belo Horizonte: Fórum, 2013.

JACOBY FERNANDES, Jorge Ulisses. *Sistema de registro de preços e pregão presencial e eletrônico*. 5. ed. Belo Horizonte: Fórum, 2013.

JUSTEN FILHO, Marçal. *Comentários à Lei de Licitações e Contratos Administrativos*. 15. ed. São Paulo: Dialética, 2012.

MAXIMIANO, Antônio César Amaru. *Teoria geral da administração*: da revolução urbana à revolução digital. 7. ed. São Paulo: Atlas, 2012.

MEDAUAR, Odete. *Direito administrativo moderno*. 3. ed. São Paulo: Revista dos Tribunais, 2000.

MEIRELLES, Hely Lopes. *Direito administrativo brasileiro*. São Paulo: Malheiros, 1993.

MENDES, Renato Geraldo. *O processo de contratação pública*: fases, etapas e atos. Curitiba: Zênite, 2012.

OTERO, Paulo. *Manual de direito administrativo*. Coimbra: Almedina, 2013. v. 1.

SÁ, Antônio Lopes de; SÁ, Ana Maria Lopes de. *Dicionário de contabilidade*. 11. ed. São Paulo: Atlas, 2009.

SALGADO, Joaquim Carlos. O estado ético e o estado poiético. *Revista do Tribunal de Contas*, Belo Horizonte, v. 27, n. 2, p. 3-34, 1998.

SANTANA, Jair Eduardo; CAMARÃO, Tatiana; CHRISPIM, Anna Carla Duarte. *Termo de referência*: o impacto da especificação do objeto e do termo de referência na eficácia das licitações e contratos. Bahia: JAM Jurídica, 2012.

Informação bibliográfica deste texto, conforme a NBR 6023:2018 da Associação Brasileira de Normas Técnicas (ABNT):

DINIZ, Gilberto Pinto Monteiro. Roteiro do protagonista do SRP: as competências do órgão gerenciador previstas no Decreto nº 7.892, de 23.01.2013. *In*: FORTINI, Cristiana (Coord.). *Registro de Preços*: análise crítica do Decreto Federal nº 7.892/13, com as alterações posteriores. 3. ed. rev., ampl. e atual. Belo Horizonte: Fórum, 2020. p. 29-63. ISBN 978-65-5518-038-1.

ASPECTOS GERAIS, A INTENÇÃO PARA REGISTRO DE PREÇOS (IRP) E CONSIDERAÇÕES SOBRE OS ÓRGÃOS ENVOLVIDOS

CRISTIANA FORTINI

FERNANDA PIAGINNI ROMANELLI

1 Introdução

O art. 22, inciso XXVII, da Constituição da República, preceitua que cabe privativamente à União legislar sobre normas gerais de licitação e contratos administrativos. Estados e Municípios têm competência para elaborar regras a respeito de licitação desde que não colidentes com as editadas pela União a título de regramento geral.

A norma geral de licitações e contratos é a Lei nº 8.666/93, mas essa característica se vislumbra também na Lei nº 10.520/02, disciplinadora do pregão, e em outras leis voltadas a licitações e contratos específicos, entre as quais, as Leis nºs 8.987/95 e 11.079/04, a cuidar das concessões e permissões de serviços públicos e das modelagens de parcerias público-privadas, respectivamente.

Os procedimentos de compras realizados pela Administração Pública localizam-se entre os artigos 14 e 16 da Lei nº 8.666/93. O art. 15 da Lei nº 8.666/93 introduz o Sistema de Registro de Preços (SRP), apontando algumas diretrizes para a sua utilização, sem se preocupar com a conceituação.

Os parágrafos do art. 15 são em sua maioria destinados ao Registro de Preços. Assim, o §1º condiciona o Registro de Preços a uma ampla pesquisa de mercado, enquanto o §2º prevê a publicação trimestral dos preços registrados, com vistas a favorecer um acompanhamento e, claro, ainda que ali não se afirme, um controle quer pelos próprios órgãos e entes envolvidos, quer pelas instituições e organismos constituídos com essa finalidade, favorecendo, ainda, o controle social.

O §3º do artigo em análise, por sua vez, afirma que a regulamentação do referido sistema será realizada por decreto, atendidas as peculiaridades regionais, e desde que observadas as condições ali arroladas, quais sejam: realização de concorrência, estipulação prévia do sistema de controle e atualização dos preços registrados, cuja validade não supera um ano.[1]

Este trabalho tratará, então, de questões abrangentes envolvendo a normatização do SRP. Entre outros aspectos, serão avaliados o art. 1º do Decreto nº 7.892/13, os limites formais e materiais da sua regulamentação, as definições do art. 2º e a sistemática de realização de SRP e a Intenção para Registro de Preços (IRP), buscando a normatização pertinente, assim como a legislação comparativa.

2 A necessidade de regulamentação do art. 15 da Lei nº 8.666/93 e os limites da normatização

A Consulta nº 732.557,[2] respondida pelo TCE/MG, e a Decisão ROMS nº 15.647,[3] prolatada pelo STJ, espelham entendimento

---

[1]   Hoje, o registro de preços para bens e serviços comuns poderá ser precedido de pregão.

[2]   "O art. 15 prevê a regulamentação do Sistema de Registro de Preços por meio de decreto, a ser editado no âmbito de cada entidade federativa. Isso não significa que o dispositivo não seja autoaplicável. A afirmativa decorre de que a disciplina da lei é perfeitamente suficiente para instituir-se o Sistema de Registro de Preços. Não há necessidade de veiculação de outras regras complementares. A quase totalidade das soluções nele contidas pode ser explícita ou implicitamente extraída do sistema da Lei nº 8.666/93. Aliás, inúmeras inovações trazidas na regulamentação se caracterizam como ilegais, eis que ultrapassam os limites previstos legislativamente". (TCE/MG. Consulta nº 732.557, Cons. Licurgo Mourão, 11.06.2008).

[3]   "2. Embora autoaplicável, o art. 15 da Lei nº 8.666/93 pode sofrer limitações por regulamento estadual ou municipal, como previsto no §3º. 3. Sociedade de Economia Mista que, na ausência de norma própria, submete-se aos limites municipais, se não contrariarem eles a Lei de Licitações". (STJ. ROMS nº 15.647/SP, Min. Eliana Calmon, DOU, 14 abr. 2003).

usualmente adotado pela doutrina e jurisprudência de que o art. 15 da Lei nº 8.666/93 é autoaplicável.[4] O posicionamento doutrinário e jurisprudencial que assenta o entendimento de autoaplicabilidade dos dispositivos da Lei nº 8.666/93 sobre o Registro de Preços parece não reconhecer a real importância do(s) decreto(s) regulamentador(es), responsáveis que são por informações adicionais fundamentais à efetiva aplicabilidade do SRP.

Como antes dito, a Lei nº 8.666/93 fornece alguma disciplina sobre o Registro de Preços, mas desobriga-se de conceituá-lo, de indicar as situações que convidam para o seu uso, de prever os possíveis envolvidos, por exemplo.

Optou-se por atribuir aos decretos a função de delinear o instituto, pelo que, sem embargo dos valiosos entendimentos a respeito do tema, entendemos que a eventual falta de decreto dificultaria sobremaneira, se é que não impediria, a utilização do instituto.

A previsão do art. 15 da Lei nº 8.666/93 é notadamente de caráter geral, ou seja, autoriza-se o uso pulverizado do Registro de Preços pelos entes federados e suas entidades descentralizadas. Todavia, a forma de operacionalizar o Registro de Preços está condicionada à avaliação individual e autônoma (observados os contornos legais) de cada ente político.

Em análise apressada e divorciada da ordem jurídica, que mais espelha tradição, certamente tributável à origem unitária do Estado brasileiro, se poderia afirmar que, havendo a remissão ao decreto para a normatização própria, e, ocorrendo essa regulamentação por ato próprio da União, os Estados e Municípios deveriam segui-la.

---

4   Marçal Justen Filho, em *Comentários à Lei de Licitações e Contratos Administrativos*, entende que a Lei nº 8.666/93 dispensa regulamentação para que seja aplicada: "O art. 15 prevê a regulamentação do sistema de registro de preços por meio de decreto, a ser editado no âmbito de cada unidade federativa. Isso não significa que o dispositivo não seja autoaplicável. A afirmativa decorre de que a disciplina constante da Lei é perfeitamente suficiente para instituir-se o Sistema de Registro de Preços. Não há necessidade de veiculação de regras complementares. A quase totalidade das soluções nele contidas pode ser explícita ou implicitamente extraída da Lei nº 8.666/93. Aliás, inúmeras inovações trazidas na regulamentação se caracterizam como ilegais, eis que ultrapassam os limites previstos legislativamente. Lembre-se, ademais, que a função regulamentar é inerente à edição do ato convocatório da licitação. O edital é instrumento pelo qual se adaptam para o caso concreto as regras gerais previstas na lei e se exercitam as competências discricionárias atribuídas às autoridades administrativas. Em toda licitação o ato convocatório desempenha essa função de natureza regulamentar". (JUSTEN FILHO, Marçal. *Comentários à Lei de Licitações e Contratos Administrativos*. 15. ed. São Paulo: Dialética, 2012).

Mas, tal análise iria de encontro ao pacto federativo, além de contrariar a própria Lei de Licitações que menciona a necessidade de atendimento de peculiaridades regionais[5] quando da regulamentação via decreto.

Assim, caso o ente federado adote regulamentação idêntica à federal, entendendo ser adequada e conveniente, estará exercendo sua opção política administrativa conferida pela Constituição.[6]

De fato, os entes têm recorrido à própria regulamentação, em especial os Estados, dado que quase todos elaboraram regulamentação própria sobre o tema. Merecem destaque os casos dos Estados do Maranhão, de Rondônia e de Minas Gerais, que possuem soluções bem mais avançadas em relação ao Decreto Federal, prevendo, por exemplo, Registro de Preços Permanente (SRPP), aplicado para bens e serviços comuns, precedido de pregão.

Outro ponto interessante é o relativo à via usada para a regulamentação. O §3º do art. 15 determina que o regulamento deve ser realizado sob a forma de decreto, mas não parece ser razoável a interpretação que, por exemplo, veda a edição de lei sobre o tema.

Não faz sentido que em um Estado Democrático de Direito se ofereça resistência a instrumento deliberativo que envolva os dois poderes e ofereça ampla discussão e análise democrática. Há que se considerar, ainda, a competência legislativa estadual, tal como recortada pela Constituição da República.

Obviamente, admitindo-se a utilização de decreto, dada sua finalidade regulamentadora, dificilmente a escolha do agente político seria pela criação de lei. A agilidade superior na edição de decretos, cuja eventual alteração também se faz possível sem maiores esforços, torna a via do decreto extremamente atrativa.

3 Limites da regulamentação do Decreto

O primeiro dispositivo do Decreto nº 7.892/13 apresenta os contornos geográficos de sua aplicação, afastando qualquer sorte de dúvida sobre o âmbito federal de sua força normativa:

---

[5] "Art. 15. As compras, sempre que possível, deverão: [...] §3º O Sistema de Registro de Preços será regulamentado por decreto, atendidas as peculiaridades regionais, observadas as seguintes condições: I – seleção feita mediante concorrência; II – estipulação prévia do sistema de controle e atualização dos preços registrados; III – validade do registro não superior a um ano".

[6] *Vide* ROMS nº 15.647/SP.

Art. 1º As contratações de serviços e a aquisição de bens, quando efetuadas pelo Sistema de Registro de Preços – SRP, no âmbito da administração pública federal direta, autárquica e fundacional, fundos especiais, empresas públicas, sociedades de economia mista e demais entidades controladas, direta ou indiretamente pela União, obedecerão ao disposto neste Decreto.

Nota-se a abrangência subjetiva do Decreto: todos os entes da Administração federal são por ele alcançados.[7] Mas deve ser considerado o disposto no art. 66 da Lei nº 13.303/16, que prevê a edição de decreto relativo ao sistema de registro de preços para as estatais. Uma vez que a lógica da Lei nº 13.303/16 é a de flexibilizar e criar ambiente normativo mais propício às estatais, o Decreto a elas dirigido haverá de ser outro.

Dessa forma, o chefe do Executivo, no âmbito das suas atribuições, impõe as regras e padrões de conduta inerentes ao Registro de Preços não apenas aos órgãos que compõem a estrutura da Administração direta, mas a entes vinculados, dotados de autonomia.

Sem embargo da possível alegação de ofensa à autonomia dos entes descentralizados, não se pode ignorar que raramente se identificam entidades próximas do ideal de independência que o Decreto-Lei nº 200/67 pretendeu assegurar.

Na realidade, há uma pluralidade de entidades cuja autonomia real é esvaziada pela absoluta dependência financeira do ente central.

Se ao ente central compete sustentar o dia a dia das entidades, não há como desconsiderar o seu interesse direto em disciplinar o comportamento dos entes satélites.

4 Definições

4.1 O Registro de Preços

O SRP surge como uma forma de dinamizar e tornar mais eficientes as contratações públicas. Uma única licitação pode gerar instrumento obrigacional (ata) assinada pelo vencedor da licitação que

---

[7] Destacamos a necessidade de se observar o Decreto nº 7.581/11 para hipótese de utilização no Registro de Preços no contexto do Regime Diferenciado de Contratação.

se compromete a, uma vez acionado, atender à demanda, fornecendo o produto ou prestando o serviço,[8] observadas as quantidades e as especificações contidas no ato convocatório e seus anexos, ao longo do prazo de validade da ata.[9]

Em outras licitações, nas quais não se utiliza o Registro de Preços, gera-se uma expectativa de que a ela se seguirá o contrato, ainda que a Lei nº 8.666/93 não ordene essa sequência lógica. Com efeito, a Lei, pautada pela ideia de verticalidade do interesse público sobre o privado, compreendendo, nas sublinhas, que há um descompasso entre ambos, pelo que se deve salvaguardar o interesse público, cria atmosfera jurídica em que cabe ao vencedor do certame acudir à convocação para celebrar o contrato ou retirar o instrumento equivalente.[10]

Mas, ainda que a Lei não imponha expressamente o dever de contratar, e mesmo que a doutrina e a jurisprudência não tenham construído o mesmo raciocínio que hoje protege o aprovado em concurso público dentro do número de vagas editalícias, a homenagem ao princípio da boa-fé, da confiança legítima, favorece o vencedor, que poderá questionar a sua não contratação. Em alguma medida, o art. 49 da Lei nº 8.666/93 está impregnado pelos referidos princípios,[11] por condicionar a revogação da licitação à ocorrência de fato superveniente.

No caso do Registro de Preços, o §4º do art. 15 da Lei nº 8.666/93 reduz as expectativas do licitante vencedor, desconstruindo qualquer possibilidade de postulação quanto à obrigatoriedade de contratação, facultando-se à Administração a utilização de outros meios, assegurando ao beneficiário do registro apenas a preferência em igualdade de condições.

---

[8] A possibilidade de uso do Registro de Preços para obra será objeto de análise neste trabalho e no artigo "Breves considerações sobre a licitação para Registro de Preços à luz do Decreto Federal nº 7.892/13", de Ariane Shermam Morais Vieira, publicado nesta obra.

[9] Nos termos do §3º do art. 15 da Lei nº 8.666/93 e do art. 12 do Decreto nº 7.892/13, o prazo de validade da ata é de um ano. Neste mesmo sentido, o Acórdão nº 991/09 do Tribunal de Contas da União.

[10] Vê-se que o dever de celebrar o contrato foi previsto expressamente apenas para alcançar o licitante vencedor do certame: "Art. 64. A Administração convocará regularmente o interessado para assinar o termo de contrato, aceitar ou retirar o instrumento equivalente, dentro do prazo e condições estabelecidos, sob pena de decair o direito à contratação, sem prejuízo das sanções previstas no art. 81 desta Lei".

[11] Sobre os princípios da boa fé e confiança legítima, cf. SILVA, Cristiana Maria Fortini Pinto e. Princípio da segurança jurídica e sua influência na revogação das licitações. In: MARRARA, Tiago (Org.). Princípios do direito administrativo. São Paulo: Atlas, 2011.

A ata, por sua vez, não deve ser confundida com o contrato que a ela poderá ou não se seguir. A natureza jurídica da ata é objeto de diversas discussões jurisprudenciais e doutrinárias. A AGU, no parecer 0003/2019/CPLC/PGF/AGU, retoma a distinção entre a ata e o contrato, enfatizando suas distintas funções, destacando, por fim, que o negócio jurídico bilateral surge com a assinatura do termo de contrato ou equivalente.[12] Como exemplo, citamos decisão do TCU em que o Tribunal afirma que a ata gerada pela licitação para Registro de Preços e o contrato são figuras distintas:

> Em consequência, foi realizada inspeção pela unidade técnica, tendo sido constatado que a formalização da ata de registro de preços e a celebração do contrato para fornecimento das mercadorias "*ocorreram em um mesmo instrumento*", isto é, ao mesmo tempo em que foram estabelecidas características de uma ata de registro de preços, tais como a vigência do registro e os prazos e condições para contratação, foram fixadas condições, direitos, obrigações e regras próprias de um termo contratual, tais como o valor pactuado, as penalidades a que se sujeita a contratada e as obrigações das partes. Com base no Decreto Federal nº 3.931/2001 – que regulamenta o registro de preços previsto na Lei nº 8.666/93 –, o relator salientou que a ata de registro de preços tem natureza diversa da do contrato. Na verdade, "*a ata firma compromissos para futura contratação, ou seja, caso venha a ser concretizado o contrato, há que se obedecer às condições previstas na ata*". Ademais, "*a ata de registro de preços impõe compromissos, basicamente, ao fornecedor (e não à Administração Pública), sobretudo em relação aos preços e às condições de entrega. Já o contrato estabelece deveres e direitos tanto ao contratado quanto ao contratante, numa relação de bilateralidade e comutatividade típicas do instituto*".[13]

A ata deve apontar a quantidade máxima e o valor indicado de cada bem ou serviço que pode ser demandado dentro do seu prazo máximo de validade. É assinada pelo vencedor da licitação, pelo órgão gerenciador e pelos órgãos participantes.

---

[12] ADVOCACIA GERAL DA UNIÃO. *Parecer nº 00003/2019/CPLC/PGF/AGU*. Disponível em: http://www.agu.gov.br/page/download/index/id/38860351. Acesso em 22 abr. 2020.

[13] TCU. Acórdão nº 3.273/10, 2ª Câmara, TC-018.717/2007-3, Rel. Min.-Subst. Augusto Sherman Cavalcanti, 29.06.2010.

4.1.1 Cadastro de Reserva

O edital pode prever a possibilidade de se realizar um cadastro de reserva dos demais classificados que aceitarem reduzir os seus preços ao valor do primeiro colocado.[14] Após o encerramento da etapa competitiva é facultado aos demais licitantes, nos termos do art. 10 do Decreto nº 7.892/13 (situação que não necessariamente existirá nos decretos estaduais e municipais), reduzirem os seus preços ao valor do vencedor. Forma-se, nesta oportunidade, um cadastro de reserva que poderá ser utilizado caso a ata homologada seja desfeita. É possível e salutar aos demais entes federados a regulamentação da possibilidade de inscrição de outros preços, ordenados de forma crescente, a serem usados ou não, a depender da conveniência e da adequação do valor.

Segundo a atual redação do Decreto nº 7.892/13, após a alteração provocada pelo Decreto nº 8.250/14, esses licitantes não mais assinam a ata de registro de preços, mas correspondente à sessão pública, e, desta forma, se distinguem do fornecedor classificado em primeiro lugar.

É importante salientar que algumas legislações estaduais, no espírito do Decreto nº 7.892/13, antes de sua alteração, adotam o cadastro exigindo a assinatura da ata por todos os classificados.[15] Embora a norma federal atualmente ofereça maior rigor técnico ao restringir a assinatura da ARP ao fornecedor classificado em primeiro lugar, a disposição anterior no sentido de que todos assinem a ata não afronta qualquer norma jurídica. Trata-se de opção político-administrativa.

Naturalmente, a utilização dessas atas deve ocorrer dentro de validade do Registro de Preços, que pode chegar a um ano.

Após assinada e publicada a ata, o demandante, se houver interesse, acionará o beneficiário da ata para demandar o objeto pretendido. Essa demanda gerará um contrato entre o demandante e o vencedor daquele item.[16]

---

[14] Sobre o cadastro de reserva, chamamos a atenção para o artigo "Disposições finais e transitórias e análise comparativa do Decreto nº 7.892/2013 com outras regulamentações sobre Registro de Preços", de Murilo Melo Vale, publicado nesta obra.

[15] Citamos como exemplo o Decreto nº 46.311/13 do Estado de Minas Gerais: Art. 12. Os licitantes que concordarem em executar o objeto da licitação pelo preço do primeiro colocado serão convocados para assinar a ARP, ainda que tenha sido atingida a quantidade total demandada.

[16] Salienta-se que, caso se trate de pronta entrega com conferência imediata, de acordo com o parágrafo único do art. 60 da Lei nº 8.666/93, poderá não haver contrato, que poderá ser pela nota de empenho ou documento equivalente.

Em importante complementação à Lei, o Decreto Federal (opção que não necessariamente há de ser repetida em decretos estaduais e municipais) agrega outros órgãos ao Registro de Preços, promovendo uma distribuição de competências relacionadas à concepção, elaboração, licitação, controle de ata e execução do Sistema de Registro de Preços, conforme se segue:

Art. 2º Para os efeitos deste Decreto, são adotadas as seguintes definições:

I – Sistema de Registro de Preços – conjunto de procedimentos para registro formal de preços relativos à prestação de serviços e aquisição de bens, para contratações futuras;

II – ata de registro de preços – documento vinculativo, obrigacional, com característica de compromisso para futura contratação, em que se registram os preços, fornecedores, órgãos participantes e condições a serem praticadas, conforme as disposições contidas no instrumento convocatório e propostas apresentadas;

III – órgão gerenciador – órgão ou entidade da administração pública federal responsável pela condução do conjunto de procedimentos para registro de preços e gerenciamento da ata de registro de preços dele decorrente;

IV – órgão participante – órgão ou entidade da administração pública que participa dos procedimentos iniciais do Sistema de Registro de Preços e integra a ata de registro de preços;

V – órgão não participante – órgão ou entidade da administração pública que, não tendo participado dos procedimentos iniciais da licitação, atendidos os requisitos desta norma, faz adesão à ata de registro de preços.

VI – compra nacional – compra ou contratação de bens e serviços, em que o órgão gerenciador conduz os procedimentos para registro de preços destinado à execução descentralizada de programa ou projeto federal, mediante prévia indicação da demanda pelos entes federados beneficiados;

VII – órgão participante de compra nacional – órgão ou entidade da administração pública que, em razão de participação em programa ou projeto federal, é contemplado no registro de preços independente[mente] de manifestação formal.

4.2 Os atores do Registro de Preços

O Decreto nº 7.892/13 divide competências sobre a realização do SRP.[17]

O órgão gerenciador é quem realiza a licitação.[18] É o gerenciador que atrai o regime jurídico aplicável ao caso (à luz do Decreto Federal, o órgão gerenciador insere-se na estrutura federal). Trata-se de alguém que assume o encargo de preparar, iniciar e concluir o certame. Também é o responsável pela aplicação de sanções envolvendo o procedimento licitatório, assim como as decorrentes dos contratos que com ele forem celebrados, sem prejuízo de obrigações outras como realizar a pesquisa de mercado e conduzir eventuais renegociações dos preços registrados. Cabe-lhe, ainda, executar outras obrigações, como o registro da IRP no Portal de Compras do Governo Federal e a consolidação das informações contidas no Termo de Referência/Projeto Básico encaminhadas pelos órgãos participantes.

A assunção dos compromissos atribuídos ao órgão gerenciador pode revelar o seu interesse em contratar serviços ou adquirir bens pela via do Registro de Preços ou simboliza sua condição de órgão/ente centralizador das licitações, cabendo-lhe empreendê-las ainda que ausente o interesse pessoal no seu resultado.[19]

---

[17] Cabe salientar que tanto os nomes quanto as competências são escolhas da regulamentação federal. Assim, outros nomes e distintas competências podem surgir na regulamentação de outros entes.

[18] O artigo "Roteiro do protagonista do SRP – As competências do órgão gerenciador previstas no Decreto nº 7.892, de 23.01.2013", de Gilberto Pinto Monteiro Diniz, publicado nesta forma, trata do tema de forma mais detalhada.

[19] Art. 5º Caberá ao órgão gerenciador a prática de todos os atos de controle e administração do Sistema de Registro de Preços, e ainda o seguinte:
I – registrar sua intenção de registro de preços no Portal de Compras do Governo federal;
II – consolidar informações relativas à estimativa individual e total de consumo, promovendo a adequação dos respectivos termos de referência ou projetos básicos encaminhados para atender aos requisitos de padronização e racionalização;
III – promover atos necessários à instrução processual para a realização do procedimento licitatório;
IV – realizar pesquisa de mercado para identificação do valor estimado da licitação e, consolidar os dados das pesquisas de mercado realizadas pelos órgãos e entidades participantes, inclusive nas hipóteses previstas nos §§2º e 3º do art. 6º deste Decreto; (Redação dada pelo Decreto nº 8.250, de 2014);
V – confirmar, junto aos órgãos participantes, a sua concordância com o objeto a ser licitado, inclusive quanto aos quantitativos e termo de referência ou projeto básico;
VI – realizar o procedimento licitatório;
VII – gerenciar a ata de registro de preços;
VIII – conduzir eventuais renegociações dos preços registrados;
IX – aplicar, garantida a ampla defesa e o contraditório, as penalidades decorrentes de infrações no procedimento licitatório; e

De acordo com o art. 2º do Decreto Federal, órgão participante[20] é aquele que se interessou desde o início da concepção do registro pelo objeto da licitação que se iniciaria. Não se trata de estranho ao certame, mas de órgão ou entidade que dele toma assento desde a fase interna, manifestando seu interesse em participar do registro de preços. Na fase interna, o órgão participante informará a quantidade estimada desejada do bem/serviço ao órgão gerenciador e encaminhará o termo de referência ou projeto básico.[21] A integração do órgão participante à licitação decorre, salvo disposto no art. 2º, VI, da atual expressão de vontade, a partir da Intenção de Registro de Preços, assunto que será tratado em capítulo posterior.

Nos termos do Decreto Federal, o órgão participante poderá auxiliar na execução das atividades descritas nos incisos III, IV e VI do art. 5º, conforme prevê o §2º do mesmo artigo.

É importante salientar que, nos termos do inciso IV do art. 2º do Decreto nº 7.892/13,[22] após a mudança promovida pelo Decreto

---

X – aplicar, garantida a ampla defesa e o contraditório, as penalidades decorrentes do descumprimento do pactuado na ata de registro de preços ou do descumprimento das obrigações contratuais, em relação às suas próprias contratações.

XI – autorizar, excepcional e justificadamente, a prorrogação do prazo previsto no §6º do art. 22 deste Decreto, respeitado o prazo de vigência da ata, quando solicitada pelo órgão não participante. (*Incluído pelo Decreto nº 8.250, de 2014*);

§1º A ata de registro de preços, disponibilizada no Portal de Compras do Governo federal, poderá ser assinada por certificação digital.

§2º O órgão gerenciador poderá solicitar auxílio técnico aos órgãos participantes para execução das atividades previstas nos incisos III, IV e VI do *caput*.

[20] O artigo "As competências do órgão participante no Sistema de Registro de Preços", de Sarah Campos, publicado nesta obra, trata com maior profundidade das questões relacionadas ao participante.

[21] "Art. 6º O órgão participante será responsável pela manifestação de interesse em participar do registro de preços, providenciando o encaminhamento ao órgão gerenciador de sua estimativa de consumo, local de entrega e, quando couber, cronograma de contratação e respectivas especificações ou termo de referência ou projeto básico, nos termos da Lei nº 8.666, de 21 de junho de 1993, e da Lei nº 10.520, de 17 de julho de 2002, adequado ao registro de preços do qual pretende fazer parte, devendo ainda: I – garantir que os atos relativos a sua inclusão no registro de preços estejam formalizados e aprovados pela autoridade competente; II – manifestar, junto ao órgão gerenciador, mediante a utilização da Intenção de Registro de Preços, sua concordância com o objeto a ser licitado, antes da realização do procedimento licitatório; e III – tomar conhecimento da ata de registros de preços, inclusive de eventuais alterações, para o correto cumprimento de suas disposições. Parágrafo único. Cabe ao órgão participante aplicar, garantida a ampla defesa e o contraditório, as penalidades decorrentes do descumprimento do pactuado na ata de registro de preços ou do descumprimento das obrigações contratuais, em relação às suas próprias contratações, informando as ocorrências ao órgão gerenciador".

[22] "Art. 2º [...] IV – órgão participante – órgão ou entidade da administração pública que participa dos procedimentos iniciais do Sistema de Registro de Preços e integra a ata de registro de preços [...]".

nº 8.250/14, o órgão integrante do SRP federal pode integrar qualquer esfera de governo. A redação original do Decreto nº 7.892/14 restringia a participação à esfera federal.[23] A existência de entes de diferentes esferas de poder pode suscitar alguma discussão, presentes regulamentos distintos.

Uma vez que a licitação é realizada pelo "Órgão Gerenciador", deve prevalecer, na realização do certame, a regulamentação da entidade que realizou o processo.

Diante da autotutela administrativa, aquele que pretende integrar licitação alheia deve avaliar a legalidade do seu ato. E mais: tendo assumido a condição de órgão participante e se deparado com algo que destoa do seu regramento próprio (ou da lei, claro), cabe-lhe, dependendo da situação, anular a sua participação ou determinado ato a ela relacionado.

É o que ocorreria caso um Município previsse que o seu sistema de Registro de Preços não pode contemplar itens de tecnologia da informação, mas, na qualidade de órgão participante, viesse a integrar o Registro de Preços alheio, para os mesmos produtos de tecnologia da informação. Na situação retratada, o questionamento jurídico estaria circunscrito ao órgão participante, diante da peculiaridade das regras que balizam a sua conduta.

Não se pode ignorar que é possível a transmissão de vício a terceiros. Por exemplo: certo Estado realiza Registro de Preços para obras de engenharia de alta complexidade e, após a assinatura do contrato, o TCE competente se manifesta contrariamente à validade da ata. A decisão do TCE atingiria, de forma obliqua, todos os participantes, ainda que não submetidos à jurisdição daquele órgão de controle, pois o vício localiza-se no procedimento. Se a ata está contaminada e não pode prosperar, não há como preservá-la, viabilizando a sua utilização pelos demais.

---

[23] Na primeira edição desta obra, a Professora Cristiana Fortini questionava o conceito restrito de órgão participante: "A redação parece inofensiva não fosse pelo fato de que, ao assim se materializar, órgãos estranhos ao aparato federal e que, desde os primórdios, ainda na fase preparatória da licitação, poderiam dela tomar assento, na condição de participantes, são impedidos e, consequentemente, 'lançados' a, se for o caso, e observados os limites, atuar como 'caronas'. Afirmamos, em capítulo anterior, em que examinamos as diretrizes gerais do Registro de Preços e a IRP, a inconveniência da decisão adotada, sobretudo considerando que o Decreto atual nasce em boa medida a partir de recomendações do TCU, crítico da proliferação de 'caronas'. Solução mais ajustada, sobretudo diante do espírito cooperativo que está nos meandros da nossa Constituição, seria a de estimular a presença e a atuação, ainda na fase interna, de distintos órgãos a quem a licitação poderia interessar".

5 A compra nacional

Com foco na otimização das compras públicas, o Decreto nº 8.250/14 introduziu a compra nacional. Trata-se de uma alternativa em que a esfera Federal licita, via SRP, para adquirir bens/contratar serviços para outros entes federados, em face da necessidade e/ou conveniência de prestar auxílio aos Estados, Municípios e Distrito Federal quando envolvidos nos seus programas ou projetos de governo. Os entes federados se beneficiam da ata na qualidade de participantes e verbalizam a sua demanda quando da preparação do certame. Trata-se de uma alternativa à licitação individualizada promovida de forma pulverizada pelos diversos entes federados e também ao "carona".

A realização desse tipo de compra está ligada a um dos propósitos do SRP: o de atender a programas de Governo. A partir da compra nacional, em lugar de receber recursos para licitar, o ente federado, pelo art. 6º, §3º, pode optar por adquirir os itens existentes na Ata. A inovação está associada à busca de eficiência ao espírito colaborativo e revela preocupação com as fragilidades administrativas de alguns Municípios.

Para atender os objetivos da esfera federal e demais membros, o art. 6º, §4º, do Decreto nº 7.892/13, com a alteração promovida pelo Decreto nº 8.250/2014, parece permitir que os entes ou órgãos públicos utilizem, no pagamento de itens registrados em ata de compra nacional, recursos provenientes de repasses voluntários (como é o caso da execução dos programas ou projetos de Governo) ou recursos próprios.

O vínculo entre os entes federados e o Governo Federal normalmente é formado mediante celebração de convênios, instrumento de cooperação em que o ente realiza uma proposta de projeto ao Governo Federal sob a forma de Plano de Trabalho e, se for aceito, é assinado o instrumento jurídico no qual o Governo Federal se responsabiliza por destinar recursos para a entidade executora.

Uma leitura apressada sugeriria contradição entre os incisos VI e VII do art. 2º[24] ao prever, respectivamente, que os entes federados

---

[24] "Art. 2º [...] VI – compra nacional – compra ou contratação de bens e serviços, em que o órgão gerenciador conduz os procedimentos para registro de preços destinado à execução descentralizada de programa ou projeto federal, mediante prévia indicação da demanda pelos entes federados beneficiados; e (*Incluído pelo Decreto nº 8.250, de 2014*) VII – órgão participante de compra nacional – órgão ou entidade da administração pública que, em

devem indicar, previamente, a demanda ao órgão gerenciador, mas paralelamente rotula o órgão participante da compra nacional como órgão ou entidade da administração pública que, em razão de participação em programa ou projeto federal, é contemplado no registro de preços, independentemente de manifestação formal.

Contudo, o que pode justificar a aparente dualidade de tratamento, ora a prever a ação do órgão participante, a quem compete verbalizar a sua demanda, ora a parecer desonerá-lo da necessária manifestação, é o interstício de tempo necessário entre a proposta do plano de trabalho e a formalização de uma parceria entre entes públicos e a necessidade de aferição da demanda para elaboração da ata.[25] Considerando a necessidade de indicação prévia da demanda pelo ente federado (art. 2º, VI), mas cuja manifestação não precisa ser formal (art. 2º, VII), seria possível a aferição do quantitativo a partir do plano de trabalho proposto, mesmo que o instrumento jurídico ainda não tenha sido assinado.

Caso a proposta do plano de trabalho seja posterior à licitação para fins de registro de preços, é possível a carona nos limites do próprio Decreto nº 7.892/13. Salienta-se que o Decreto nº 7.892/13 autoriza esse tipo de compra apenas para outros entes públicos.[26]

6 Intenção de Registro de Preços (IRP)

Um dos pontos mais polêmicos do tratamento federal criado para o sistema de Registro de Preços é a figura do "órgão não participante" ou "carona". O "carona", como dito, realiza a adesão a uma

---

razão de participação em programa ou projeto federal, é contemplado no registro de preços, independente[mente] de manifestação formal. (*Incluído pelo Decreto nº 8.250, de 2014)"*.

[25] Os convênios são propostos pelos Estados, Distrito Federal e Municípios através de um sistema denominado SICONV. Os entes devem propor um plano de trabalho, que será analisado pela Administração Federal e, após todo trâmite burocrático, o instrumento será assinado. O interstício de tempo entre a proposta do plano de trabalho e a assinatura do instrumento jurídico muitas vezes pode ser suficiente para a licitação de registro de preços.

[26] Contudo, esta pode ser uma opção administrativa para a execução de convênios celebrados com particulares, caso algum ente opte por normatizar o "regulamento de compras" exigido nos arts. 34 e 43 da Lei nº 13.019/2014, de forma similar à "compra nacional". Dessa forma, em princípio, parece-nos que seria possível que o convenente adquirisse os itens de um Registro de Preços realizado pelo poder concedente e entregasse os itens já licitados ao parceiro privado. Esta seria uma forma de minimizar possíveis controvérsias sobre a prestação de contas e os riscos de inexecução.

ata fruto de licitação já concluída sem para ela ter contribuído direta ou indiretamente.

Vale dizer, o órgão não participante utiliza um certame conduzido por outro órgão ou entidade.

Ao argumento de que o valor do bem ou serviço é ajustado ao praticado no mercado e que, assim, há economicidade na adesão à ata, o "carona" não assume o posto de licitante, para se socorrer em certame alheio.

Com todas as controvérsias relacionadas ao tema, o carona, já previsto no Decreto nº 3.931/01, foi novamente disciplinado no Decreto nº 7.892/13, que pretendeu delimitar melhor o seu uso, tal como cobravam os Tribunais de Contas, em especial o TCU.[27]

Uma opção à adesão do "carona" é a Intenção de Registro de Preços, procedimento adotado por diversos regulamentos, além do Decreto em análise, em que o órgão Gerenciador, ao pretender realizar um Registro de Preços, divulga sua intenção e concede um prazo, para que entidades e órgãos sinalizem, caso queiram, seu desejo de integrar o certame desde o seu nascedouro.

O Decreto nº 7.892/13 o aborda no art. 4º:

> Art. 4º Fica instituído o procedimento de Intenção de Registro de Preços – IRP, a ser operacionalizado por módulo do Sistema de Administração e Serviços Gerais – SAISG, que deverá ser utilizado pelos órgãos e entidades integrantes do Sistema de Serviços Gerais – SISG, para registro e divulgação dos itens a serem licitados e para a realização dos atos previstos nos incisos II e V do *caput* do art. 5º e dos atos previstos no inciso II e *caput* do art. 6º.
>
> §1º A divulgação da intenção de registro de preços poderá ser dispensada, de forma justificada, pelo órgão gerenciador. (*Redação dada pelo Decreto nº 8.250, de 2014*);
>
> §1º-A O prazo para que outros órgãos e entidades manifestem interesse em participar de IRP será de oito dias úteis, no mínimo, contado da data de divulgação da IRP no Portal de Compras do Governo federal. (*Incluído pelo Decreto nº 9.488, de 2018*);
>
> §2º O Ministério do Planejamento, Orçamento e Gestão editará norma complementar para regulamentar o disposto neste artigo.

---

[27] O "carona" é tratado em dois artigos desta obra: "Carona – Federalismo por cooperação e eficiência administrativa" e "Aprimoramentos do Decreto Federal: órgão gerenciador, órgão participante, carona e outros dispositivos" deste livro.

§3º Caberá ao órgão gerenciador da Intenção de Registro de Preços – IRP: (*Incluído pelo Decreto nº 8.250, de 2014*);

I – estabelecer, quando for o caso, o número máximo de participantes na IRP em conformidade com sua capacidade de gerenciamento; (*Incluído pelo Decreto nº 8.250, de 2014*);

II – aceitar ou recusar, justificadamente, os quantitativos considerados ínfimos ou a inclusão de novos itens; e (*Incluído pelo Decreto nº 8.250, de 2014*);

III – deliberar quanto à inclusão posterior de participantes que não manifestaram interesse durante o período de divulgação da IRP. (*Incluído pelo Decreto nº 8.250, de 2014*);

§4º Os procedimentos constantes dos incisos II e III do §3º serão efetivados antes da elaboração do edital e de seus anexos. (*Incluído pelo Decreto nº 8.250, de 2014*);

§5º Para receber informações a respeito das IRPs disponíveis no Portal de Compras do Governo Federal, os órgãos e entidades integrantes do SISG se cadastrarão no módulo IRP e inserirão a linha de fornecimento e de serviços de seu interesse. (*Incluído pelo Decreto nº 8.250, de 2014*);

§6º É facultado aos órgãos e entidades integrantes do SISG, antes de iniciar um processo licitatório, consultar as IRPs em andamento e deliberar a respeito da conveniência de sua participação. (*Incluído pelo Decreto nº 8.250, de 2014*).

Uma vez que órgão participante, na atual situação federal, pode ser qualquer órgão ou entidade da administração pública, o IRP se torna, então, mecanismo que, sob certa ótica, inibe as "caronas", agregando, desde o início, outras unidades administrativas. Na condição de participantes do registro de preços, as citadas unidades indicam a sua demanda e atuam de forma ancilar na fase de planejamento do SRP. A virtude advinda da soma de esforços e da participação de órgãos à licitação em construção não apresenta vantajosidade financeira latente. Dado que a integração ao certame ocorre na fase embrionária, não é possível atestar naquele momento a economicidade ligada ao preço do produto/serviço.

Mas, há economia em sentido diverso: deixa-se de realizar licitação isolada e agrega-se a demanda à outra, o que pode implicar queda no preço unitário do objeto desejado. Vale dizer, o aumento da demanda gerado pela participação por meio de IRP pode levar à diminuição do valor unitário, contribuindo em termos de economia de escala.

Esse também é o entendimento do TCU no Acórdão nº 2.692-39/12:

[...] a IRP – Intenção de Registro de Preços, ao substituir o número de "caronas" por órgãos participantes, apresenta-se como uma forma de melhorar a economia de escala para a Administração, ao aumentar os quantitativos mínimos a serem adquiridos, conforme consignou a própria recorrente.

O órgão que acolhe ao chamado via IRP, chamado de órgão participante, assim como o órgão gerenciador, não se obriga a celebrar contrato ou a adotar instrumento congênere.

Caso o valor alcançado ao final do certame não corresponda àquele que o participante via IRP entenda adequado ao valor de mercado, o ente/órgão possui autonomia para, por exemplo, realizar o próprio procedimento de SRP.[28] Importa sempre salientar que, caso o ente seja participante de mais de uma licitação e, se houver mais de uma ata vigente registrando o mesmo item, ele deve priorizar a ata de menor valor, e somente após exaurir o máximo previsto desta, solicitar os itens da segunda.

A IRP visa atrair interessados desde logo, com vistas a reduzir uma possível adesão por caronas e assim minimizar críticas que sempre acompanham a adesão tardia. Contudo, essa adesão parece restrita.

O art. 4º, ao instituir a IRP, determina que ele deve ser utilizado para a realização de atos dos órgãos gerenciador (*caput* do art. 5º, incisos II e V) e participante (*caput* do art. 6º e inciso II).

O participante, figura originária do SRP, encaminha a sua demanda detalhada por meio de Projeto Básico ou Termo de Referência (art. 6º, *caput*), ao órgão gerenciador, que consolida as informações recebidas, realiza adequações que entender necessárias e publica no SISG (art. 5º, II). O participante deve checar os quantitativos e o conteúdo do Termo de Referência ou Projeto Básico, manifestando a sua concordância com o objeto pelo IRP (art. 5º, V, e art. 6º, II), se for o caso. Importante considerar que o Decreto nº 9488/18 introduziu o §1º-A, que fixa prazo mínimo de 8 dias úteis, contado da data de

---

[28] Esse é um dos fatores que pode ensejar a não contratação na forma do art. 15, §4º, da Lei nº 8.666/93.

divulgação da IRP no Portal de Compras do Governo federal, para que outros órgãos e entidades manifestem interesse em participar de IRP. A participação, desde cedo, densifica a discussão sobre as especificações do objeto do certame, dado o papel auxiliar do órgão participante na preparação da licitação.

Uma vez que o órgão participante pode ser qualquer órgão ou entidade pública, a IRP tornou-se uma importante alternativa à "carona", enriquecendo em quantidade e qualidade a demanda expressada pela ARP.[29]

Ao integrar a licitação, assumindo condição coadjuvante desde a fase doméstica, o ente participante promove uma aproximação com o gerenciador que em nada afeta a moralidade administrativa e, ao revés, sinaliza importante aplicação do princípio da eficiência.

Há de se considerar que a realização de parceria entre os entes federados é uma face do federalismo de cooperação a ser continuamente reafirmada por meio de práticas que visem ao auxílio mútuo.

Mas, se por um lado o Decreto hoje permite uma participação ampla, por outro, faculta ao Órgão Gerenciador a possibilidade de não divulgar, motivadamente, o interesse de Registro de Preços, conforme autoriza o art. 4º, §1º, após a publicação do Decreto nº 8.250/14.

E, mais, reconhecendo-se ao Órgão Gerenciador do IRP, após o Decreto nº 8.250/14, poderes para limitar a quantidade de itens e de adesão de participantes anteriormente à elaboração do edital, nos termos dos §§3º e 4º do art. 4º.[30]

---

[29] Não nos parece razoável o entendimento exposto no texto de Claudine Corrêa Leite Bottesi (Recentes alterações no Sistema de Registro de Preços. *Tribunal de Contas do Estado de São Paulo*). Vale destacar, no entanto, que a orientação predominante neste Tribunal é no sentido de que a participação deva se restringir a órgãos e entidades da mesma esfera de governo, o que se justifica ao se considerar que o Sistema de Registro de Preços é um procedimento administrativo disciplinado por legislação e normas internas da pessoa de direito público em que se processa, de acordo com seus interesses e conveniências e mediante obediência ao princípio constitucional da autonomia das entidades federadas, não podendo haver interferência de umas nas outras. A argumentação se espelhou em entendimento do Tribunal de Contas do Estado de São Paulo, restritivo em relação ao carona. Afastando-se toda a polêmica em torno da aquisição/contratação de itens registrados em ata por entidade não participante do SRP, parece insustentável entendimento que visa limitar a presença de entes distintos na condição de participantes, ainda que ausente regra proibitiva. (BOTTESI, Claudine Corrêa Leite. Recentes alterações no Sistema de Registro de Preços. *Tribunal de Contas do Estado de São Paulo*, São Paulo, 09 abr. 2013. Disponível em: http://www4.tce.sp.gov.br/sites/default/files/par-cclb-_2013-03-18_tca-008073-026-09-artigo_sitio-eletronicoodecretoo7892-23-01-2013_regulamenta_sistema_registro_de_precos_da_lei_8666.pdf. Acesso em 14 abr. 2014).

[30] Art. 4º [...].

Embora a restrição possa afetar a economicidade, não se pode ignorar a real capacidade operacional do órgão gerenciador. A participação frenética e desenfreada pode ser incompatível com as limitações administrativas do Órgão Gerenciador, revelando a face negativa da participação: o que seria benéfico a todos culminaria prejudicando-os.

O PL nº 1292/95, aprovado na Câmara dos Deputados e enviado ao Senado, mantém a Intenção de Registro de Preços, tornando-a dispensável quando o órgão gerenciador for o único contratante, o que somente se pode presumir pela natureza do objeto.[31]

7 Conclusões

Embora o SRP tenha sido inserido no sistema jurídico brasileiro quando promulgada a Lei de Licitações, a sua aplicação ainda oferece muitas discussões e novidades para a Administração Pública.

Os entes federados têm liberdade de regulamentar o seu sistema, estando, porém, sempre vinculados à moldura, mesmo que não exaustiva, da Lei nº 8.666/93, e aos princípios inseridos na Constituição da República.

Vários foram os decretos federais a tratar do tema, assim como se multiplicam decretos estaduais e municipais.

Os decretos exercem importante função, vez que a Lei não encerra a disciplina da matéria.

Tem se observado evolução na estruturação do Sistema de Registro de Preços, na órbita federal. A divisão de competências de forma mais clara, a inserção de definições que facilitam a rotina administrativa em busca da economicidade e da eficiência e o estímulo à participação inicial de outros órgãos e entes que, desde a origem, assumem posição colaborativa com a licitação, contribuem para a adesão tardia e minimizam as polêmicas.

---

§3º Caberá ao órgão gerenciador da Intenção de Registro de Preços – IRP:

I – estabelecer, quando for o caso, o número máximo de participantes na IRP em conformidade com sua capacidade de gerenciamento;

II – aceitar ou recusar, justificadamente, os quantitativos considerados ínfimos ou a inclusão de novos itens; e

III – deliberar quanto à inclusão posterior de participantes que não manifestaram interesse durante o período de divulgação da IRP.

§4º Os procedimentos constantes dos incisos II e III do §3º serão efetivados antes da elaboração do edital e de seus anexos.

[31] Art. 85 do PL 1292.

Após o Decreto nº 8.250/14, contribui-se, ainda que indiretamente, para a redução dos "caronas", graças ao amplo conceito de órgão participante, autorizando-se a acolhida de pretensões alheias à esfera federal. A intenção para registro de preços como veículo condutor de mais elástica participação, conclamando interessados para o certame em gestação, pode, assim, se revelar importante instrumento no sentido de agregar variados atores que assumiriam *ab initio* condição assemelhada a de "colicitantes". Efeito colateral positivo estaria na possível redução de caronas, uma vez que possíveis postulações de adesão à ata não mais fariam sentido, se os demandantes puderem antecipar suas demandas.

Referências

ADVOCACIA GERAL DA UNIÃO. *Parecer nº 00003/2019/CPLC/PGF/AGU*. Disponível em: http://www.agu.gov.br/page/download/index/id/38860351. Acesso em 22 abr. 2020.

BOTTESI, Claudine Corrêa Leite. Recentes alterações no Sistema de Registro de Preços. *Tribunal de Contas do Estado de São Paulo*, São Paulo, 09 abr. 2013. Disponível em: http://www4.tce.sp.gov.br/sites/default/files/par-cclb-_2013-03-18_tca-008073-026-09-artigo_ sitio-eletronicoodecretoo7892-23-01-2013_regulamenta_sistema_registro_de_precos_ da_lei_8666.pdf. Acesso em 14 abr. 2014.

JUSTEN FILHO, Marçal. *Comentários à Lei de Licitações e Contratos Administrativos*. 15. ed. São Paulo: Dialética, 2012.

SILVA, Cristiana Maria Fortini Pinto e. Princípio da segurança jurídica e sua influência na revogação das licitações. *In*: MARRARA, Tiago (Org.). *Princípios do direito administrativo*. São Paulo: Atlas, 2011.

Informação bibliográfica deste texto, conforme a NBR 6023:2018 da Associação Brasileira de Normas Técnicas (ABNT):

FORTINI, Cristiana; ROMANELLI, Fernanda Piaginni. Aspectos gerais, a Intenção para Registro de Preços (IRP) e considerações sobre os órgãos envolvidos. *In*: FORTINI, Cristiana (Coord.). *Registro de Preços*: análise crítica do Decreto Federal nº 7.892/13, com as alterações posteriores. 3. ed. rev., ampl. e atual. Belo Horizonte: Fórum, 2020. p. 65-84. ISBN 978-65-5518-038-1.

AS COMPETÊNCIAS DO ÓRGÃO PARTICIPANTE NO SISTEMA DE REGISTRO DE PREÇOS

SARAH CAMPOS

1 Introdução

O Sistema de Registro de Preços (SRP), tendo como objetivo geral a facilitação na contratação pela Administração Pública, "sobretudo nas situações em que a necessidade da Administração em relação a determinados bens é contínua",[1] constitui um procedimento que envolve vários partícipes, cada um desempenhando um papel e possuindo determinadas prerrogativas.[2]

O Governo Federal, por meio do Decreto Federal nº 7.892, de 23 de janeiro de 2013, posteriormente alterado pelo Decreto nº 8.250, de 23 de maio de 2014, e pelo Decreto nº 9.488, de 30 de agosto de 2018, revogou o antigo Decreto Federal nº 3.931/2001 e trouxe novas especificidades sobre as competências dos diferentes agentes que podem atuar no Sistema de Registro de Preços: o órgão gerenciador, o

---

[1] NIEBUHR, Joel de Menezes. *Licitação pública e contrato administrativo*. 3. ed. rev. e ampl. Belo Horizonte: Fórum, 2013. p. 593.

[2] Importante pontuar que o Projeto de Lei nº 1292/1995, que dispõe sobre a Nova Lei de Licitações e Contratos, propõe que o Sistema de Registro de Preços possa ser utilizado também nas hipóteses de inexigibilidade e de dispensa de licitação para a aquisição de bens ou para a contratação de serviços por mais de um órgão ou entidade (art. 81, §6º), bem como para contratação de obras e serviços de engenharia (art. 81, §5º).

86 | CRISTIANA FORTINI (COORD.)
REGISTRO DE PREÇOS – ANÁLISE CRÍTICA DO DECRETO FEDERAL Nº 7.892/13, COM AS ALTERAÇÕES POSTERIORES

órgão participante, o órgão participante de compra nacional e o órgão não participante (carona).

Esse artigo abordará, mais especificadamente, as competências dos órgãos participantes, demonstrando o tratamento dado pelo Decreto nº 7.892/2013 e por suas alterações posteriores, que regulamenta o Sistema de Registro de Preços, no âmbito da Administração Pública federal direta, autárquica e fundacional, fundos especiais, empresas públicas, sociedades de economia mista e demais entidades controladas, direta ou indiretamente pela União.

2 Das competências do órgão participante no Sistema de Registro de Preços

Órgão participante, segundo o inciso IV do art. 2º do Decreto Federal nº 7.892/2013, com a redação dada pelo Decreto nº 8.250/2014, é o "órgão ou entidade da administração pública que participa dos procedimentos iniciais do Sistema de Registro de Preços e integra a ata de registro de preços".[3]

A redação original do Decreto nº 7.892/2013 restringia a condição de órgão participante às entidades e órgãos de âmbito federal. No entanto, o Decreto Federal nº 8.250/2014 ampliou esse conceito, na medida em que não mais exige que o órgão participante seja, necessariamente, órgãos ou entidades pertencentes à esfera federal.

Assim, entes e órgãos de quaisquer das esferas federativas, na qualidade de órgão participante, antes mesmo do lançamento da licitação, tomando ciência de anúncio de Intenção de Registro de Preços (IRP) feito por órgão gerenciador, poderão decidir compor o procedimento, manifestando o seu interesse em participar do certame e integrar a Ata de Registro de Preços.

Destaca-se que o art. 3º, §2º, I,[4] do Decreto Federal nº 3.931/2001, exigia que o órgão gerenciador convidasse, por meio de correspondência eletrônica ou outro meio eficaz, os órgãos e entidades para participarem

---

[3] "Art. 2º Para os efeitos deste Decreto, são adotadas as seguintes definições: [...] IV - órgão participante – órgão ou entidade da administração pública que participa dos procedimentos iniciais do Sistema de Registro de Preços e integra a ata de registro de preços; [...]".

[4] "Art. 3º A licitação para registro de preços será realizada na modalidade de concorrência ou de pregão, do tipo menor preço, nos termos das Leis nºs 8.666, de 21 de julho de 1993, e 10.520, de 17 de julho de 2002, e será precedida de ampla pesquisa de mercado. [...] §2º Caberá ao órgão gerenciador a prática de todos os atos de controle e administração do SRP, e ainda o seguinte: I - convidar, mediante correspondência eletrônica ou outro meio eficaz, os órgãos e entidades para participarem do registro de preços; [...]".

do Registro de Preços. O convite foi substituído, com a publicação do Decreto nº 7.892/2013, pelo procedimento de Intenção de Registro de Preços (IRP), previsto no seu art. 4º,[5] que deve ser operacionalizado por módulo do Sistema Integrado de Administração e Serviços Gerais (SIASG), e utilizado pelos órgãos e entidades pertencentes ao Sistema de Serviços Gerais (SISG).

O órgão participante, conhecendo que será realizada a licitação, manifesta o seu interesse em participar do Registro de Preços e encaminha ao órgão gerenciador a sua estimativa de consumo, informando o local de entrega do produto ou serviço e, quando couber, enviando o cronograma de contratação e respectivas especificações ou termo de referência ou projeto básico, adequado ao Registro de Preços do qual deseja fazer parte, conforme determina o art. 6º do Decreto nº 7.892/2013:

> Art. 6º O órgão participante será responsável pela manifestação de interesse em participar do registro de preços, providenciando o encaminhamento ao órgão gerenciador de sua estimativa de consumo, local de entrega e, quando couber, cronograma de contratação e respectivas especificações ou termo de referência ou projeto básico, nos termos da Lei nº 8.666, de 21 de junho de 1993, e da Lei nº 10.520, de 17 de julho de 2002, adequado ao registro de preços do qual pretende fazer parte, devendo ainda: [...].

Dessa forma, os órgãos que participarem do Registro de Preços terão seus quantitativos estimados integrando o edital da licitação – que se dará na modalidade concorrência ou pregão – e, posteriormente, a Ata de Registro de Preços, com a garantia de que, em sendo necessária a contratação, haverá a obrigação da entrega do bem ou fornecimento do serviço, em toda a quantidade prevista, durante a validade da ata, que não poderá exceder a um ano.[6]

---

[5] "Art. 4º Fica instituído o procedimento de Intenção de Registro de Preços – IRP, a ser operacionalizado por módulo do Sistema de Administração e Serviços Gerais – SIASG, que deverá ser utilizado pelos órgãos e entidades integrantes do Sistema de Serviços Gerais – SISG, para registro e divulgação dos itens a serem licitados e para a realização dos atos previstos nos incisos II e V do *caput* do art. 5º e dos atos previstos no inciso II e *caput* do art. 6º. §1º A divulgação da intenção de registro de preços poderá ser dispensada, de forma justificada pelo órgão gerenciador. §2º O Ministério do Planejamento, Orçamento e Gestão editará norma complementar para regulamentar o disposto neste artigo".

[6] O Projeto de Lei nº 1292/1995 propõe a proibição da "participação do órgão ou entidade em mais de uma ata de registro de preços com o mesmo objeto no prazo de validade

É importante que o edital contemple a especificação ou a descrição do objeto, com nível de precisão adequado para a caracterização do bem ou serviço, inclusive com a estimativa de quantidades a serem adquiridas pelo órgão gerenciador e órgãos participantes e, caso admitidas adesões, também pelos órgãos não participantes (caronas), para que o particular conheça os quantitativos máximos obrigatórios, no caso dos primeiros, ou facultativos, em relação aos caronas, que poderá vir a fornecer ou a prestar, caso demandado.[7]

Nesse sentido, o TCU firmou entendimento de que, mais do que os quantitativos, os órgãos participantes e os caronas devem também fazer constar a justificativa acerca da pertinência das restrições, das especificações e dos requisitos dispostos no edital às suas necessidades e peculiaridades:

> Na condição de participante, bem como de adquirente não participante (mediante adesão), em licitações pelo Sistema de Registro de Preços, os órgãos e entidades da Administração Pública Federal devem fazer constar do processo administrativo de contratação, além de justificativa sobre os quantitativos solicitados, justificativa acerca da pertinência das restrições, das especificações e dos requisitos dispostos no edital às suas necessidades e peculiaridades, em obediência ao art. 6º, *caput*, do Decreto nº 7.892/2013 c/c artigos 3º, *caput*, e 15, §7º, incisos I e II, da Lei nº 8.666/1993.[8]

A previsão de envio do termo de referência pelo órgão participante foi uma inovação trazida pelo Decreto Federal nº 7.892/2013. O termo de referência[9] é o documento que especifica o objeto ou o

---

daquela de que já tiver participado, salvo na ocorrência de ata que tenha registrado quantitativo inferior ao máximo previsto no edital" (art. 81, VIII).

[7] Veja o disposto no art. 9º, I, II e III, do Decreto Federal nº 7.892/2013: "Art. 9º O edital de licitação para registro de preços observará o disposto nas Leis nº 8.666, de 1993, e nº 10.520, de 2002, e contemplará, no mínimo: I - a especificação ou a descrição do objeto, que explicitará o conjunto de elementos necessários e suficientes, com nível de precisão adequado para a caracterização do bem ou serviço, inclusive definindo as respectivas unidades de medida usualmente adotadas; II - estimativa de quantidades a serem adquiridas pelo órgão gerenciador e órgãos participantes; III - estimativa de quantidades a serem adquiridas por órgãos não participantes, observado o disposto no §4º do art. 22, no caso de o órgão gerenciador admitir adesões; [...]".

[8] TCU. Acórdão nº 248/2017. Relator: Walton Alencar Rodrigues. Data de Julgamento: 19.04.2017. Plenário.

[9] Os Decretos Federais nº 3.555/2000 e nº 5.450/2005 trazem definições, mais ou menos alargadas, do que se pode entender por termo de referência. Vejamos a definição trazida

serviço que se pretende contratar, contendo elementos capazes de delimitar o motivo, a necessidade, a previsão de gasto, a definição dos métodos, a estratégia de suprimento e o prazo de execução do contrato. No termo de referência, portanto, o órgão participante deve esclarecer sobre aquilo que realmente precisa e o que pretende com a futura contratação, estimando, inclusive, custos com a contratação e detalhes que digam respeito à qualidade.

Destaca-se que o Decreto nº 7.892/2013 previu, expressamente, a possibilidade de envio de termo de referência e de projeto básico pelo órgão participante, não deixando dúvida de que citados documentos são distintos, evitando-se, assim, a usual confusão de muitos órgãos e entidades da Administração, que têm utilizado o termo de referência como se fosse um projeto básico resumido. Importa esclarecer que, nos termos do art. 6º, IX,[10] da Lei nº 8.666/1993, o projeto básico deve apresentar, com todo o detalhe e rigor técnico, o objeto da licitação,

---

pelo art. 8º, II, do Decreto nº 3.555/2000, que regulamenta o pregão presencial na esfera federal: "II - o termo de referência é o documento que deverá conter elementos capazes de propiciar a avaliação do custo pela Administração, diante de orçamento detalhado, considerando os preços praticados no mercado, a definição dos métodos, a estratégia de suprimento e o prazo de execução do contrato". Já o Decreto nº 5.450/2005, que regulamenta o pregão eletrônico, em seu art. 9º, §2º, especifica que: "§2º O termo de referência é o documento que deverá conter elementos capazes de propiciar avaliação do custo pela administração diante de orçamento detalhado, definição dos métodos, estratégia de suprimento, valor estimado em planilhas de acordo com o preço de mercado, cronograma físico-financeiro, se for o caso, critério de aceitação do objeto, deveres do contratado e do contratante, procedimentos de fiscalização e gerenciamento do contrato, prazo de execução e sanções, de forma clara, concisa e objetiva".

10 "Art. 6º [...] IX - Projeto Básico – conjunto de elementos necessários e suficientes, com nível de precisão adequado, para caracterizar a obra ou serviço, ou complexo de obras ou serviços objeto da licitação, elaborado com base nas indicações dos estudos técnicos preliminares, que assegurem a viabilidade técnica e o adequado tratamento do impacto ambiental do empreendimento, e que possibilite a avaliação do custo da obra e a definição dos métodos e do prazo de execução, devendo conter os seguintes elementos: a) desenvolvimento da solução escolhida de forma a fornecer visão global da obra e identificar todos os seus elementos constitutivos com clareza; b) soluções técnicas globais e localizadas, suficientemente detalhadas, de forma a minimizar a necessidade de reformulação ou de variantes durante as fases de elaboração do projeto executivo e de realização das obras e montagem; c) identificação dos tipos de serviços a executar e de materiais e equipamentos a incorporar à obra, bem como suas especificações que assegurem os melhores resultados para o empreendimento, sem frustrar o caráter competitivo para a sua execução; d) informações que possibilitem o estudo e a dedução de métodos construtivos, instalações provisórias e condições organizacionais para a obra, sem frustrar o caráter competitivo para a sua execução; e) subsídios para montagem do plano de licitação e gestão da obra, compreendendo a sua programação, a estratégia de suprimentos, as normas de fiscalização e outros dados necessários em cada caso; f) orçamento detalhado do custo global da obra, fundamentado em quantitativos de serviços e fornecimentos propriamente avaliados".

devendo ser elaborado por profissionais especializados, já que influenciará no sucesso da contratação, evitando-se, inclusive, termos aditivos futuros.[11]

Assim como o órgão gerenciador, os órgãos participantes não são obrigados a contratar com o licitante vencedor,[12] no entanto, este último se obriga a fornecer não apenas ao órgão gerenciador, mas também aos entes participantes, o bem licitado, nos quantitativos previstos, durante a vigência do edital de licitação.

Nesse sentido, se o órgão gerenciador pretende adquirir 1.000 aparelhos telefônicos, e, para esta licitação, apresentam-se quatro órgãos participantes, solicitando, cada um, 500 telefones, no edital do certame constará como objeto de contratação a quantidade de 3.000 aparelhos telefônicos, o que representa a soma dos quantitativos do órgão gerenciador mais os quatro órgãos participantes.

Em consequência, o licitante vencedor estará obrigado a fornecer, caso demandado, o quantitativo total de aparelhos telefônicos previsto no edital, que corresponderá à soma dos quantitativos apresentados pelo órgão gerenciador e participantes.

O art. 6º do Decreto nº 7.892/2013, além de exigir que o órgão participante informe a sua estimativa de consumo, o local de entrega e o cronograma de contratação, com especificações ou termo de referência ou projeto básico, atribuiu, em seus incisos de I a III, ao órgão participante outras obrigações:

---

[11] Segundo Tatiana Camarão e Felipe Daniel, o projeto básico diferencia-se do termo de referência em razão de o primeiro estar relacionado a obras e serviços licitados por meio das modalidades de licitação regidas pela Lei Federal nº 8.666/1993 (*concorrência, tomada de preços e convite*) e o segundo ser obrigatório nas licitações para contratação de *bens e serviços comuns*, na modalidade de *pregão* (Cf. CAMARÃO, Tatiana; DANIEL, Felipe Alexandre Santa Anna Mucci. A fase interna da licitação: distinções entre Projeto Básico e Termo de Referência, In: *Revista Fórum de Contratação e Gestão Pública*, Belo Horizonte: Fórum, edição 141, 2017). O Projeto de Lei nº 1292/1995, que dispõe sobre a Nova Lei de Licitações e Contratos, especifica que o sistema de registro de preços poderá ser usado para a contratação de bens e serviços, inclusive de obras e serviços de engenharia (art. 81, §5º), trazendo a possibilidade expressa de o estudo técnico preliminar para contratação de *obras e serviços comuns de engenharia* ser indicado apenas em termo de referência, dispensada a elaboração de projetos, desde que demonstrada a inexistência de prejuízos para aferição dos padrões de desempenho e qualidade almejados (art. 18, §3º).

[12] Nesse sentido, o art. 16 do Decreto nº 7.892/2013 dispõe que "a existência de preços registrados não obriga a administração a contratar, facultando-se a realização de licitação específica para a aquisição pretendida, assegurada preferência ao fornecedor registrado em igualdade de condições". Apesar de manter a não obrigatoriedade de contratação, facultando a realização de licitação específica para a aquisição pretendida, o Projeto de Lei nº 1292/1995 determina que essa opção seja devidamente motivada pela Administração (art. 82).

Art. 6º [...]

I – garantir que os atos relativos a sua inclusão no registro de preços estejam formalizados e aprovados pela autoridade competente;

II – manifestar, junto ao órgão gerenciador, mediante a utilização da Intenção de Registro de Preços, sua concordância com o objeto a ser licitado, antes da realização do procedimento licitatório; e

III – tomar conhecimento da ata de registros de preços, inclusive de eventuais alterações, para o correto cumprimento de suas disposições.

A primeira delas diz respeito à obrigatoriedade de garantir que os atos relativos à sua inclusão no Registro de Preços estejam formalizados e aprovados pela autoridade competente (art. 6º, I). Isso significa que deverá ocorrer um processo interno, no âmbito do próprio órgão participante, formalizando e aprovando a sua participação na Ata de Registro de Preços de outro órgão.

O órgão participante, após encaminhar suas estimativas ao gerenciador e este consolidar todas as informações e remeter de volta aos participantes, também deverá fornecer a concordância final quanto ao objeto licitado, termo de referência ou projeto básico no que tange aos quantitativos máximos estimados, especificações e características do objeto (art. 6º, II). Isso visa a garantir que os serviços ou produtos que estão sendo licitados espelhem as reais necessidades do órgão, fazendo com que o procedimento seja o mais adequado. Afinal, "quem quer a licitação é quem utilizará futuramente o objeto do contrato",[13] portanto, é quem precisa anuir tudo o que restou especificado no procedimento de registro de preços.

Ainda, o participante deverá tomar conhecimento da ata de registros de preços, inclusive das eventuais alterações ocorridas, com o objetivo de assegurar, quando de seu uso, o correto cumprimento de suas disposições. Pretende-se, assim, manter constante comunicação, durante o prazo de vigência da ata, entre o órgão gerenciador e os participantes. Essa comunicação é importante, a título de exemplo, no caso de um fornecedor ter o seu registro cancelado ou caso ocorra a revisão dos preços registrados.

Sidney Bittencourt esclarece, com propriedade, a importância dessa constante comunicação entre órgão gerenciador e participante

---

[13] NIEBUHR, Joel de Menezes. *Licitação pública e contrato administrativo*. 3. ed. rev. e ampl. Belo Horizonte: Fórum, 2013. p. 262.

em relação à Ata de Registro de Preços. Para o autor, "trata-se, efetivamente, de uma obrigação a quatro mãos",[14] destacando, contudo, que a obrigação recai muito mais sobre o órgão gerenciador do que sobre o órgão participante.

O Decreto Federal nº 7.892/2013, visando uma maior integração entre os diferentes agentes partícipes do Registro de Preços, prevê a possibilidade de o órgão gerenciador demandar o auxílio técnico dos órgãos participantes, no desenvolvimento das seguintes atribuições:[15] promover atos necessários à instrução processual para a realização do procedimento licitatório; realizar pesquisa de mercado para identificação do valor estimado da licitação; consolidar os dados das pesquisas de mercado realizadas pelos órgãos e entidades participantes e realizar o procedimento licitatório.

A possibilidade de auxílio na realização de pesquisa prévia dos preços praticados no mercado contribui para a garantia de manutenção do equilíbrio econômico-financeiro da Ata de Registro de Preços, e, consequentemente, do contrato. Nos termos do art. 17[16] do Decreto nº 7.892/2013, os preços registrados poderão ser revistos em decorrência de eventual redução dos preços praticados no mercado ou de fato que eleve o custo dos serviços ou bens registrados, cabendo ao órgão gerenciador promover as negociações junto aos fornecedores. Portanto, "a Administração deve manter equilibrada a ata de registro de preço do mesmo modo como mantém equilibrado o contrato administrativo".[17] Esse equilíbrio econômico-financeiro da ata, por sua vez, é também alcançado pelo atrelamento aos preços praticados no mercado (art. 18).[18] Assim, quanto maior o controle e a pesquisa sobre os preços praticados pelo mercado, maior a garantia de desnecessidade de

---

[14] BITTENCOURT, Sidney. *Licitação de registro de preços*. 2. ed. Belo Horizonte: Fórum, 2008. p. 74.

[15] "Art. 5º [...] §2º O órgão gerenciador poderá solicitar auxílio técnico aos órgãos participantes para execução das atividades previstas nos incisos III, IV e VI do *caput*".

[16] "Art. 17. Os preços registrados poderão ser revistos em decorrência de eventual redução dos preços praticados no mercado ou de fato que eleve o custo dos serviços ou bens registrados, cabendo ao órgão gerenciador promover as negociações junto aos fornecedores, observadas as disposições contidas na alínea 'd' do inciso II do caput do art. 65 da Lei nº 8.666, de 1993".

[17] NIEBUHR, Joel de Menezes. *Licitação pública e contrato administrativo*. 3. ed. rev. e ampl. Belo Horizonte: Fórum, 2013. p. 615.

[18] "Art. 18. Quando o preço registrado se tornar superior ao preço praticado no mercado por motivo superveniente, o órgão gerenciador convocará os fornecedores para negociarem a redução dos preços aos valores praticados pelo mercado".

revisão de preços registrados nas atas, o que comprova a importância de uma atuação integrada do órgão gerenciador e participantes para esse desígnio.

Outra importante inovação prevista no Decreto Federal nº 7.892/2013, em relação às competências do órgão participante, resulta da previsão de ele aplicar, garantida a ampla defesa e o contraditório, as penalidades decorrentes do descumprimento do pactuado na Ata de Registro de Preços ou do descumprimento das obrigações contratuais, em relação às suas próprias contratações, informando as ocorrências ao órgão gerenciador:

Art. 6º [...]

§1º Cabe ao órgão participante aplicar, garantida a ampla defesa e o contraditório, as penalidades decorrentes do descumprimento do pactuado na ata de registro de preços ou do descumprimento das obrigações contratuais, em relação às suas próprias contratações, informando as ocorrências ao órgão gerenciador.

Caso o signatário da ata descumpra obrigação para com o órgão participante, é este quem aplicará as penalidades cabíveis, e não o órgão gerenciador. Dessa forma, observa-se que o órgão participante, diferentemente do previsto no antigo Decreto nº 3.931/2001, que determinava a aplicação de penalidades "em coordenação com o órgão gerenciador" (art. 3º, §4º, III,[19] do Decreto nº 3.931/2001), agora detém autonomia para tomar todas as providências cabíveis em relação à aplicação de sanções relativas à suas próprias contratações.

Por outro lado, compete ao órgão gerenciador aplicar as sanções quando alguma falta for cometida durante a licitação e em decorrência do descumprimento de obrigações assumidas para consigo mesmo, nos termos do art. 5º, X,[20] do Decreto nº 7.892/2013.

---

[19] "Art. 3º [...] §4º Cabe ao órgão participante indicar o gestor do contrato, ao qual, além das atribuições previstas no art. 67 da Lei nº 8.666, de 1993, compete: [...] III - zelar, após receber a indicação do fornecedor, pelos demais atos relativos ao cumprimento, pelo mesmo, das obrigações contratualmente assumidas, e também, em coordenação com o órgão gerenciador, pela aplicação de eventuais penalidades decorrentes do descumprimento de cláusulas contratuais; e [...]".

[20] "Art. 5º Caberá ao órgão gerenciador a prática de todos os atos de controle e administração do Sistema de Registro de Preços, e ainda o seguinte: [...] X - aplicar, garantida a ampla defesa e o contraditório, as penalidades decorrentes do descumprimento do pactuado na ata de registro de preços ou do descumprimento das obrigações contratuais, em relação às suas próprias contratações".

Os órgãos gerenciadores devem utilizar o procedimento de Intenção de Registro de Preços (IRP) para oportunizar aos demais órgãos e entidades integrarem a Ata de Registro de Preços na condição de participantes.

O Decreto nº 9.488/2018, ao incluir o §1º-A ao art. 4º do Decreto nº 7.892/2013,[21] instituiu a obrigatoriedade de a IRP permanecer aberta por, no mínimo, 8 (oito) dias úteis, contados da data de sua divulgação no Portal de Compras do Governo federal, para recebimento das manifestações de interesse dos órgãos e entidades.[22]

Após o período de divulgação da Intenção de Registro de Preços (IRP), competirá ao órgão gerenciador deliberar pela inclusão posterior de participantes, desde que a solicitação seja realizada antes da elaboração do edital e de seus anexos (art. 4º, §3º, III e §4º).[23] Essa aceitação constitui prerrogativa do órgão gerenciador que, constatando a sua capacidade de gerenciamento, poderá aceitar mais participantes integrando a Ata de Registro de Preços, ainda que a manifestação se dê após a divulgação da IRP, mas sempre em momento anterior à elaboração do edital.

Ainda, caberá ao órgão gerenciador aceitar ou recusar, justificadamente, a inclusão de novos itens e/ou de novas localidades para entrega do bem ou execução do serviço.[24]

---

[21] "Art. 4º [...] §1º-A O prazo para que outros órgãos e entidades manifestem interesse em participar de IRP será de oito dias úteis, no mínimo, contado da data de divulgação da IRP no Portal de Compras do Governo Federal".

[22] No mesmo sentido, o art. 85 do Projeto de Lei nº 1292/1995, dispondo que "o órgão ou entidade gerenciadora deverá, na fase preparatória do processo licitatório, para fins de registro de preços, realizar procedimento público de intenção de registro de preços para, nos termos de regulamento, possibilitar, pelo prazo mínimo de 8 (oito) dias úteis, a participação de outros órgãos ou entidades na respectiva ata e determinar a estimativa total de quantidades da contratação".

[23] Destaca-se, dentre as alterações realizadas pelo Decreto nº 8.250/2014, as seguintes: "Art. 4º [...] §3º Caberá ao órgão gerenciador da Intenção de Registro de Preços – IRP: I - estabelecer, quando for o caso, o número máximo de participantes na IRP em conformidade com sua capacidade de gerenciamento; II - aceitar ou recusar, justificadamente, os quantitativos considerados ínfimos ou a inclusão de novos itens; e III - deliberar quanto à inclusão posterior de participantes que não manifestaram interesse durante o período de divulgação da IRP. §4º Os procedimentos constantes dos incisos II e III do §3º serão efetivados antes da elaboração do edital e de seus anexos".

[24] O Decreto nº 8.250/2014 acresceu os parágrafos 5º e 6º ao art. 6º do Decreto nº 7.892/2013: "Art. 6º [...] §5º Caso o órgão gerenciador aceite a inclusão de novos itens, o órgão participante demandante elaborará sua especificação ou termo de referência ou projeto básico, conforme o caso, e a pesquisa de mercado, observado o disposto no art. 6º. §6º Caso o órgão gerenciador aceite a inclusão de novas localidades para entrega do bem ou execução do serviço, o órgão participante responsável pela demanda elaborará, ressalvada

Nesse sentido, o §5º do art. 6º do Decreto nº 7.892/2013 permite que o órgão gerenciador aceite a inclusão, por parte do órgão participante, de novos itens no Registro de Preços, competindo ao órgão demandante elaborar a especificação ou termo de referência ou projeto básico, conforme o caso, e a pesquisa de mercado.

Por fim, segundo o §6º do art. 6º do Decreto Federal nº 7.892/2013, quando a alteração se referir à indicação de novas localidades para entrega do bem ou execução do serviço, o órgão participante responsável pela demanda elaborará a pesquisa de mercado que contemple a variação de custos locais ou regionais, ressalvados os casos de compra nacional, em que caberá ao órgão gerenciador promover a divulgação da ação, a pesquisa de mercado e a consolidação da demanda dos órgãos e entidades da administração direta e indireta das diferentes esferas, nos termos do §2º[25] do art. 6º do referido Decreto.

3 Das competências do órgão participante de compra nacional

Dentre as alterações promovidas pelo Decreto nº 8.250, de 23 de maio de 2014, ao Decreto nº 7.892, de 23 de janeiro de 2013, uma das mais significativas foi a instituição do modelo de compra nacional no Sistema de Registro de Preços.

O inciso VI incluído ao art. 2º do Decreto nº 7.892/2013 define compra nacional como toda "compra ou contratação de bens e serviços, em que o órgão gerenciador conduz os procedimentos para registro de preços destinado à execução descentralizada de programa ou projeto federal, mediante prévia indicação da demanda pelos entes federados beneficiados".

A compra nacional visa, portanto, a atender as demandas por bens e serviços da União, Estados, Municípios e Distrito Federal, para a execução de programas ou projetos do governo federal, inserindo-se no Sistema de Registro de Preços, de certa forma, uma demanda política.[26]

---

a hipótese prevista no §2º, pesquisa de mercado que contemple a variação de custos locais ou regionais".

[25] "Art. 6º [...] §2º No caso de compra nacional, o órgão gerenciador promoverá a divulgação da ação, a pesquisa de mercado e a consolidação da demanda dos órgãos e entidades da administração direta e indireta da União, dos Estados, do Distrito Federal e dos Municípios".

[26] Cristiana Fortini e Fernanda Piaginni Romanelli entendem que "embora o item possa causar estranheza, é compatível com os anseios da população, que votaram naquela 'proposta de governo' e os anseios do *accountability*".

Assim, no caso específico das compras nacionais, os órgãos e entidades que integrem projeto ou programa federal podem aderir à Ata de Registro de Preços, ainda que não se manifestem formalmente pela participação, bastando que o ente federado a que o órgão ou entidade é vinculado, indique, previamente, quais são as demandas necessárias para execução descentralizada do citado projeto ou programa.

A previsão da modalidade de compra nacional pelo Decreto nº 8.250/2014 coaduna com entendimento do Tribunal de Contas da União, que já decidiu pela legalidade da referida modalidade:

> 2. É lícita a utilização do sistema de registro de preços para contratação de serviços contínuos, desde que configurada uma das hipóteses delineadas nos incisos I a IV do art. 2º do Decreto nº 3.931/2001. [...]
>
> 3.2. É licito o estabelecimento de cláusula que recomende a adesão de entes públicos convenentes à ata de registro de preços vinculada ao programa executado, resguardando-se a possibilidade de realizarem licitação própria, desde que obtenham condições mais vantajosas que as de tal ata.
>
> 3.3. É possível a realização de licitação para registro de preços em que os entes públicos convenentes figurem como participantes do processo de planejamento da aquisição.
>
> 3.4. A realização pelo concedente de licitação para registro de preços destinado a atender a programa de governo com a finalidade de adquirir e distribuir os bens constantes do registro aos convenentes encontra amparo na legislação vigente.[27]

Nesse sentido, o Decreto define a figura específica do órgão participante de compra nacional que, nos termos do art. 2º, VII, é aquele "órgão ou entidade da administração pública que, em razão de participação em programa ou projeto federal, é contemplado no registro de preços, independentemente de manifestação formal".

Diferente é o que acontece nas participações das Atas de Registros de Preços, não sujeitas ao procedimento de compra nacional, em que os órgãos ou entidades participantes, para que possam beneficiar-se da ata, devem realizar a sua manifestação de interesse (art. 6º).

Tanto o órgão participante, que, como visto, é aquela entidade ou órgão que integra, desde a fase interna, o Registro de Preço, quanto

---

[27] TCU. *Informativo de Licitações e Contratos*, n. 113.

o órgão não participante, também denominado de "carona", que "realiza a adesão a uma ata fruto de licitação já concluída sem para ela ter contribuído direta ou indiretamente",[28] necessariamente, precisam manifestar-se para integrarem ou aderirem, respectivamente, à Ata de Registro de Preços. No entanto, o órgão participante de compra nacional, por uma questão de economicidade e eficiência, por já estar envolvido em um programa de governo, pode ser contemplado no Registro de Preços, ainda que não realize manifestação formal.

Destaca-se que, nos termos do art. 6º, §2º, nas compras nacionais, cabe ao órgão gerenciador promover "a divulgação da ação, a pesquisa de mercado e a consolidação da demanda dos órgãos e entidades da administração direta e indireta da União, dos Estados, do Distrito Federal e dos Municípios".

Nesse sentido, ressalta-se a vinculação ao critério da vantajosidade para a integração dos órgãos participantes de compras nacionais à Ata de Registro de Preços, que, como dito, recebe a manifestação de interesse do ente federado que integra programa ou projeto do governo federal e não a manifestação direta dos órgãos e entes que realizarão as compras diretamente:

> Art. 6º [...]
>
> §3º Na hipótese prevista no §2º, comprovada a vantajosidade, fica facultado aos órgãos ou entidades participantes de compra nacional a execução da ata de registro de preços vinculada ao programa ou projeto federal.

Ressalta-se, também, a previsão de os entes federados participantes de compra nacional poderem utilizar de recursos de transferências legais ou voluntárias da União, vinculados aos processos ou projetos objeto de descentralização e de recursos próprios para suas demandas de aquisição no âmbito da Ata de Registro de Preços de compra nacional, conforme previsto no §4º, do art. 6º, do Decreto nº 7.892/2013, com as alterações efetivadas pelo Decreto nº 8.250/2014:

---

[28] Cf. o artigo "Comentários sobre aspectos gerais e a Intenção para Registro de Preços (IRP)", de Cristiana Fortini e Fernanda Piaginni Romanelli, publicado na primeira edição desta obra.

98 | CRISTIANA FORTINI (COORD.)
REGISTRO DE PREÇOS – ANÁLISE CRÍTICA DO DECRETO FEDERAL Nº 7.892/13, COM AS ALTERAÇÕES POSTERIORES

Art. 6º [...]

§4º Os entes federados participantes de compra nacional poderão utilizar recursos de transferências legais ou voluntárias da União, vinculados aos processos ou projetos objeto de descentralização e de recursos próprios para suas demandas de aquisição no âmbito da ata de registro de preços de compra nacional.

4 Da participação de órgãos e entidades de esferas federativas diversas no Sistema de Registro de Preços

O Decreto Federal nº 7.892/2013, inicialmente, estabeleceu certa limitação para participação e adesão a Atas de Registro de Preços entre órgãos e entidades de esferas federativas diversas.

Como visto, a redação original do Decreto nº 7.892/2013 conceituava o órgão participante como a entidade ou o órgão da Administração Pública federal que participa, desde o início, antes mesmo do lançamento da licitação, dos procedimentos iniciais do Sistema de Registro de Preços. Nesse sentido, o citado Decreto restringia a participação de entidades e órgãos de outras esferas federativas do Registro de Preços gerenciados pela União. Com a promulgação do Decreto nº 8.250/2014, essa vedação foi revogada, na medida em que não mais se impõe que o órgão participante seja de âmbito federal.

O art. 22[29] do citado regulamento, por sua vez, faculta a utilização da Ata de Registro de Preços "por qualquer órgão ou entidade da administração pública federal que não tenha participado do certame licitatório, mediante anuência do órgão gerenciador". Está previsto, nesse artigo, a figura do órgão não participante ou "carona", que é aquele órgão ou entidade de qualquer ente federado, que adere, em momento posterior à licitação, à Ata de Registro de Preços realizada por determinado órgão ou entidade da Administração Pública. O "carona", portanto, "não assume o posto de licitante, para se socorrer em certame alheio".[30]

---

[29] "Art. 22. Desde que devidamente justificada a vantagem, a ata de registro de preços, durante a sua vigência, poderá ser utilizada por qualquer órgão ou entidade da administração pública federal que não tenha participado do certame licitatório, mediante anuência do órgão gerenciador".

[30] Cf. o artigo "Comentários sobre aspectos gerais e a Intenção para Registro de Preços (IRP)", de Cristiana Fortini e Fernanda Piaginni Romanelli, publicado na primeira edição desse livro.

Contudo, o §8º do dispositivo mencionado proíbe que órgãos e entidades da Administração Pública federal adiram à Ata de Registro de Preços gerenciada por órgão ou entidade municipal, distrital ou estadual. O §9º, do mesmo dispositivo, no entanto, faculta aos órgãos ou entidades municipais, distritais ou estaduais a adesão à Ata de Registro de Preços da Administração Pública federal:

> Art. 22. [...]
> §8º É vedada aos órgãos e entidades da administração pública federal a adesão a ata de registro de preços gerenciada por órgão ou entidade municipal, distrital ou estadual.
> §9º É facultada aos órgãos ou entidades municipais, distritais ou estaduais a adesão a ata de registro de preços da Administração Pública federal.

Observa-se, portanto, que, na redação original do Decreto nº 7.892/2013, havia as seguintes vedações quanto a participação de órgãos e entidades de esferas federativas diversas no Sistema de Registro de Preços:

a) proibição de entidades e órgão estaduais, distritais e municipais participarem do Registro de Preços gerenciado por órgão ou entidade da União;

b) a proibição de entidades e órgãos da União aderirem à Ata de Registro de Preços gerenciada por entidade e órgão estadual, distrital ou municipal.

Contudo, com as alterações promovidas pelo Decreto nº 8.250/2014, como visto, o conceito de órgão participante foi modificado, suprimindo-se imposição de ser o órgão participante de âmbito federal.

A partir de então, os órgãos estranhos ao aparato federal puderam integrar a Ata de Registro de Preços gerenciada por órgão ou ente da União, desde a sua fase interna, conforme já preconizado em artigo escrito pela Professora Cristiana Fortini,[31] não sendo mais relegados à mera condição de "caronas".

Nesse sentido, as alterações promovidas pelo Decreto nº 8.250/2014 se ajustam ao "espírito cooperativo que está nos meandros da

---

[31] Cf. o artigo "Aprimoramentos do Decreto Federal – Órgão gerenciador, órgão participante, carona e outros dispositivos", de Cristiana Fortini, publicado neste livro.

nossa Constituição [...], de se estimular a presença e a atuação, ainda na fase interna, de distintos órgãos a quem a licitação poderia interessar".[32] No entanto, referida alteração ainda não resolve a dúvida se a proibição estabelecida no art. 22, §8º, do citado Decreto, se refere apenas à figura do carona ou se a proibição também vincula os órgãos participantes da esfera federal.

Referida vedação tem lastro em orientação da Advocacia Geral da União[33] e do Tribunal de Contas da União que, ainda sob a vigência do Decreto nº 3.931/2001, expressou entendimento vedando que órgãos públicos federais procedessem à adesão (na qualidade de caronas) ou participassem de atas de Registro de Preços da Administração Pública estadual, distrital ou municipal:

> 6. Determinar ao Embratur que:
>
> 1.6.1. Nas licitações para contratação de obras, serviços e compras e nas alienações, quando o objeto da contratação tiver natureza divisível, desde que não haja prejuízo para o conjunto a ser licitado, é obrigatório que a adjudicação seja por itens, nos termos do §1º do art. 23 da Lei nº 8.666/93, atentando-se para a preservação da modalidade licitatória pertinente à totalidade do objeto, de acordo com os §§2º e 5º do citado dispositivo legal;
>
> 1.6.2. Abstenha de aderir ou participar de Sistema de Registro de Preços, se a gerência desse estiver a cargo de órgão ou entidade da Administração Pública Estadual, Municipal ou do Distrito Federal, em razão da devida publicidade que deve ser dada ao certame licitatório no âmbito da Administração Pública Federal, em obediência ao inciso I do art. 21 da Lei nº 8.666/93, bem como de conformidade aos princípios básicos da legalidade, da publicidade e da igualdade e à Orientação Normativa AGU nº 21/2209.[34]

Analisando o acórdão nº 6.511/2009 do TCU verifica-se, claramente, que a proibição se dirigia tanto à impossibilidade de órgãos ou

---

[32] Cf. o artigo "Aprimoramentos do Decreto Federal – Órgão gerenciador, órgão participante, carona e outros dispositivos", de Cristiana Fortini, publicado neste livro.

[33] Esse entendimento está expresso na Orientação Normativa nº 21/2009 da AGU: "É vedada aos órgãos públicos federais a adesão à ata de registro de preços quando a licitação tiver sido realizada pela administração pública estadual, municipal ou do distrito federal, bem como por entidades paraestatais".

[34] TCU. Acórdão nº 6.511/2009, 1ª Câmara. Rel. Min. Walton Alencar Rodrigues. Sessão de 17.11.2009.

entidades, no âmbito da esfera federal, integrarem, como participantes, do procedimento de Registro de Preços de outros entes federados, quanto à vedação de órgãos ou entidades, também no âmbito da esfera federal, aderirem à Ata de Registro de Preços de entes estaduais, distrital ou municipais.

O principal argumento para a mencionada proibição se referia à questão da amplitude da publicidade da licitação. Segundo o TCU, se a Ata de Registro de Preços é estadual, distrital ou municipal, a licitação pública que antecedeu o Registro de Preços não teve a mesma dimensão de publicidade que as promovidas pela Administração Pública federal, uma vez que o edital, nos termos do art. 21^{35} da Lei nº 8.666/1993 e art. 4º, I,[36] da Lei nº 10.520/2002, foi publicado no *Diário Oficial* do respectivo ente federativo e não no da União.

Outro argumento utilizado seria o de que a adesão ou a participação de órgão da União em registro de preço dos Estados, Municípios ou Distrito Federal feriria o pacto federativo.

O Decreto Federal nº 7.892/2013 pacificou a questão quanto à figura do "carona", na medida em que, expressamente, vedou a adesão dos órgãos e entidades vinculados à União de aderirem à Ata de Registro de Preços de outros entes federados.[37]

Em contrapartida, não há no citado Decreto vedação expressa sobre a impossibilidade de órgãos e entidades da Administração

---

[35] "Art. 21. Os avisos contendo os resumos dos editais das concorrências, das tomadas de preços, dos concursos e dos leilões, embora realizados no local da repartição interessada, deverão ser publicados com antecedência, no mínimo, por uma vez: I - no Diário Oficial da União, quando se tratar de licitação feita por órgão ou entidade da Administração Pública Federal e, ainda, quando se tratar de obras financiadas parcial ou totalmente com recursos federais ou garantidas por instituições federais; II - no Diário Oficial do Estado, ou do Distrito Federal quando se tratar, respectivamente, de licitação feita por órgão ou entidade da Administração Pública Estadual ou Municipal, ou do Distrito Federal; III - em jornal diário de grande circulação no Estado e também, se houver, em jornal de circulação no Município ou na região onde será realizada a obra, prestado o serviço, fornecido, alienado ou alugado o bem, podendo ainda a Administração, conforme o vulto da licitação, utilizar-se de outros meios de divulgação para ampliar a área de competição".

[36] "Art. 4º A fase externa do pregão será iniciada com a convocação dos interessados e observará as seguintes regras: [...] I - a convocação dos interessados será efetuada por meio de publicação de aviso em diário oficial do respectivo ente federado ou, não existindo, em jornal de circulação local, e facultativamente, por meios eletrônicos e conforme o vulto da licitação, em jornal de grande circulação, nos termos do regulamento de que trata o art. 2º; [...]".

[37] O Projeto de Lei nº 1292/1995 reproduz essa diretriz na medida em que veda apenas "aos órgãos e entidades da Administração Pública federal a adesão à ata de registro de preços gerenciada por órgão ou entidade estadual, distrital ou municipal" (art. 85, §8º).

federal participarem de Registro de Preços gerenciados por outros órgãos ou entidades estaduais, distritais ou municipais, na condição de órgão participante.

Revendo posicionamento anterior, o texto do §8º utiliza-se da expressão "adesão" e insere-se em capítulo específico da utilização da Ata de Registro de Preços por órgão ou entidades não participantes. Assim, entende-se não ser possível *interpretar* o dispositivo como proibidor também da participação dos órgãos e entidades federais em Registros de Preços realizados por outros entes federativos, como entende a AGU e o TCU, conforme o seguinte precedente:

REPRESENTAÇÃO. INDEVIDA ADESÃO A ATAS DE REGISTRO DE PREÇO. INEXECUÇÃO PARCIAL DO OBJETO. AUDIÊNCIAS. MULTA A DOIS RESPONSÁVEIS. DETERMINAÇÃO. *É irregular a adesão ou a participação de órgão ou entidade federal em Sistema de Registro de Preços da Administração Pública Estadual, Municipal ou do Distrito Federal, em razão da limitação à publicidade, bem como da ausência de amparo legal.*[38]

O melhor raciocínio seria mesmo o de privilegiar o critério da economicidade e da eficiência. Se estamos a falar de órgão participante e não da figura do "carona", pressupõe-se que os órgãos ou entidades da União que desejarem participar de um procedimento especial de licitação,[39] gerenciado por outro ente federado, poderão fazê-lo licitamente, conforme suas demandas perpetradas em outras localidades, contribuindo, inclusive, com o encaminhamento do termo de referência ou projeto básico.[40]

---

[38] TCU. Acórdão nº 1000/2014-Plenário, TC nº 008.837/2012-0. Relator Ministro Raimundo Carreiro. Sessão de 16.4.2014.

[39] Segundo Jorge Ulisses Jacoby Fernandes "sistema de registro de preços é um procedimento especial de licitação que se efetiva por meio de uma concorrência ou pregão *sui generis*, selecionando a proposta mais vantajosa, com observância do princípio da isonomia, para eventual e futura contratação pela Administração" (JACOBY FERNANDES, Jorge Ulisses. *Sistema de Registro de Preços e pregão presencial e eletrônico*. 5. ed. rev. atual. e ampl. Belo Horizonte: Fórum, 2013. p. 29).

[40] "Art. 6º O órgão participante será responsável pela manifestação de interesse em participar do registro de preços, providenciando o encaminhamento ao órgão gerenciador de sua estimativa de consumo, local de entrega e, quando couber, cronograma de contratação e respectivas especificações ou termo de referência ou projeto básico, nos termos da Lei nº 8.666, de 21 de junho de 1993, e da Lei nº 10.520, de 17 de julho de 2002, adequado ao registro de preços do qual pretende fazer parte, devendo ainda: I - garantir que os atos relativos a sua inclusão no registro de preços estejam formalizados e aprovados pela autoridade competente; II - manifestar, junto ao órgão gerenciador, mediante a utilização

Assim, se não houve proibição específica, nos Decretos nº 7.892/2013 e nº 8.250/2014, de órgãos e entidades da Administração federal participarem de licitações de outros entes federados, como feito expressamente em relação à adesão, que ocorre somente após o processo licitatório, entende-se que a referida vedação deve ser analisada mais na perspectiva da vantajosidade, não sendo prudente a simples aplicação analógica do §8º do art. 22, ou, como quer a AGU e o TCU, defender a proibição pelo critério da menor amplitude da publicidade do certame licitatório.

Sabe-se que a divulgação de determinado certame pode ser mais ou menos ampla ou pode possuir mais ou menos repercussão, a depender do objeto que está para ser licitado, do que, efetivamente, da esfera de governo que promove a licitação.

O que se coloca em discussão é o fato de ser realmente vantajoso para os órgãos e as entidades da União, com todos os meios e técnicas disponíveis, por exemplo, para realização de pesquisa de preço de mercado, participarem de Ata de Registro de Preços de uma entidade de outra esfera governamental, especialmente se pensarmos em um pequeno município sem experiência na execução de procedimentos de Registro de Preços e que sequer possui servidores capacitados para realização dessa tarefa.

Nesse sentido, a conclusão deve seguir o critério de ser ou não recomendável para a Administração Pública federal a consolidação da prática de adesão (carona) ou participação (órgão participante) em procedimentos de registros de preços gerenciados por entes ou órgãos estaduais, distritais ou municipais.

Esse raciocínio também deve guiar os Estados, o Distrito Federal e os Municípios, no momento de expedirem seus próprios decretos regulamentares, firmando orientação no sentido de admitirem ou não que seus órgãos e entidades possam aderir e/ou participar de Atas de Registro de Preços de outros entes federados, respeitado o federalismo nacional.[41]

---

da Intenção de Registro de Preços, sua concordância com o objeto a ser licitado, antes da realização do procedimento licitatório; e III - tomar conhecimento da ata de registros de preços, inclusive de eventuais alterações, para o correto cumprimento de suas disposições".

[41] Nesse sentido, o artigo "Carona – Federalismo por cooperação e eficiência administrativa", de Bruna Rodrigues Colombarolli, publicado neste livro.

5 Conclusões

O Decreto Federal nº 7.892/2013, com as alterações promovidas pelos Decreto nºs 8.250/2014 e 9.488/2018, sistematizou, de forma mais detalhada, as competências dos diferentes órgãos que podem integrar um procedimento de Registro de Preços. Agora, as competências do órgão gerenciador, do órgão participante e do órgão participante de compra nacional são disciplinadas em artigos próprios, artigos 5º e 6º.

Citado regulamento, além de determinar ao órgão participante, quando da adesão a certo procedimento de registro de preço, o encaminhamento de sua estimativa de consumo, informar o local de entrega do produto ou serviço e, quando couber, enviar o cronograma de contratação e respectivas especificações ou termo de referência ou projeto básico, adequado ao Registro de Preços do qual deseja fazer parte, ao órgão gerenciador, também atribuiu, em seus incisos de I a III, outras obrigações que visam a garantir um maior controle e comunicação entre os órgãos.

Ainda, o Decreto Federal nº 7.892/2013 inovou em conceder autonomia ao órgão participante na aplicação de penalidades em relação às suas próprias contratações, mantendo-se a necessidade de informar as ocorrências ao órgão gerenciador.

Com as alterações promovidas pelo Decreto nº 9.488/2018, foi estabelecido um período de, ao menos, 8 (oito) dias úteis, contados da data de sua divulgação no Portal de Compras do Governo federal, para a Intenção de Registro de Preços (IRP) permanecer em aberto, garantindo um prazo mínimo para manifestação dos órgãos e entidades interessados em participarem do procedimento.

O Decreto nº 7.892/2013 pacificou a discussão sobre a possibilidade de os órgãos públicos federais procederem à adesão (na qualidade de caronas) de atas de Registro de Preços da Administração Pública estadual, distrital ou municipal, reafirmando antiga orientação da AGU e do TCU.

Também, por meio das alterações promovidas pelo Decreto nº 8.250/2014, possibilitou a participação de entidades de órgãos de outras esferas federativas, na qualidade de órgãos participantes, de integrarem Registro de Preços gerenciado por ente da Administração Pública federal.

Apesar de não dispor, expressamente, sobre a possibilidade de órgãos e entidades federais participarem do Sistema de Registro de Preços gerenciados por órgãos estaduais, distritais e municipais, defende-se que essa questão deve ser solucionada segundo critérios de vantajosidade.

Referências

BITTENCOURT, Sidney. *Licitação de registro de preços*. 2. ed. Belo Horizonte: Fórum, 2008.

CAMARÃO, Tatiana; DANIEL, Felipe Alexandre Santa Anna Mucci. A fase interna da licitação: distinções entre Projeto Básico e Termo de Referência, *In: Revista Fórum de Contratação e Gestão Pública*, Belo Horizonte: Fórum, edição 141, 2017.

JACOBY FERNANDES, Jorge Ulisses. *Sistema de Registro de Preços e pregão presencial e eletrônico*. 5. ed. rev. atual. e ampl. Belo Horizonte: Fórum, 2013.

NIEBUHR, Joel de Menezes. *Licitação pública e contrato administrativo*. 3. ed. rev. e ampl. Belo Horizonte: Fórum, 2013.

Informação bibliográfica deste texto, conforme a NBR 6023:2018 da Associação Brasileira de Normas Técnicas (ABNT):

CAMPOS, Sarah. As competências do órgão participante no Sistema de Registro de Preços. *In:* FORTINI, Cristiana (Coord.). *Registro de Preços*: análise crítica do Decreto Federal nº 7.892/13, com as alterações posteriores. 3. ed. rev., ampl. e atual. Belo Horizonte: Fórum, 2020. p. 85-105. ISBN 978-65-5518-038-1.

A CONTRATAÇÃO PARA EXECUÇÃO CONFORME A DEMANDA E O USO DO SISTEMA DE REGISTRO DE PREÇO

RAFAEL SÉRGIO LIMA DE OLIVEIRA

1 Introdução

O Sistema de Registro de Preço (SRP) está previsto na Lei nº 8.666/1993 e na Lei nº 10.520/2002 de forma bastante lacunosa. O principal comando legal está no art. 15, II, da Lei nº 8.666/1993, que diz que as compras devem, sempre que possível, ser processadas por meio de sistema de registro de preço. Apesar de se referir às compras, o que não abarcaria os serviços, como veremos adiante, esse comando também se aplica aos serviços, em razão do previsto no art. 11 da Lei nº 10.520/2002.

A principal finalidade do registro de preço é a formação de um documento no qual é colhido o compromisso do licitante, que ofertar a melhor proposta, de fornecer o bem ou o serviço registrado no valor proposto no certame. Tal fornecimento, em regra, ocorre por meio de várias futuras contratações, que acontecem conforme surge a necessidade da Administração. Ou seja, uma das finalidades do SRP é a *contratação para execução conforme a demanda*. Esse modelo de execução contratual é próprio para as situações em que a necessidade da Administração em relação ao bem ou ao serviço é frequente e impossível de ser precisamente quantificada, de modo que se contrata por estimativa.

Acontece, entretanto, que existe no ordenamento pátrio outras opções de contratação para atender demandas frequentes da Administração. Com isso, coloca-se a questão acerca da preferência do SRP frente a outras opções legalmente viáveis para a espécie de contratação apontada. Tal questão é relevante sobretudo porque o *caput* do art. 15 da Lei nº 8.666/1993 fala que o SRP deve ser utilizado "sempre que possível".

Para fazer a análise ora proposta, abordaremos as opções de *contratação para execução conforme a demanda* e os casos de cabimento do SRP capazes de satisfazer as necessidades da Administração em face de demandas frequentes, para depois analisar se o SRP goza de preferência legal ante as demais alternativas.

2 Dos regimes de execução contratual dos serviços e das formas de fornecimento

A legislação de regência dos contratos administrativos prevê diversas espécies de ajustes que podem ser executados por meio de regimes de execução distintos.

Para a análise ora empreendida, o que se apresenta como relevante são os contratos cujo objeto se identifique com as características de serviço e de compra (fornecimento ou aquisição), já que essas são as espécies de avença para as quais a lei expressamente destina o SRP (art. 15, II, da Lei nº 8.666/1993 c/c o art. 11, da Lei nº 10.520/2002), no âmbito do regime geral de contratação pública.[1]

Para os tipos de contrato mencionados no parágrafo anterior, a Lei nº 8.666/1993 estabelece regimes de *contratação para execução conforme a demanda*, assim entendidos os ajustes nos quais o quantitativo fixado não pode ser determinado com precisão, razão pela qual se prevê uma estimativa a ser executada conforme surja a necessidade (demanda) da Administração contratante.

Na situação dos serviços, a forma de execução dos contratos está prevista no art. 10, da Lei nº 8.666/1993, que diz:

---

[1] No âmbito do Regime Diferenciado de Contratação Pública, instituído pela Lei nº 12.462/2011, é admitido o registro de preços para obras com características padronizadas (art. 89 do Decreto nº 7.581/2011).

Art. 10. As obras e serviços poderão ser executados nas seguintes formas:

I - execução direta;

II - execução indireta, nos seguintes regimes:

a) empreitada por preço global;

b) empreitada por preço unitário;

c) (Vetado).

d) tarefa;

e) empreitada integral.

A execução direta a que se refere o inciso I do dispositivo transcrito não se relaciona com a figura do contrato administrativo, uma vez que ela ocorre quando a Administração, por si mesma, executa os serviços, sem passar para um particular o *mister* do qual necessita. Já a execução indireta (inciso II), em regra, pressupõe um contrato por meio do qual o Poder Público ajusta com outra pessoa a prestação de um serviço para atender às necessidades da Administração Pública (art. 2º, Parágrafo Único, da Lei nº 8.666/1993). Nessas hipóteses de execução indireta, a Lei de Licitações e Contratos Administrativos (LLCA) – Lei nº 8.666/1993 –, determina que os serviços podem ser executados por empreitada ou por tarefa. Essas figuras são concei-tuadas pelo referido diploma legal da seguinte forma:

Art. 6º Para os fins desta Lei, considera-se:

(...)

VIII - Execução indireta - a que o órgão ou entidade contrata com terceiros sob qualquer dos seguintes regimes:

a) empreitada por preço global - quando se contrata a execução da obra ou do serviço por preço certo e total;

b) empreitada por preço unitário - quando se contrata a execução da obra ou do serviço por preço certo de unidades determinadas;

c) (Vetado).

d) tarefa - quando se ajusta mão de obra para pequenos trabalhos por preço certo, com ou sem fornecimento de materiais;

e) empreitada integral - quando se contrata um empreendimento em sua integralidade, compreendendo todas as etapas das obras, serviços e instalações necessárias, sob inteira responsabilidade da contratada até a sua entrega ao contratante em condições de entrada em operação, atendidos os requisitos técnicos e legais para a sua utilização em condições de segurança estrutural e operacional e com as características adequadas às finalidades para que foi contratada.

A empreitada é um regime de execução no qual o contratado fica encarregado de prestar o serviço, responsabilizando-se tanto pela mão de obra quanto pelo material necessário para a consecução do objeto ajustado.[2] Essa é a característica comum às três espécies de empreitada: a por preço global; a integral e a por preço unitário. Nas duas primeiras, o contratado se responsabiliza pela prestação do serviço e como contraprestação recebe um valor correspondente ao todo contratado. Isto é, nessas situações, a execução do contrato não ocorre de acordo com a demanda da Administração. A rigor, a empreitada integral e a empreitada por preço global são vocacionadas para as contratações nas quais a demanda do Poder Público não é variável. Destinam-se esses institutos às ocasiões nas quais o ente contratante pode, ainda na fase do planejamento da contratação, delimitar a quantidade da sua necessidade.

Nos regimes de empreitada por preço global e de empreitada integral o valor da remuneração do contratado não depende da necessidade da Administração, pois será um valor certo, que será desembolsado pelo Poder Público conforme o contratado executar o serviço ao tempo previsto no cronograma.

Já no caso da empreitada por preço unitário, a que, de fato, interessa ao tema em análise, é possível que a Administração contrate por uma quantidade determinada e pague os montantes conforme eles forem executados. Nessa hipótese, a principal diferença entre a empreitada por preço unitário e as demais reside na forma como será aferida a remuneração do contratado.[3]

---

2   JUSTEN FILHO, Marçal. *Comentários à Lei de Licitações e Contratos Administrativos*. 13. ed. São Paulo: Dialética, 2009. p. 126: "Na empreitada, o terceiro executará a prestação (obra ou serviço) com o dever de fornecer os materiais necessários e arcar com as despesas necessárias ao cumprimento da prestação".

3   Segundo Lucas Rocha Furtado, "A distinção entre as diferentes modalidades de empreitada reside no critério que será utilizado para remunerar o contratado. Na empreitada por preço unitário, são definidas as unidades a serem executadas (em metros quadrados, metros cúbicos, quantidades especificamente identificadas etc.) e a remuneração será feita em função do que for executado. Assim, por exemplo, se a Administração decide construir uma estrada, poderá definir as unidades em quilômetros de asfalto, ou em metros quadrados (é evidente que a qualidade do asfalto desejado deverá estar igualmente especificado no contrato), e à medida que forem sendo executadas as unidades

Todavia, entendemos que a única diferença entre as modalidades de empreitada não está apenas no critério utilizado para remunerar o contratado. É fato que em alguns casos é possível se fazer a empreitada por preço global, por preço unitário e até a empreitada integral. No entanto, em algumas situações só é possível – ou ao menos recomendável – que o Poder Público se valha da empreitada por preço unitário. Essa situação ocorre quando a quantia a ser contratada não pode ser precisada pela Administração na fase de planejamento. Nesse sentido, vale fazer menção ao quanto dito no *Curso de Auditoria de Obras Públicas*, ministrado no âmbito do Instituto Serzedello Corrêa, do Tribunal de Contas da União:

> A Lei de Licitações conceitua a empreitada por preço unitário como sendo o regime de execução no qual se contrata a execução da obra ou o serviço por preço certo de unidades determinadas. É utilizada sempre que os quantitativos a serem executados não puderem ser definidos com grande precisão.[4]

Desse modo, a empreitada por preço unitário pode ser utilizada como *contratação para execução conforme a demanda*, o que não pode ocorrer nas demais modalidades de empreitada. Geralmente, esse regime de medida por preço unitário é utilizado nos ajustes no qual o objeto é um serviço contínuo[5] (art. 57, II, da Lei nº 8.666/1993), porém, cuja quantidade a ser demandada só pode ser definida na execução do contrato, tal qual acontece nos serviços de correio, passagem aérea, transporte de carga etc.

A tarefa é um regime de execução contratual destinado aos ajustes de pequena monta. Segundo o art. 6º, VIII, *d*, da LLCA – transcrito anteriormente –, a tarefa ocorre "quando se ajusta mão

---

(quilômetros, metros quadrados etc.), conforme definido no cronograma físico da obra, será feita a remuneração da empresa contratada, nos termos do cronograma financeiro. Essa modalidade de empreitada é a que mais convém à Administração, em face de ser a modalidade que melhor identifica o valor a ser pago ao contratado". (FURTADO, Lucas Rocha. *Curso de Licitações e Contratos Administrativos*. 3. ed. Belo Horizonte: Fórum, 2010. p. 565-566).

[4] BRASIL. Tribunal de Contas da União. *Auditoria de Obras Públicas – Tribunal de Contas da União*; conteudista: André Pachioni Baeta. Brasília: TCU, Instituto Serzedello Corrêa, 2012. p. 8.

[5] Anexo I, da IN/SLTI/MP nº 2/2008: "*I – SERVIÇOS CONTINUADOS são aqueles cuja interrupção possa comprometer a continuidade das atividades da Administração e cuja necessidade de contratação deva estender-se por mais de um exercício financeiro e continuamente*".

de obra para pequenos trabalhos por preço certo, com ou sem fornecimento de materiais".[6]

De acordo com a definição da tarefa, observamos que a diferença entre ela e a empreitada é que aquela é aplicável nas hipóteses de serviços de menor porte. Como diz a Lei, embora o comum seja que na tarefa o material fica a cargo da Administração, também é possível que o tarefeiro fique com a incumbência de fornecê-lo.

Para a análise ora empreendida, o que é relevante saber é se a tarefa é regime de execução adequado para contratação na qual o Poder Público não tenha como precisar qual a quantidade do serviço a ser demandado pela Administração. Ou seja, serviria a tarefa para as hipóteses do que aqui se convencionou chamar de *contratação para execução conforme a demanda*?

Em nossa avaliação, sim. Imaginemos as situações em que a Administração, continuamente (art. 57, II, da Lei nº 8.666/1993) necessita de pequenos trabalhos. Como exemplo, citamos os serviços de chaveiro. Entendemos ser plausível que, nessa situação, seja realizado um contrato com valor certo para cada tarefa a ser exercida pelo profissional, cuja execução será solicitada e paga na proporção da necessidade da Administração. O fato é que nada impede que na tarefa se tenha um preço por unidades determinadas.

Ou seja, se é possível a contratação de tarefa por preço unitário, é porque o serviço sob o regime de tarefa não precisa se esgotar de imediato na primeira demanda da entidade contratante. Desse modo, entendemos que é possível a utilização do regime de tarefa na *contratação para execução conforme a demanda*.

Em relação às compras, a Lei nº 8.666/1993 as conceitua da seguinte forma:

---

[6] Lucas Rocha Furtado tece seus comentários sobre o instituto em análise com as seguintes palavras: "A própria Lei nº 8.666/93 estabelece, em primeiro lugar, o conceito de tarefa. Nos termos da lei, seria adotado esse regime de execução quando se ajusta mão de obra para pequenos trabalhos por preço certo, com ou sem fornecimento de materiais. Normalmente, o tarefeiro é um fornecedor de mão de obra, ficando sob encargo da Administração a aquisição de todo o material necessário à execução da obra ou serviço. (...) A Lei nº 8.666/93, no entanto, também admite que o tarefeiro possa fornecer o material. Todas essas condições deverão, é evidente, estar expressamente identificadas no instrumento convocatório da licitação, caso seja esta realizada, e no próprio contrato". (FURTADO, Lucas Rocha. *Curso de Licitações e Contratos Administrativos*. 3. ed. Belo Horizonte: Fórum, 2010. p. 565).

Art. 6º Para os fins desta Lei, considera-se:

(...)

III - Compra - toda aquisição remunerada de bens para fornecimento de uma só vez ou parceladamente;

Como diz o texto legal, as compras, então, são as aquisições ou os fornecimentos. Trata-se de negócio jurídico cuja obrigação do contratado é de *dar*, e não de *fazer*, como é no caso das obras e dos serviços. A LLCA menciona os fornecimentos "de uma só vez" (integral) ou "parceladamente" (art. 6º, inciso III, da Lei nº 8.666/1993). Importa à situação em apreço observarmos que, a rigor, a Lei nº 8.666/1993 não conceitua o regime de execução das compras. Na verdade, o referido diploma legal refere-se a outra expressão para designar o modo pelo qual ocorrerá a execução dos contratos de aquisição. O art. 55, II, da LLCA, diz ser cláusula necessária dos contratos administrativos a que determina o "regime de execução" ou a "forma de fornecimento".[7] Verificamos, então, que a legislação de regência estatui que os contratos de compra seguem um modo de fornecimento, ao passo que os de serviço e obra seguem um regime de execução.[8]

De acordo com Lucas Rocha Furtado, as espécies de compras são: a) integral; b) parcelada; c) e contínua.[9] Na primeira hipótese, a

---

[7] O art. 65, II, *b*, da Lei nº 8.666/1993, refere-se a *"modo de fornecimento"* como maneira de execução dos contratos de compra (*"quando necessária a modificação do regime de execução da obra ou serviço, bem como do modo de fornecimento, em face de verificação técnica da inaplicabilidade dos termos contratuais originários"* – grifo nosso).

[8] Nesse ponto, é bem vinda a lição de Marçal Justen Filho: "A indicação do regime de execução ou forma de fornecimento refere-se ao objeto imediato do contrato. Trata-se de definir como as partes executarão as prestações que lhes incumbem. O tema regime de execução tem pertinência a obras ou serviços. As diversas modalidades admitidas estão previstas e definidas no art. 6º. A questão do fornecimento relaciona-se com compras e serviços, mas pode envolver, ainda, as obras. Inexistem regras específicas na lei acerca de formas de fornecimento. Caberá ao ato convocatório dispor sobre a matéria, de acordo com a conveniência da Administração". (JUSTEN FILHO, Marçal. *Comentários à Lei de Licitações e Contratos Administrativos*. 13. ed. São Paulo: Dialética, 2009. p. 683).

[9] FURTADO, Lucas Rocha. *Curso de Licitações e Contratos Administrativos*. 3. ed. Belo Horizonte: Fórum, 2010. p. 568: "No primeiro caso, fornecimento integral, os bens seriam entregues em uma única vez; no fornecimento parcelado, a entrega, como o próprio nome indica, seria feita ao longo de determinado período de tempo preestabelecido em parcelas ou quantidades indicadas no contrato; e o fornecimento contínuo é adotado em situações de constante demanda pela Administração por esse tipo de bens (água, café etc.) e que, portanto, deverão estar sendo entregues continuamente ao órgão ou entidade administrativos".

execução do contrato se dá em um único momento. Em um só instante a Administração já recebe e remunera toda a quantidade do objeto do contrato. Na compra parcelada, a execução do contrato acontece em diversos momentos. O contrato já estabelece qual a quantidade a ser adquirida e qual será o instante do fornecimento. No caso do fornecimento contínuo, o bem a ser adquirido é constantemente demandado pela Administração conforme surge a sua necessidade. Trata-se de uma hipótese de *contratação para execução conforme a demanda*. Nas compras de caráter contínuo há a fixação no edital e no contrato da quantidade máxima a ser adquirida, mas o Poder Público só demandará aquela quantidade que efetivamente necessitar, bem como só remunerará o contratado pela quantidade executada. Usualmente, esse último regime de execução é utilizado para aquisições de combustível, água etc.

Destacamos que a legislação não faz referência às compras contínuas. Como já foi dito, a Lei faz referência aos fornecimentos "de uma só vez" (integral) ou "parceladamente" (art. 6º, inciso III, da Lei nº 8.666/1993). Aos nossos olhos, em que pese a diferenciação doutrinária, o fornecimento contínuo é uma variação da aquisição parcelada resultante da prática administrativa. Marçal Justen Filho, por exemplo, não chega a fazer tal diferenciação, referindo-se apenas às compras continuadas e instantâneas, quando diz: "O conceito de 'compra' abrange tanto as hipóteses de adimplemento instantâneo quanto as de execução continuada".[10] No caso das compras, como bem diz o mesmo autor, "inexistem regras específicas na lei acerca de formas de fornecimento. Caberá ao ato convocatório dispor sobre a matéria, de acordo com a conveniência da Administração".[11]

Esse, inclusive, é o entendimento de Lucas Furtado. São suas palavras:

> Não nos preocupa muito a distinção entre compra integral, parcelada, ou contínua pelo fato de que seu regime de fornecimento, assim como a determinação de quando deverão ser efetuados os respectivos pagamentos, deverão estar previstos no contrato de fornecimento.

---

[10] JUSTEN FILHO, Marçal. *Comentários à Lei de Licitações e Contratos Administrativos*. 13. ed. São Paulo: Dialética, 2009. p. 123.

[11] JUSTEN FILHO, Marçal. *Comentários à Lei de Licitações e Contratos Administrativos*. 13. ed. São Paulo: Dialética, 2009. p. 683.

Deverá o contrato, obrigatoriamente, indicar prazos, local de entrega (que normalmente será o da própria repartição que adquire os bens), quantidades a serem entregues etc. Enfim, todas as condições em que se dará a compra deverão estar previstas no contrato.[12]

A diferença do modo pelo qual será feito o parcelamento, então, dependerá apenas do que vier previsto em contrato. Desse modo, entendemos que, no caso das compras, a Lei nº 8.666/1993 admite a *contratação para execução conforme a demanda* por meio do fornecimento continuado, quando devidamente previsto no contrato.

Por todo o exposto, concluímos que é legalmente possível a *contratação para execução conforme a demanda*: a) para serviços, adotando-se como regime de execução a empreitada por preço unitário e a tarefa; b) e para compras, ocasião em que se adotará a compra continuada como regime de execução contratual.

3 Do cabimento do Sistema de Registro de Preços (SRP)

Antes de entramos no cerne da questão objeto do presente estudo, devemos observar quais as hipóteses de cabimento do SRP para, assim, concluirmos pela similaridade ou não de tais casos com os relativos à *contratação para execução conforme a demanda*.

De acordo com o Decreto nº 7.892, de 23 de janeiro de 2013, o Sistema de Registro de Preços é um "conjunto de procedimentos para registro formal de preços relativos à prestação de serviços e aquisição de bens, para contratações futuras" (art. 2º, I).

Pela letra do dispositivo regulamentar, observamos que o SRP se destina à contratação de serviços e de aquisição. Conforme já asseveramos anteriormente, a lei vigente só admite – ao menos expressamente – a utilização do SRP para essas espécies de contrato (art. 15, II, da Lei nº 8.666/1993 c/c o art. 11, da Lei nº 10.520/2002).

Outro ponto relevante a ser extraído do art. 2º, I, do Decreto nº 7.892/2013, é que o SRP se presta para "contratações futuras". Daí se extrai que o SRP não se aplica para as situações nas quais haverá uma única contratação. Dele presume-se que sairão duas ou mais

---

[12] FURTADO, Lucas Rocha. *Curso de Licitações e Contratos Administrativos*. 3. ed. Belo Horizonte: Fórum, 2010. p. 569.

contratações, o que significa a formalização de dois ou mais contratos ou instrumentos equivalentes (art. 62, da LLCA). Essa é a razão pela qual o Decreto se valeu do plural do substantivo que designa o ato de contratar (*contratações*). Assim é porque a demanda da Administração a ser atendida pelo instituto em estudo não é de todo imediata.

Nessa mesma linha, pode se dizer, também, que o diploma regulamentar menciona que as contratações serão *futuras*. Isto é, os ajustes que resultarão do SRP não dizem respeito a demandas das quais a Administração necessite de imediato. O registro de preço vem para atender futuras necessidades do Poder Público. Tanto é assim que a ata gerada por um certame para registro formal de preços tem vigência pelo prazo máximo de 1 (um) ano (art. 15, §3º, III, da Lei nº 8.666/1993, c/c o art. 12, do Decreto nº 7.892/2013), autorizando a Administração a contratar com o prestador/fornecedor registrado durante todo esse lapso de vigência.[13]

Baseado nesses pontos, já salta aos olhos que o SRP é um instituto destinado, dentre outras situações, àquelas hipóteses nas quais a demanda da Administração não é imediata e/ou não pode ser previamente determinada.[14] Daí decorre a similaridade do SRP com os regimes de contratação em que o edital fixa uma quantidade máxima e a Administração, ao longo da vigência do contrato, demanda o quanto for suficiente para atender às suas necessidades. Ou seja, há similaridade entre as hipóteses de incidência de SRP e os casos nos quais é adequado o regime de *contratação para execução conforme a demanda* (empreitada por preço unitário, tarefa e compra continuada).[15] Vejamos.

---

[13] Nesse sentido, vale a lição de Jacoby Fernandes: "Se o SRP é um conjunto de procedimentos, entre os quais está a licitação, inclusive nas modalidades mais amplas quanto à competição: concorrência ou pregão. É, contudo, um procedimento *sui generis*, porque, ao contrário da licitação convencional, não tem por objetivo a certeza da aquisição, mas apenas o compromisso de contratações futuras e eventuais, que podem até não se realizar". (FERNANDES, Jorge Ulisses Jacoby. *Sistema de Registro de Preços e Pregão Presencial e Eletrônico*. 5. ed. Belo Horizonte: Fórum, 2013. p. 271).

[14] Acórdão nº 483/2012, TCU, Rel. Min. Augusto Nardes, 2ª Câmara: "1.6.1. recomendar ao reitor da Universidade Federal de Campina Grande que, em situações análogas às destes autos, nas quais, pela natureza do objeto, não seja possível definir previamente o quantitativo a ser demandado pela Administração, adote a modalidade pregão – registro de preços, na forma disciplinada pelo Decreto nº 3931/2001".

[15] A análise ora empreendida não tem relação com as demais hipóteses de SRP nas quais inexistam similaridades com os regimes de execução contratual conforme a demanda.

Segundo o Decreto regulamentar,

> Art. 3º O Sistema de Registro de Preços poderá ser adotado nas seguintes hipóteses:
>
> I - quando, pelas características do bem ou serviço, houver necessidade de contratações frequentes;
>
> II - quando for conveniente a aquisição de bens com previsão de entregas parceladas ou contratação de serviços remunerados por unidade de medida ou em regime de tarefa;
>
> III - quando for conveniente a aquisição de bens ou a contratação de serviços para atendimento a mais de um órgão ou entidade, ou a programas de governo; ou
>
> IV - quando, pela natureza do objeto, não for possível definir previamente o quantitativo a ser demandado pela Administração.

Nos termos do diploma transcrito, a primeira hipótese de adequação de registro de preço é quando a contratação for *frequentemente* necessária. Isto é, ocasiões nas quais a Administração não exaure sua demanda de imediato. Nessa hipótese, ainda que o Poder Público possa estimar o quanto deverá ser avençado (o que é deveras raro), é imprescindível ter ao seu dispor um mecanismo de atendimento da demanda em razão da constante necessidade. É o caso das aquisições de papel, grampo, caneta etc.[16]

Tal hipótese é análoga às compras continuadas. Tanto em uma quanto em outra, a Administração necessita constantemente do bem a ser ajustado, razão pela qual tem carência de uma avença que lhe ofereça suporte jurídico à aquisição. No caso do SRP, as aquisições serão realizadas com base na ata de registro de preço (art. 2º, II, do Decreto nº 7.892/2013). Levando-se em conta um certo lapso temporal, a Administração firmará um contrato – ou outro instrumento cabível, nos termos do art. 62, da Lei nº 8.666/1993 – com o fornecedor cujo preço foi registrado na ata. Já nas hipóteses de compra continuada, haverá um contrato, cuja vigência não poderá ultrapassar o prazo de vigência dos respectivos créditos orçamentários (art. 57, *caput*, da

---

[16] Cf. FERNANDES, Jorge Ulisses Jacoby. *Sistema de Registro de Preços e Pregão Presencial e Eletrônico*. 5. ed. Belo Horizonte: Fórum, 2013. p. 277.

118 | CRISTIANA FORTINI (COORD.)
REGISTRO DE PREÇOS – ANÁLISE CRÍTICA DO DECRETO FEDERAL Nº 7.892/13, COM AS ALTERAÇÕES POSTERIORES

Lei nº 8.666/1993),[17] e por meio do qual o Poder Público efetuará a sua demanda. Ou seja, neste último, tem-se um único contrato, que fundamenta diversos pedidos. O inciso II traz a hipótese equivalente às compras parceladas. A *aquisição de bens com previsão de entregas parceladas* é a mesma situação das compras parceladas. Na mesma toada, a *contratação de serviços remunerados por unidade de medida ou em regime de tarefa* também coincide com as hipóteses de empreitada por preço unitário e com os casos de tarefa.

O caso trazido pelo inciso III não se mostra relevante para o tema em análise, uma vez que não se refere às situações nas quais há constante demanda da Administração. Nesse dispositivo, o que fundamenta a utilização do SRP é o fato de o certame a ser empreendido servir a mais de um órgão ou entidade. Isto é, trata-se de hipótese de compra compartilhada.

Por último, o inciso IV traz ao SRP as circunstâncias nas quais a demanda da Administração não pode ser precisada em termos de quantitativo. Aqui, o que sustenta o uso do SRP é a variação da necessidade do Poder Público. Nesse caso, a Administração terá ao seu dispor uma ata que a atenderá em caso de uma eventual necessidade. Caso essa demanda surja, deverá o órgão ou a entidade contratar com o fornecedor/prestador que obteve o seu preço registrado na ata.

4 Da preferência ao Sistema de Registro de Preço

O Sistema de Registro de Preço foi previsto no art. 15, inciso II, da Lei nº 8.666/1993.[18] Atualmente, além do mencionado dispositivo da LLCA, o art. 11, da Lei nº 10.520/2002, também estabelece o SRP, inclusive ampliando o seu campo de incidência para os serviços.[19]

---

[17] Cf. ON/AGU nº 39/2011: "A VIGÊNCIA DOS CONTRATOS REGIDOS PELO ART. 57, CAPUT, DA LEI Nº 8.666, DE 1993, PODE ULTRAPASSAR O EXERCÍCIO FINANCEIRO EM QUE CELEBRADOS, DESDE QUE AS DESPESAS A ELES REFERENTES SEJAM INTEGRALMENTE EMPENHADAS ATÉ 31 DE DEZEMBRO, PERMITINDO-SE, ASSIM, A SUA INSCRIÇÃO EM RESTOS A PAGAR".

[18] Diz o texto legal: "Art. 15. As compras, sempre que possível, deverão: (...) II – ser processadas através de sistema de registro de preços;"

[19] Esse é o texto da Lei: "Art. 11. As compras e contratações de bens e serviços comuns, no âmbito da União, dos Estados, do Distrito Federal e dos Municípios, quando efetuadas pelo sistema de registro de preços previsto no art. 15 da Lei nº 8.666, de 21 de junho de 1993, poderão adotar a modalidade de pregão, conforme regulamento específico".

No nível infralegal, a primeira regulamentação do registro de preços veio com o Decreto nº 2.743, de 21 de agosto de 1998. Referido Decreto foi revogado pelo Decreto nº 3.931/2001. Tanto o Decreto nº 2.743/1998, quanto o Decreto nº 3.931/2001, ao regulamentarem os casos de cabimento do SRP deram efetividade à expressão "sempre que possível", contida no *caput* do art. 15, da LLCA, porque estabeleceram expressamente que, ante as situações previstas nos incisos dos respectivos artigos 4º e 2º, o uso do Sistema de Registro de Preço teria preferência.

Essa cláusula, entretanto, não se repetiu no art. 3º, do Decreto nº 7.892/2013. Entendemos que o regulamento não andou bem ao suprimir a tradicional cláusula do ato de regulamentação indicadora de uma preferência pelo Sistema de Registro de Preço. Ao contrário disso, a dicção do art. 3º, do Decreto nº 7.892, parece conferir ao gestor público uma discricionariedade na adoção ou não do SRP. Entretanto, tal conclusão só será possível se o citado dispositivo for interpretado isoladamente, o que não se coaduna com os preceitos da hermenêutica jurídica. Ademais, na situação em análise, estamos diante de um caso em que há hierarquia de normas. Isto é, o Decreto nº 7.892/2013 foi editado pelo Presidente da República, com fundamento no art. 84, IV, da Constituição, para conferir fiel execução ao art. 15, II, da LLCA. Nessa linha, não se pode admitir que a interpretação do texto regulamentar venha ferir o dispositivo legal que lhe dá guarida.[20]

Importante registrar que a nossa leitura não é a de que a Lei deu preferência à adoção do SRP apenas para as compras. Primeiramente, é preciso observar que a utilização do registro de preço para serviços tem, atualmente, base legal. O art. 11, da Lei nº 10.520/2002, é quem confere sustentação legal para o SRP ser aplicado na contratação de

---

[20] Assim leciona Sidney Bittencourt: "Atendendo ao determinado no art. 15 da Lei nº 8.666/93, que impõe a adoção sempre que possível do SRP nas compras da Administração (inciso II), este artigo 2º aponta a possibilidade do uso do sistema em situações específicas. Registre-se que o decreto anterior dispunha pelo uso preferencial. Parece-nos que ocorreu desacerto na tentativa de melhorar o texto regulamentar. A preferência determinava primazia, precedência, anteposição. Logo, amoldava-se com mais segurança ao preconizado na lei de regência, uma vez que não se trata de recomendação para a adoção, nem de autorização para que discricionariamente possa o agente público responsável pelo uso optar, mas, sim, de imposição. Importa frisar, portanto, que o art. 15 supracitado não sinaliza a aplicação facultativa do SRP nas compras; ao contrário, revela imposição legal no uso da sistemática como regra, adotando-se outras formas somente em situações excepcionais". (BITTENCOURT, Sidney. *Licitação de Registro de Preços*: comentários ao Decreto nº 7.892, de 23 de janeiro de 2013. 3. ed. Belo Horizonte: Fórum, 2013. p. 49).

serviços. Referido dispositivo faz expressa menção ao art. 15, da Lei nº 8.666/1993, o que deixa claro que o SRP foi legalmente previsto para serviços com os mesmos contornos jurídicos que o envolve nas compras, inclusive a primazia.

Não parece razoável acreditar que o SRP para serviço não esteja vinculado, por exemplo, aos preceitos que determinam a precedência de ampla pesquisa de mercado para a realização do SRP (§1º, do art. 15, da LLCA), a publicação trimestral dos preços registrados (§2º, do art. 15, da LLCA) e o prazo máximo de 1 (um) ano de vigência da ata (§3º, I, do art. 15, da LLCA).

A nós, não resta dúvida que a remissão feita pelo art. 11, da Lei nº 10.520/2002, ao art. 15, da Lei nº 8.666/1993, teve o sentido de levar ao SRP de serviços os mesmos contornos jurídicos do registro de preço das aquisições. Como se verá adiante, isso só não ocorrerá nas situações em que reste clara a incompatibilidade dos institutos.

Ademais, a utilização do SRP apresenta uma série de vantagens aptas a tornar a Administração mais eficiente. Assim sendo, resta claro que a interpretação desse instituto à luz do princípio constitucional da eficiência (art. 37, da Constituição) só leva à conclusão de que o ordenamento jurídico pátrio lhe dá precedência em relação às demais formas de contratação a ele similares.

Segundo a doutrina, o SRP confere à atuação do Poder Público, dentre outras, as seguintes vantagens: a) redução dos gastos e simplificação administrativa; b) rapidez na contratação e otimização dos gastos; c) possibilidade de a contratação servir a mais de um órgão ou entidade (art. 3º, III, do Decreto nº 7.892/2013); d) desnecessidade de dotação orçamentária (art. 7º, §2º, do Decreto nº 7.892/2013); e) atendimento de demandas imprevisíveis; f) redução do volume de estoque; g) atualidade dos preços das contratações etc.[21] Por essa razão, Marçal Justen Filho afirma:

> As vantagens propiciadas pelo SRP até autorizam a interpretação de que sua instituição é obrigatória por todos os entes administrativos, não se tratando de uma mera escolha discricionária.[22]

---

[21] FERNANDES, Jorge Ulisses Jacoby. *Sistema de Registro de Preços e Pregão Presencial e Eletrônico*. 5. ed. Belo Horizonte: Fórum, 2013. p. 85-98. JUSTEN FILHO, Marçal. *Comentários à Lei de Licitações e Contratos Administrativos*. 13. ed. São Paulo: Dialética, 2009. p. 183-185.

[22] JUSTEN FILHO, Marçal. *Comentários à Lei de Licitações e Contratos Administrativos*. 13. ed. São Paulo: Dialética, 2009. p. 182.

Na jurisprudência da Corte de Contas Federal, verificamos que tal órgão de controle já recomendou diversas vezes que órgãos e entidades da Administração Pública Federal adotem o registro de preço em suas contratações.[23]

Apesar de preferencial, o Sistema de Registro de Preço não tem força para excluir a aplicação das demais formas de contratação pelas quais é possível fazer a *execução conforme a demanda*. Entendemos que nas hipóteses em que fique comprovado que esses modos de contratação são mais eficientes para a Administração Pública não haverá preferência pelo SRP. O fato é que a preferência ao SRP decorre das vantagens que ele traz para gestão pública em termos de eficiência (art. 37, da Constituição).

Nesse diapasão, numa situação relativa à contratação de um serviço contínuo,[24] não parece razoável que a Administração opte por fazer um registro de preço, por meio do qual demandará para cada necessidade sua um contrato, ao invés de fazer um único instrumento com o regime de empreitada por preço unitário ou tarefa, para vigorar pelo prazo admitido pelo art. 57, II, da Lei nº 8.666/1993. Num caso como esse, parece mais eficiente que o Poder Público faça um único contrato, com a possibilidade de vigorar por até 60 (sessenta) meses, contadas as prorrogações admitidas pelo art. 57, II, da LLCA. Se adotar o SRP, aos nossos olhos, não haverá vantagem, porque a licitação do qual ele decorrerá só poderá gerar resultados por 12 (doze) meses (art. 15, §3º, III, da LLCA), além do que, cada demanda da Administração ensejará um novo contrato, o que implicará alguns atos – como a publicação (art. 61, Parágrafo Único, da LLCA) – que poderiam ser eliminados no caso de se optar pelo contrato de serviço contínuo com os regimes de empreitada por preço unitário ou tarefa.

Ou seja, o SRP é preferencial no contexto dentro do qual a outra opção do gestor é realizar diversas licitações/contratações para ter o bem ou o serviço à disposição da Administração Pública. Se ele tem a possibilidade de fazer uma única licitação/contratação para lhe

---

[23] Cf. Acórdão nº 483/2012, TCU, Rel. Min. Augusto Nardes, 2ª Câmara; Acórdão nº 2210/2009, TCU, Rel. Min. Augusto Nardes, 1ª Câmara; Acórdão nº 665/2008, TCU, Rel. Min. Augusto Sherman, Plenário.

[24] IN/SLTI nº 2/2008, Anexo I: "I – SERVIÇOS CONTINUADOS são aqueles cuja interrupção possa comprometer a continuidade das atividades da Administração e cuja necessidade de contratação deva estender-se por mais de um exercício financeiro e continuamente".

atender pelo prazo no qual necessita, não resta dúvida que o SRP não terá preferência.

Conforme já dissemos, o que vai importar para a preferência do Sistema de Registro de Preço é a sua eficiência econômica e gerencial frente às demais opções oferecidas pela legislação ao administrador público (art. 20, Parágrafo Único, da Lei de Introdução às Normas do Direito Brasileiro (LINDB)).

5 Conclusão

Desse modo, ante tudo o que foi exposto no desenvolvimento do presente artigo, lançamos as seguintes assertivas:

I. o SRP não deve ser adotado em situações que não se enquadrem nas hipóteses permissivas previstas no art. 3º, do Decreto nº 7.892/2013, tal como contratação única e imediata;

II. é legalmente possível a contratação para execução conforme a demanda: a) para serviços, adotando-se como regime de execução a empreitada por preço unitário e a tarefa; e b) para compras, ocasião em que se adotará a compra continuada como regime de execução contratual;

III. há similaridade entre as hipóteses de *contratação para execução conforme a demanda* e os casos aos quais se aplica o Sistema de Registro de Preço;

IV. o Sistema de Registro de Preço goza de preferência legal, quando constatada uma das hipóteses previstas no art. 3º, do Decreto nº 7.892/2013;

V. poderá ser afastada a preferência do Sistema de Registro de Preço nos casos em que reste comprovada nos autos da contratação a ineficiência econômica ou gerencial decorrente da adoção do registro de preço.

Referências

BITTENCOURT, Sidney. *Licitação de Registro de Preços*: comentários ao Decreto nº 7.892, de 23 de janeiro de 2013. 3. ed. Belo Horizonte: Fórum, 2013.

BRASIL. Tribunal de Contas da União. *Auditoria de Obras Pública – Tribunal de Contas da União*; conteudista: André Pachioni Baeta. Brasília: TCU, Instituto Serzedello Corrêa, 2012.

FERNANDES, Jorge Ulisses Jacoby. *Sistema de Registro de Preços e Pregão Presencial e Eletrônico*. 5. ed. Belo Horizonte: Fórum, 2013.

FURTADO, Lucas Rocha. *Curso de Licitações e Contratos Administrativos*. 3. ed. Belo Horizonte: Fórum, 2010.

JUSTEN FILHO, Marçal. *Comentários à Lei de Licitações e Contratos Administrativos*. 13. ed. São Paulo: Dialética, 2009.

Informação bibliográfica deste texto, conforme a NBR 6023:2018 da Associação Brasileira de Normas Técnicas (ABNT):

OLIVEIRA, Rafael Sérgio Lima de. A contratação para execução conforme a demanda e o uso do sistema de registro de preço. *In*: FORTINI, Cristiana (Coord.). *Registro de Preços*: análise crítica do Decreto Federal nº 7.892/13, com as alterações posteriores. 3. ed. rev., ampl. e atual. Belo Horizonte: Fórum, 2020. p. 107-123. ISBN 978-65-5518-038-1.

BREVES CONSIDERAÇÕES SOBRE A LICITAÇÃO PARA REGISTRO DE PREÇOS À LUZ DO DECRETO FEDERAL Nº 7.892/13

ARIANE SHERMAM MORAIS VIEIRA

1 A Lei nº 8.666/93 e o Sistema de Registro de Preços – Apontamentos iniciais

A Lei nº 8.666/93, conhecida como Lei Geral de Licitações e Contratos, previu, em seu art. 15, inciso II, o Sistema de Registro de Preços, conforme o qual, nos termos da regulamentação vigente, devem ser processadas as aquisições de bens pela Administração. Por sua vez, a possibilidade de utilização do Registro de Preços para licitação de serviços foi estabelecida originariamente pelo Decreto Federal nº 3.391/01, posteriormente revogado pelo Decreto nº 7.892/13.

O Registro de Preços constitui, nesse sentido, procedimento a ser adotado pela Administração perante compras rotineiras de bens padronizados ou para obtenção de serviços.[1] Assim, diante da presunção de que determinados bens ou serviços serão utilizados não uma, mas múltiplas vezes, a Administração realiza processo

---

[1]   BANDEIRA DE MELLO, Celso Antônio. *Curso de direito administrativo*. 28. ed. São Paulo: Malheiros, 2011.

licitatório no qual o vencedor terá os seus preços registrados. Desse modo, quando a promotora do certame (órgão gerenciador) – bem como os órgãos participantes e não participantes – necessitar dos bens ou serviços, ela poderá obtê-los sucessivas vezes se for o caso, pelo preço cotado e registrado,[2] em observância aos limites fixados pelo ordenamento jurídico e sempre visando à consecução do interesse público.[3]

Observa-se, portanto, sem prejuízo de outras vantagens, que o Sistema de Registro de Preços constitui expediente por meio do qual busca-se evitar que, em situações de necessidade contínua e permanente por fornecedores e produtos, a Administração tenha que realizar múltiplas licitações, com significativos custos financeiros, materiais e de recursos humanos para a máquina pública.

Com efeito, para além da hipótese de demanda frequente por bens ou serviços, cabe a utilização do Registro de Preços pela Administração nos seguintes casos: (i) quando for conveniente adquirir bens com previsão de entrega parcelada ou quando da contratação de serviços por unidade de medida ou em regime de tarefa; (ii) quando for conveniente adquirir bens ou contratar serviços para atender à demanda de mais de um órgão ou entidade da Administração ou a programa governamental; (iii) quando, pela natureza do objeto, não for possível quantificar previamente a demanda da Administração.

Além disso, com base em farta doutrina e jurisprudência sobre Registro de Preços, é possível elencar diversas vantagens para adoção de tal procedimento, dentre as quais vale mencionar: redução do número de licitações, tendo em vista a desnecessidade de realizar diversos certames com objetos semelhantes; maior organização e otimização das

---

[2] Essa é a razão pela qual Marçal Justen Filho identifica no Registro de Preços um contrato normativo, *constituído como cadastro de produtos e fornecedores selecionados por meio de licitação*, para contratações sucessivas de bens e serviços, respeitados os requisitos legais e infralegais. (JUSTEN FILHO, Marçal. *Comentários à Lei de Licitações e Contratos Administrativos*. 13. ed. São Paulo: Dialética, 2009).

[3] Vale destacar que o art. 17 do Decreto nº 7.892/13 prevê a possibilidade de os preços registrados serem revistos, diante da redução dos preços praticados no mercado ou em razão da elevação dos custos dos serviços ou bens registrados. Nos termos do dispositivo em comento, caberá ao órgão gerenciador do certame promover as negociações junto aos fornecedores, em observância ao disposto no art. 65, II, "d", da Lei nº 8.666/93, que trata da manutenção do equilíbrio econômico-financeiro dos contratos celebrados pela Administração. Sobre os limites e possibilidades dessa revisão de preços, recomenda-se ao leitor as considerações tecidas no capítulo intitulado "Da revisão e do cancelamento dos preços registrados", desta obra.

estratégias de suprimento, uma vez que a Administração contrata na medida de suas necessidades; maior celeridade da aquisição de bens e na contratação de serviços; maior economia de escala, tendo em vista que diversos órgãos e entidades podem se valer de um só Registro de Preços para adquirir conjunto de produtos e serviços dentro do prazo legalmente estipulado de um ano.

Verifica-se, portanto, que o Registro de Preços vai ao encontro, principalmente, do princípio da eficiência, reitor da Administração Pública, nos termos do *caput* do art. 37 da Constituição da República, especialmente em suas facetas de celeridade/presteza e economicidade. De fato, em conformidade com lição de Onofre Alves Batista Júnior,[4] defende-se que o Estado, enquanto Administração Pública, desafiado a suprir múltiplas demandas de uma sociedade plural, em cenário de escassez de recursos, deve buscar sempre uma relação otimizada entre meios e fins, de modo a atingir o melhor resultado possível em cada situação concreta, sempre em vista da realização do bem comum. E essa relação é assegurada pela realização do Registro de Preços, conforme será explicitado nas considerações seguintes.

2 A licitação para Registro de Preços e o Decreto nº 7.892/13 – Aspectos relevantes

Entendida majoritariamente como procedimento pré-contratual pela doutrina administrativista clássica, a licitação tem sido concebida, em visão mais atual, como procedimento por meio do qual a Administração avalia e seleciona a melhor oferta capaz de atender ao interesse público, nem sempre com o fim de celebrar contrato. De fato, observa-se que o procedimento do Registro de Preços se destina ao cadastro de preços de bens ou serviços praticados por fornecedores com os quais a Administração poderá celebrar contrato ou não. Não se trata, portanto, de procedimento necessariamente preliminar à celebração de contrato.[5]

---

[4] BATISTA JÚNIOR, Onofre Alves. *Princípio constitucional da eficiência administrativa*. 2. ed. rev. e atual. Belo Horizonte: Fórum, 2012.

[5] Ressalte-se que a legislação tem conferido novos objetivos à licitação, para além da seleção da proposta mais vantajosa para a Administração e da necessária garantia do princípio da isonomia. Cita-se, nesse sentido, o disposto no art. 3º da Lei nº 8.666/93, alterado pela Lei nº 12. 349/10, segundo o qual, dentre outros fins, a licitação destina-

Dito isso, passa-se aos comentários sobre os dispositivos legais e infralegais sobre a licitação para Registro de Preços. A Lei de Licitações delineia os contornos básicos do Registro de Preços em seu art. 15, II, e §§1º a 6º, *in verbis*:

> Art. 15. As compras, sempre que possível, deverão: [...]
>
> II – ser processadas através de Sistema de Registro de Preços; [...]
>
> §1º O registro de preços será precedido de ampla pesquisa de mercado.
>
> §2º Os preços registrados serão publicados trimestralmente para orientação da Administração, na imprensa oficial.
>
> §3º O Sistema de Registro de Preços será regulamentado por decreto, atendidas as peculiaridades regionais, observadas as seguintes condições:
>
> I – seleção feita mediante concorrência;
>
> II – estipulação prévia do sistema de controle e atualização dos preços registrados;
>
> III – validade do registro não superior a um ano.
>
> §4º A existência de preços registrados não obriga a Administração a firmar as contratações que deles poderão advir, ficando-lhe facultada a utilização de outros meios, respeitada a legislação relativa às licitações, sendo assegurado ao beneficiário do registro preferência em igualdade de condições.
>
> §5º O sistema de controle originado no quadro geral de preços, quando possível, deverá ser informatizado.

---

se a promover o desenvolvimento nacional sustentável. A esse respeito discorrem, por exemplo, Maria Coeli Simões Pires e Mila Batista Leite Corrêa da Costa (2013). (PIRES, Maria Coeli Simões; COSTA, Mila Batista Leite Corrêa da. Sustentabilidade, licitação e pós-modernidade: pluridimensionalidade e releituras necessárias. *In*: BICALHO, Alécia Paolucci Nogueira; DIAS, Maria Tereza Fonseca (Coord.). *Contratações públicas*: estudos em homenagem ao Professor Carlos Pinto Coelho Motta. Belo Horizonte: Fórum, 2013). No mesmo sentido, a Lei Complementar nº 123/06 institui o Estatuto das microempresas e empresas de pequeno porte, dispõe sobre o tratamento diferenciado conferido a tais empreendimentos, inclusive no que tange às regras de licitação, que apresentam viés regulatório, com o objetivo de fomentar a criação e o desenvolvimento dessas empresas. Sobre esse assunto, vale conferir as considerações de Luciano de Araújo Ferraz (2009), que aborda o tema da função regulatória da licitação. (FERRAZ, Luciano. Função regulatória da licitação. *Revista Eletrônica de Direito Administrativo Econômico – REDAE*, Salvador, Instituto Brasileiro de Direito Público, n. 19, ago./out. 2009. Disponível em: http://www.direitodoestado.com/revista/redae-19-agosto-2009-luciano-ferraz.pdf. Acesso em 27 jan. 2014).

§6º Qualquer cidadão é parte legítima para impugnar preço constante do quadro geral em razão de incompatibilidade desse com o preço vigente no mercado.

Nesse sentido, em consonância com o §3º do art. 15 da Lei nº 8.666/93, cabe ao Poder Executivo regulamentar o Registro de Preços, observadas as balizas legais.

No âmbito da União, essa regulamentação ocorreu inicialmente por meio do Decreto nº 2.743/98, que disciplinou o Registro de Preços somente para a aquisição de bens.

Posteriormente, o Decreto nº 2.743/98 foi revogado pelo Decreto nº 3.391/01, que estabeleceu as normas do procedimento do Registro de Preços, aplicadas, nos termos de seu artigo 1º, tanto para a contratação de serviços quanto para a aquisição de bens.

A seu turno, o Decreto nº 3.391/01 foi revogado pelo Decreto nº 7.892/13, que, em seu Capítulo V (Da Licitação para Registro de Preços), correspondente aos artigos 7º a 10, apresenta normas sobre o rito do Registro de Preços.

Recentemente, o Decreto nº 7.892/13 sofreu alterações importantes pelo Decreto nº 9.488/18, as quais serão objeto de comentários neste trabalho, oportunamente.

O *caput* do art. 7º do Decreto nº 7.892/13 contém norma semelhante à prevista no *caput* do art. 3º do Decreto nº 3.391/01, alterado pelo Decreto nº 4.342/02, qual seja: a licitação para Registro de Preços deve ser realizada nas modalidades concorrência ou pregão, nos termos da Lei nº 8.666/93 e da Lei nº 10.520/02 (Lei do Pregão), respectivamente.

Vale destacar que, por força do Decreto nº 10.024/19, a modalidade pregão, na forma eletrônica, passou a ser obrigatória, em detrimento do pregão presencial, para a Administração Pública federal direta, autárquica e fundacional, assim como para os demais entes federativos que recebam recursos federais mediante transferências voluntárias, como nos casos de convênios e contratos de repasse. Tal obrigatoriedade está em consonância com o preconizado princípio da eficiência administrativa, que, entre outros objetivos, visa à atuação célere, efetiva e econômica da Administração Pública.

No intuito de operacionalizar a aplicação do Decreto nº 10.024/19, a Instrução Normativa nº 206/19, do Poder Executivo federal, previu prazos para que os órgãos da Administração Pública estadual, distrital e municipal, direta e indireta, passassem a utilizar o pregão eletrônico, *obrigatoriamente,* quando executarem recursos da União provenientes de transferências voluntárias, visando à aquisição de bens e à contratação de serviços comuns. Os prazos variam conforme o porte do ente, aplicando-se de forma gradativa no tempo: enquanto as disposições da Instrução entraram em vigor em 28 de outubro de 2019 para Estados, Distrito Federal e entidades das respectivas Administrações indiretas, municípios com menos de 15.000 (quinze mil) habitantes, por exemplo, só passaram a aplicar as referidas normas a partir de 1º de junho de 2020 (Instrução Normativa nº 206/19, art. 1º, inciso IV).

De acordo com a citada Instrução Normativa, a utilização do pregão, na forma eletrônica, fica ressalvada em duas hipóteses: i) quando a lei – ou outro ato normativo que dispuser de modo específico sobre a modalidade de transferência – disciplinar de forma diversa sobre a contratação com os recursos do repasse; ii) quando a autoridade competente, mediante prévia justificativa, comprovar a inviabilidade técnica ou a desvantagem para a Administração na realização do pregão eletrônico. No contexto explicitado, fica claro que *não realizar* licitação na modalidade pregão, na forma eletrônica, é medida excepcional. Os gestores que descumprirem tais normas ficam sujeitos à incidência das responsabilizações cabíveis, inclusive, em tese, pela prática de ato antieconômico.[6]

Neste ponto, cumpre destacar a correta lição de Marçal Justen Filho,[7] segundo o qual, com respaldo na legislação, não é livre a escolha entre concorrência e pregão quando da realização do Registro de Preços. De fato, o pregão está vocacionado por lei à contratação de bens e serviços comuns que, segundo o autor, são aqueles destituídos de peculiaridades que resultem em sua indisponibilidade no mercado. Assim, se a Administração pretender realizar Registro de Preços para bens e serviços não comuns, será necessário se valer da concorrência.

Cabe enfatizar, aqui, o debate travado pela doutrina e pela jurisprudência administrativista a respeito da possibilidade de licitação para Registro de Preços para contratação de serviços de engenharia (e de outros serviços tradicionalmente entendidos como dotados de complexidade técnica, como arquitetura e consultoria). De fato,

---

[6] Considerando-se que a economicidade é uma das facetas do princípio da eficiência, que o pregão eletrônico visa concretizar.

[7] JUSTEN FILHO, Marçal. *Comentários à Lei de Licitações e Contratos Administrativos.* 13. ed. São Paulo: Dialética, 2009.

verifica-se, pelo menos em leitura inicial do problema, a inadequação da licitação para Registro de Preços em face aos serviços mencionados, uma vez que o procedimento do registro estaria vocacionado à obtenção de produtos/serviços padronizados, conforme critérios do mercado.[8]

O Tribunal de Contas da União, por exemplo, tem se manifestado sobre a questão, firmando entendimento, conforme voto condutor do Acórdão nº 296/07, de relatoria do Ministro Benjamin Zymler, no sentido da impossibilidade de utilização do Registro de Preços para obras e serviços de engenharia. Nos termos do voto em comento, o Registro de Preços não estaria destinado à contratação de bens ou serviços especializados (ou não comuns), dos quais são exemplo os serviços de engenharia, pelas seguintes razões: ausência de previsão legal e inadequação desse procedimento simplificado para seleção de objetos mais complexos.

Igualmente, no Acórdão nº 2.006/12 do TCU, de relatoria do Ministro Weder de Oliveira, encontra-se o entendimento, formulado com base no Decreto nº 3.391/01, de que o Registro de Preços deve ser utilizado para as contratações de serviços e aquisições de bens, preferencialmente nas seguintes hipóteses: contratações frequentes, execução parcelada do objeto pactuado, pluralidade de órgãos/ entidades administrativas interessadas e imprevisibilidade dos quantitativos exatos a serem utilizados pela Administração.

Conforme entendimento exposto no referido Acórdão nº 2.006/ 12, a utilização do Sistema de Registro de Preços para contratação de serviços técnicos especializados de consultoria, engenharia e arquitetura não encontraria amparo na legislação vigente. Assim, o Registro de Preços, tanto na modalidade de pregão quanto na modalidade de concorrência, seria adequado apenas para as compras e serviços mais simples e rotineiros, aptos a serem individualizados por meio de descrição simplificada e sucinta, sem complexidades.

Em que pese a jurisprudência citada, o próprio TCU possui entendimento consolidado desde 2010, veiculado por meio do

---

[8] Para Justen Filho, a maior utilidade do Registro de Preços estaria na sua aptidão para o pronto atendimento da demanda da Administração por bens e serviços comuns, menos sofisticados, que seriam os mais consentâneos com as características de rapidez, flexibilidade e economia, próprias desse procedimento. Segundo o autor, quanto mais específico (leia-se, sofisticado) o bem ou serviço, menos útil será a realização do Registro de Preços. (JUSTEN FILHO, Marçal. *Comentários à Lei de Licitações e Contratos Administrativos*. 13. ed. São Paulo: Dialética, 2009).

enunciado da súmula de nº 257, que assim diz: "O uso do pregão nas contratações de serviços comuns de engenharia encontra amparo na Lei nº 10.520/2002".

A discussão ultrapassa o campo do direito sendo que o Plenário do Conselho Federal de Engenharia e Agronomia, que é a autarquia federal responsável pela fiscalização das atividades das profissões no âmbito da engenharia e da agronomia, já se manifestou no sentido de que os serviços que exigem habilitação legal para sua elaboração ou execução não podem ser classificados como comuns e, assim, não podem ser contratados mediante pregão. Na mesma toada, o Conselho entendeu que obras prediais, industriais e de infraestrutura não podem ser contratadas mediante pregão, dada a sua complexidade intrínseca.[9]

Contrariamente, o citado Decreto nº 10.024/19 prevê já em sua ementa a aplicabilidade da modalidade pregão, na forma eletrônica, para a contratação de serviços comuns de engenharia. Nos termos desse decreto, serviço comum de engenharia é a atividade ou conjunto de atividades que necessitam da participação ou do acompanhamento de profissional engenheiro habilitado e cujos padrões de desempenho e qualidade possam ser objetivamente definidos pela Administração Pública, mediante especificações usuais no mercado. Ou seja: nenhuma novidade em relação ao que legalmente se entende por serviço comum, de modo amplo, acrescentando-se somente a habilitação específica do profissional que irá acompanhá-lo/executá-lo.

Veja-se que o Projeto de Lei nº 1.292/1995, que pretende substituir parte das leis que abordam o tema das licitações e contratos, criando novas normas gerais sobre licitações e contratos administrativos, prevê a utilização do Sistema de Registro de Preços para a contratação de serviços, a realização de obras e a aquisição e locação de bens (art. 6º, inciso XLV), referindo-se indistintamente às modalidades de licitação pregão e concorrência. A seu turno, o parágrafo único do art. 29 do projeto estabelece expressamente que é vedada a contratação, mediante pregão, de serviços técnicos especializados de natureza intelectual e de obras e serviços de engenharia, excetuando-se, quanto aos últimos, aqueles de natureza comum, assim conceituados no PL:

---

[9] BITTENCOURT, Sidney. *Algumas novidades trazidas pela nova regulamentação do pregão eletrônico*: o Decreto nº 10.024, de 20 de setembro de 2019. Observatório da Nova Lei de Licitações, 2019. Disponível em: http://www.novaleilicitacao.com.br/2019/11/21/algumas-novidades-trazidas-pela-nova-regulamentacao-do-pregao-eletronico-o-decreto-no-10-024-de-20-de-setembro-de-2019/. Acesso em 14 dez. 2019.

[...] todo serviço de engenharia que tem por objeto ações objetivamente padronizáveis em termos de desempenho e qualidade, de manutenção, de adequação e de adaptação de bens móveis e imóveis, com preservação das características originais dos bens.

Primeiramente se observa que o PL pretende uniformizar a matéria, hoje tratada de forma muito sintética na Lei nº 8666/93, permitindo diversas abordagens via distintos Decretos. A sensação, contudo, é a de que o projeto de nova lei de licitações poderia ter sido mais ousado. Em que pesem as opiniões contrárias, discorda-se do entendimento de que serviços de engenharia – e, especialmente, determinadas obras, no escopo dos comentários aqui tecidos – não podem ser licitados na modalidade pregão, haja vista que, por si sós, não são necessariamente complexos e demandantes de trabalho técnico diferenciado,[10] podendo, pelo menos em tese, ter seus padrões de desempenho e qualidade definidos conforme especificações usualmente encontradas no mercado. Assim, não se verifica impedimento, em abstrato, para que a contratação de tais serviços e obras ocorra como resultado da licitação para Registro de Preços, na modalidade pregão.

No que tange ao art. 7º do Decreto nº 7.892/13, destaca-se que o mencionado dispositivo prevê o critério de julgamento menor preço como regra nas licitações para Registro de Preços. Essa norma é excepcionada pelo §1º do mesmo artigo, que, assim como previa o Decreto nº 3.391/01, estatui que o critério técnica e preço, na modalidade concorrência, poderá ser adotado no rito do Registro de Preços.[11]

Nesse ponto, vale destacar que a escolha entre critérios de julgamentos *menor preço* e *técnica e preço* não é discricionária. Ao definir o critério de julgamento a ser utilizado, a Administração deve levar em conta, em consonância com a correta lição de Marçal Justen Filho,[12] que a licitação de menor preço é cabível quando o interesse tutelado pelo Estado puder ser satisfeito por qualquer bem ou serviço, desde que atendidos os requisitos mínimos de qualidade ou técnica definidos no

---

[10] Esse entendimento foi parcialmente encampado pelo PL nº 1.292/1995, que admite a licitação de serviços comuns de engenharia por meio de pregão, como já destacado.

[11] A previsão da possibilidade de adoção do critério de julgamento técnica e preço no Registro de Preços, exclusivamente na modalidade concorrência, decorre da alteração introduzida no Decreto nº 7.892/13 pelo Decreto nº 8.250, de 23 de maio de 2014.

[12] JUSTEN FILHO, Marçal. *Comentários à Lei de Licitações e Contratos Administrativos*. 13. ed. São Paulo: Dialética, 2009.

instrumento convocatório. A licitação de técnica e preço, por sua vez, é excepcional, uma vez que, nesse caso, a seleção da proposta mais vantajosa pela Administração está vinculada, em princípio, à escolha de bem ou serviço que apresente a melhor qualidade técnica possível, levando-se em consideração o interesse público. A escolha entre os critérios dependerá, como se vê, da correta avaliação da necessidade da Administração no caso concreto.

O §2º do art. 7º, a seu turno, deixa expressamente consignado que na licitação para Registro de Preços não é necessária a indicação da dotação orçamentária, que só será exigida quando da celebração do contrato ou de outro instrumento hábil. Essa regra, que até a entrada em vigor do Decreto nº 7.892/13 não era prevista de forma expressa na regulamentação do Registro de Preços, incorpora a entendimento de variados estudiosos, como Tatiana Martins da Costa Camarão e Jorge Ulisses Jacoby Fernandes.[13] Segundo sustentavam os autores, antes mesmo de a questão estar disciplinada no Decreto Federal nº 7.892/13, é desnecessário que a Administração indique reserva orçamentária, tendo em vista que ela não está obrigada a celebrar contratos com os fornecedores de bens ou serviços cujos preços foram registrados.

Por sua vez, o *caput* do art. 8º do Decreto nº 7.892/13 trata do parcelamento do objeto da licitação em lotes, que se aplica quando houver vantajosidade para a Administração. Essa regra[14] está em consonância com o disposto no art. 23, §1º, da Lei nº 8.666/93, que determina que as obras, serviços e compras efetuadas pela Administração sejam divididos em tantas parcelas quantas se comprovarem técnica e economicamente viáveis, de modo que a licitação permita o melhor aproveitamento dos recursos disponíveis no mercado e a ampliação da competitividade sem perda da economia de escala.[15]

---

[13] FORTINI, Cristiana. Fracionamento da licitação. *In*: FORTINI, Cristiana. *Licitações e contratos*: aspectos relevantes. *In*: FORTINI, Cristiana; PEREIRA, Maria Fernanda Pires de Carvalho; CAMARÃO, Tatiana Martins da Costa. *Prefácio de José dos Santos Carvalho Filho*. 2. ed. ampl. Belo Horizonte: Fórum, 2008; e JACOBY FERNANDES, Jorge Ulisses. *Sistema de registro de preços e pregão presencial e eletrônico*. 5. ed. rev. atual. e ampl. Belo Horizonte: Fórum, 2013.

[14] O §1º do art. 23 da Lei nº 8.666/93, que trata do *fracionamento externo*, aplica-se às obras, compras e serviços efetuados pela Administração. Por sua vez, o §7º do citado art. 23, que trata do denominado *fracionamento interno*, é aplicável às compras de bens de natureza divisível.

[15] Cristiana Fortini, ao comentar a regra do art. 23, §1º, da Lei nº 8.666/93, assevera, de início, que o dispositivo em apreço não estabelece dever inafastável para a Administração, a se impor independentemente das variáveis do caso concreto. De fato, o fracionamento

Por sua vez, o §1º do art. 8º do Decreto nº 7.892/13, com a redação dada pelo Decreto nº 8.250/14, prevê que, em se tratando de serviços, a divisão em lotes, nos termos do *caput* do artigo, *considerará* a unidade de medida adotada para aferição dos produtos e resultados, observada a demanda específica de cada órgão ou entidade participante do certame.

Anteriormente, na redação original do parágrafo em exame, previa-se que a divisão em lotes ocorreria *necessariamente* em função da unidade de medida adotada para aferição dos produtos e resultados. Ou seja: diante da nova redação do §1º do art. 8º do Decreto nº 7.892/13, é possível que a divisão em lotes, no caso dos serviços, seja realizada em função de outras unidades de medida, para além daquela adotada para aferição de produtos e resultados.

Vale salientar, ainda, no que toca ao fracionamento de serviços, o disposto no §2º do art. 8º do Decreto nº 7.892, que determina que a Administração procure se abster da contratação de mais de um prestador do mesmo serviço em uma mesma localidade, com o fim de resguardar a responsabilidade contratual e o princípio da padronização.

Por outro lado, ainda no que toca à regra do §2º do art. 8º do Decreto nº 7.892/13, é concebível que, em situações específicas, após exame e ponderação de aspectos de conveniência e oportunidade, a Administração celebre contrato com mais de um fornecedor em uma mesma localidade, de modo a assegurar a desconcentração de mercado e para garantir a prontidão no atendimento das demandas da Administração.[16]

Partindo-se para análise do art. 9º do Decreto nº 7.892/13, verifica-se que o dispositivo elenca em rol não exaustivo os itens que devem ser previstos no edital da licitação para Registro de Preços, observadas as disposições da Lei nº 8.666/93 e da Lei nº 10.520/02.[17]

---

só será realizado se comprovadamente representar a solução mais consentânea com o interesse público. Por outro lado, divergindo do entendimento comum da doutrina, a autora comenta que a previsão do art. 23, §1º, não visa ampliar as vantagens econômicas da Administração – uma vez que o fracionamento não promoveria ganhos para os cofres públicos –, mas sim, favoreceria a participação de um maior grupo de licitantes no certame, observadas as finalidades próprias da licitação. (FORTINI, Cristiana. Fracionamento da licitação. *In:* FORTINI, Cristiana. *Licitações e contratos*: aspectos relevantes. *In:* FORTINI, Cristiana; PEREIRA, Maria Fernanda Pires de Carvalho; CAMARÃO, Tatiana Martins da Costa. *Prefácio de José dos Santos Carvalho Filho.* 2. ed. ampl. Belo Horizonte: Fórum, 2008).

[16] Convidamos o leitor a examinar o art. 31 da IN nº 5, de 26 de maio de 2017, do Ministério do Planejamento, Desenvolvimento e Gestão.

[17] Antes de proceder à análise dos itens do edital da licitação para Registro de Preços, cumpre ressaltar a importância do adequado planejamento da fase interna da licitação,

Devem constar do edital de licitação, no mínimo: definição da quantidade e da qualidade do objeto (incisos I a IV do art. 9º); condições para execução do contrato; prazo de validade do registro (que é de até 12 meses, incluídas eventuais prorrogações, nos termos do *caput* do art. 12 do Decreto e em consonância com o inciso III do §3º do art. 15 da Lei nº 8.666/93);[18] relação de órgãos e entidades participantes do Registro de Preços; planilha de custo; penalidades pelo descumprimento das condições para execução do contrato; minuta da Ata de Registro de Preços em anexo e realização de pesquisa periódica no mercado para comprovação da vantajosidade.

Quanto aos incisos do *caput* do art. 9º cabem alguns comentários.

Destarte, inovando em relação às disposições do Decreto nº 3.391/01, o inciso II do art. 9º do Decreto nº 7.892/13 determina a previsão, no edital do registro de Registro de Preços, do quantitativo a ser estimado a título de demanda pelo órgão gerenciador e pelos órgãos participantes.

No inciso III do mencionado art. 9º, faz-se remissão ao §4º do art. 22 do Decreto nº 7.892/13, para determinar a estimativa de quantidades a serem demandadas pelos órgãos não participantes (caronas). Como medida moralizante da Administração e em consonância com norma que determina a realização de licitação como regra geral (art. 37, XXI, da Constituição da República), o inciso III do art. 9º impõe a inclusão da perspectiva do carona, em até o dobro,[19] para fins

---

que delimita e determina as condições do instrumento convocatório antes de sua divulgação, de modo a assegurar o bom andamento do certame licitatório e de eventual contrato que dele resulte. Com efeito, a fase interna deve constituir momento de cauteloso planejamento e preparação do certame pela Administração, de forma a traduzir-se em um instrumento convocatório de qualidade. Nessa fase, deve-se conferir ênfase, por exemplo, à correta identificação da demanda da Administração, especificando-se o objeto de eventual contratação de forma clara, objetiva e sucinta, bem como à adequada elaboração da estimativa do valor da contratação, mediante criteriosa pesquisa de mercado, sempre em conformidade com o interesse público.

[18] Vale lembrar que o prazo de validade da ata não se confunde com o prazo de validade do contrato, que é regulado pelo art. 57 da Lei nº 8.666/93.

[19] Com o fim de limitar a possibilidade de adesão tardia à Ata de Registro de Preços, o inciso III do art. 9º do Decreto nº 7.892/13 remete ao disposto no §4º do art. 22 do mesmo diploma, que foi alterado pelo Decreto nº 9.488/18. Neste dispositivo está previsto que o instrumento convocatório deverá estabelecer que o quantitativo decorrente das adesões à Ata de Registro de Preços não poderá exceder, no total, ao dobro do quantitativo de cada item registrado na Ata de Registro de Preços para o órgão gerenciador e para os órgãos participantes, independentemente do número de órgãos não participantes que aderirem à ata. Com o mesmo escopo, o §3º do art. 22 estabelece que as aquisições ou contratações adicionais decorrentes da adesão tardia à Ata de Registro de Preços não poderão exceder,

de definição do quantitativo licitado.[20] Veja-se que anteriormente à mudança promovida pelo Decreto nº 9.488/18, previa-se limite global às adesões de até o quíntuplo dos quantitativos registrados, o que havia reverberado na multiplicação indesejada dos quantitativos registrados em ata. Nota-se que foi significativa a redução imposta.

Destaca-se que a redução dos quantitativos global (do quíntuplo para o dobro) e individual (de até 100% para até 50%) de adesão dos caronas à atas de registro de preços encontrou guarida no PL de nova lei de licitações, que prevê exatamente esses mesmos (e novos) quantitativos para as adesões, demonstrando afinidade com o posicionamento de críticos às adesões indiscriminadas. E uma vez mais, enfatiza-se que o assunto, ao ser disciplinado de forma nacional, evitará regras que oscilam de acordo com a norma do estado ou município.

Além das alterações nos quantitativos admitidos em regulamento, uma outra limitação às adesões se encontra no art. 22, §1º-A, do Decreto nº 7.892/13: os caronas devem não só consultar previamente o órgão gerenciador da ata sobre a possibilidade de adesão, como também devem realizar estudo que demonstre o ganho de eficiência, a viabilidade e a economicidade da adesão. O §1º-B do art. 22 do Decreto nº 7.892/13 estipula que o estudo realizado pelo carona deve ser aprovado pelo órgão gerenciador.

---

por órgão ou entidade, a 50% dos itens do instrumento convocatório registrados na Ata de Registro de Preços para o órgão gerenciador e para os órgãos participantes. Antes das modificações introduzidas pelo Decreto nº 9.488/18, o limite individual era de até 100% dos quantitativos registrados.

[20] Para Jorge Ulisses Jacoby Fernandes, é razoável que a Administração não preveja no edital a estimativa para adesões, uma vez que a adesão de não participantes é superveniente e pode provir de esferas político-administrativas distintas daquela em que se realiza o certame. O autor entende que quanto mais adesões ocorrerem melhor para o fornecedor, mas, sobretudo, melhor para a Administração, que, por meio de um só certame, reduziria os custos da licitação, em consonância com o princípio da eficiência, especialmente em seus aspectos de economicidade, celeridade e presteza. Cumpre ressaltar, para além dos comentários do autor, que a figura do carona é extremamente controversa na doutrina e na jurisprudência administrativista. Dentre as controvérsias, como bem apontam Fortini, Pereira e Camarão, está aquela que versa sobre os limites e possibilidades da adesão tardia à Ata de Registro de Preços entre os diferentes entes político-administrativos. (JACOBY FERNANDES, Jorge Ulisses. *Sistema de registro de preços e pregão presencial e eletrônico*. 5. ed. rev. atual. e ampl. Belo Horizonte: Fórum, 2013); e (FORTINI, Cristiana; PEREIRA, Maria Fernanda Pires de Carvalho; CAMARÃO, Tatiana. Dos aspectos polêmicos da adesão tardia a atas de registro de preços. *In*: BICALHO, Alécia Paolucci Nogueira; DIAS, Maria Tereza Fonseca (Coord.). *Contratações públicas*: estudos em homenagem ao Professor Carlos Pinto Coelho Motta. Belo Horizonte: Fórum, 2013).

Essas exigências emulam previsão contida no art. 85 do PL nº 1.292/1995, segundo o qual a adesão dos caronas à ata de registro de preço fica condicionada, entre outros requisitos, à apresentação de justificativa da vantagem da adesão, inclusive em situações de provável desabastecimento ou descontinuidade de serviço público, além de prévia consulta e aceitação por parte do órgão ou entidade gerenciadora e do fornecedor.

Na perspectiva de quem gerencia, o conhecimento dos estudos produzidos pelos caronas pode instrumentalizar o controle das adesões. Entretanto, não se vislumbra sentido na necessidade de aprovação de tais estudos pelo órgão gerenciador, uma vez que se está a tratar de demanda específica do órgão/ente que pleiteia a adesão, sobre a qual o órgão gerenciador pode não ter maiores subsídios para opinar, mormente em vista dos elementos fáticos e jurídicos subjacentes à solicitação.

Quanto ao inciso X do *caput* do art. 9º, que impõe a obrigatoriedade da divulgação da minuta de Ata de Registro de Preços, verifica-se inovação benéfica em relação à normatização do Decreto nº 3.391/01, que não apresentava norma semelhante. Trata-se, como se vê, de regra que visa prestigiar o princípio constitucional da publicidade em favor de uma atuação mais transparente do Poder Público.

Também se destaca a regra do §1º art. 9º, que determina que o edital poderá prever, como critério de julgamento do certame, o menor preço aferido na oferta de desconto sobre tabela de preços praticada no mercado.

Outra importante inovação trazida pelo Decreto nº 7.892/13 é aquela contida no §3º de seu art. 9º, segundo o qual a estimativa de até o dobro para adesão dos caronas, como limite global, não será considerada para fins de habilitação técnica e econômico-financeira do licitante. A previsão é salutar, pois a adesão do carona constitui apenas uma possibilidade que poderá se concretizar ou não, não sendo razoável exigir do licitante um padrão elevado de habilitação ao levar-se em consideração uma possível, mas incerta, adesão de caronas à Ata de Registro de Preços.

Cabe salientar, ainda, que, por força do Decreto nº 8.250/14, foi incluído o §4º no artigo 9º do Decreto nº 7.892/13, para determinar que o exame e a aprovação das minutas do instrumento convocatório do Registro de Preços, e do contrato dele decorrente, caberão exclu-sivamente à assessoria jurídica do órgão gerenciador. O dispositivo em análise encontra fundamento no parágrafo único do art. 38 da Lei nº 8.666/93, que prevê: "As minutas de editais de licitação, bem como as dos contratos, acordos, convênios ou ajustes devem ser previamente examinadas e aprovadas por assessoria jurídica da Administração".

Nesse sentido, adota-se, neste trabalho, o correto entendimento de Joel de Menezes Niebuhr,[21] para quem a Ata de Registro de Preços, enquanto ajuste com natureza jurídica de pré-contrato – logo, "espécie de ajuste ou algo congênere a contrato, ainda que com ele não se confunda",[22] também deve ser assinada e aprovada pela assessoria jurídica, conquanto não seja expressamente mencionada no §4º do art. 9º do Decreto nº 7.892/13 ou no parágrafo único do art. 38 da Lei nº 8.666/13. Não poderia ser outra a conclusão, sob pena de se compactuar com inconsistências no regramento do rito do Registro de Preços.

Por fim, o art. 10 do Decreto nº 7.892/13 traz norma inovadora em relação às previsões do Decreto nº 3.391/01: trata-se da possibilidade de manifestação dos licitantes após o encerramento da etapa competitiva do certame, no sentido de reduzir os seus preços ao valor da proposta do licitante mais bem classificado.

Em conformidade com a lição de Jorge Ulisses Jacoby Fernandes (2013),[23] considera-se a regra em comento salutar, uma vez que ela permite o Registro dos Preços dos licitantes que aceitarem fornecer pelo preço do primeiro classificado. Nesse caso, na hipótese de a execução do contrato pelo fornecedor mais bem colocado no certame restar frustrada, a Administração pode se valer dos bens/serviços ofertados pelos demais participantes da licitação, obtendo-os pelo mesmo preço do licitante vencedor.

3 Considerações finais

Diante das considerações tecidas ao longo deste trabalho, observa-se que o Decreto nº 7.892/13, que regulamenta o Sistema de Registro de Preços previsto no art. 15 da Lei nº 8.666/93, trouxe

---

[21] NIEBUHR, Joel de Menezes. *Licitação pública e contrato administrativo*. 3. ed. rev. e ampl. Belo Horizonte: Fórum, 2013.

[22] NIEBUHR, Joel de Menezes. *Licitação pública e contrato administrativo*. 3. ed. rev. e ampl. Belo Horizonte: Fórum, 2013. p. 609.

[23] JACOBY FERNANDES, Jorge Ulisses. *Sistema de registro de preços e pregão presencial e eletrônico*. 5. ed. rev. atual. e ampl. Belo Horizonte: Fórum, 2013.

normatização mais adequada à implementação desse relevante instrumento de consecução do interesse público.

Observa-se que o Decreto nº 7.892/13 revela esforço de sistematização das normas sobre Registro de Preços, bem como deixa transparecer a preocupação do Poder Público em reduzir os questionamentos gerados pelo Decreto nº 3.391/01.

No entanto, em que pesem os avanços, a regulamentação do Registro de Preços continua sendo analisada e discutida pela doutrina e jurisprudência administrativista, sobretudo no que toca a pontos cruciais que ainda não foram pacificados no entendimento dos estudiosos, com destaque para a figura do carona e da possibilidade de utilização do Registro de Preços para licitar obras e serviços de engenharia.

Com a possível promulgação da nova lei geral de licitações e contratos administrativos, novos desafios surgirão diante de um novo marco legal que busca consolidar entendimentos de estudiosos e de julgadores especializados nas matérias do direito administrativo e que, ao contrário da econômica regulamentação da Lei nº 8.666/93, pretende normatizar o registro de preços com significativamente mais detalhes.

Nesse cenário, é dever do estudioso do direito administrativo debruçar-se sobre as questões suscitadas a partir da exegese do Decreto nº 7.892/13, de modo a conferir a este importante mecanismo de atuação da Administração Pública a maior efetividade possível.

Referências

BANDEIRA DE MELLO, Celso Antônio. *Curso de direito administrativo*. 28. ed. São Paulo: Malheiros, 2011.

BATISTA JÚNIOR, Onofre Alves. *Princípio constitucional da eficiência administrativa*. 2. ed. rev. e atual. Belo Horizonte: Fórum, 2012.

BITTENCOURT, Sidney. *Algumas novidades trazidas pela nova regulamentação do pregão eletrônico*: o Decreto nº 10.024, de 20 de setembro de 2019. Observatório da Nova Lei de Licitações, 2019. Disponível em: http://www.novaleilicitacao.com.br/2019/11/21/algumas-novidades-trazidas-pela-nova-regulamentacao-do-pregao-eletronico-o-decreto-no-10-024-de-20-de-setembro-de-2019/. Acesso em 14 dez. 2019.

FERRAZ, Luciano. Função regulatória da licitação. *Revista Eletrônica de Direito Administrativo Econômico – REDAE*, Salvador, Instituto Brasileiro de Direito Público, n. 19, ago./out. 2009. Disponível em: http://www.direitodoestado.com/revista/redae-19-agosto-2009-luciano-ferraz.pdf. Acesso em 27 jan. 2014.

FORTINI, Cristiana. Fracionamento da licitação. *In:* FORTINI, Cristiana. *Licitações e contratos:* aspectos relevantes. *In:* FORTINI, Cristiana; PEREIRA, Maria Fernanda Pires de Carvalho; CAMARÃO, Tatiana Martins da Costa. *Prefácio de José dos Santos Carvalho Filho.* 2. ed. ampl. Belo Horizonte: Fórum, 2008.

FORTINI, Cristiana; PEREIRA, Maria Fernanda Pires de Carvalho; CAMARÃO, Tatiana. Dos aspectos polêmicos da adesão tardia a atas de registro de preços. *In:* BICALHO, Alécia Paolucci Nogueira; DIAS, Maria Tereza Fonseca (Coord.). *Contratações públicas:* estudos em homenagem ao Professor Carlos Pinto Coelho Motta. Belo Horizonte: Fórum, 2013.

JACOBY FERNANDES, Jorge Ulisses. *Sistema de Registro de Preços e pregão presencial e eletrônico.* 5. ed. rev. atual. e ampl. Belo Horizonte: Fórum, 2013.

JUSTEN FILHO, Marçal. *Comentários à Lei de Licitações e Contratos Administrativos.* 13. ed. São Paulo: Dialética, 2009.

NIEBUHR, Joel de Menezes. *Licitação pública e contrato administrativo.* 3. ed. rev. e ampl. Belo Horizonte: Fórum, 2013.

PIRES, Maria Coeli Simões; COSTA, Mila Batista Leite Corrêa da. Sustentabilidade, licitação e pós-modernidade: pluridimensionalidade e releituras necessárias. *In:* BICALHO, Alécia Paolucci Nogueira; DIAS, Maria Tereza Fonseca (Coord.). *Contratações públicas:* estudos em homenagem ao Professor Carlos Pinto Coelho Motta. Belo Horizonte: Fórum, 2013.

Informação bibliográfica deste texto, conforme a NBR 6023:2018 da Associação Brasileira de Normas Técnicas (ABNT):

VIEIRA, Ariane Shermam Morais. Breves considerações sobre a licitação para Registro de Preços à luz do Decreto Federal nº 7.892/13. *In:* FORTINI, Cristiana (Coord.). *Registro de Preços:* análise crítica do Decreto Federal nº 7.892/13, com as alterações posteriores. 3. ed. rev., ampl. e atual. Belo Horizonte: Fórum, 2020. p. 125-141. ISBN 978-65-5518-038-1.

DISPENSA DE LICITAÇÃO
PARA FINS DE REGISTRO DE PREÇOS

Um barco, no ancoradouro, está seguro.
Mas não é para isso que os barcos são feitos.

William Shedd

RONNY CHARLES L. DE TORRES

1 Introdução

O presente artigo objetiva realizar uma breve análise sobre a "dispensa de licitação para fins de registro de preços", como expressamente indicado pelo texto da Medida Provisória nº 951, publicada no dia 15 de abril de 2020.

A referida Medida Provisória, ao incluir três novos parágrafos ao artigo 4º, trouxe interessantes novidades ao regime jurídico licitatório, merecendo reflexão sobre os contornos jurídicos relacionados e, sobretudo, os reflexos econômicos decorrentes desta alteração.

Mas, antes de analisarmos as inovações propostas pela MP e seus reflexos, convém abordar algumas nuances do Sistema de Registro de Preços, importantes, inclusive, para que se tenha a devida compreensão crítica da mudança proposta.

2 Sistema de Registro Preços

Primeiramente, é importante compreender o que realmente é o Sistema de Registro de Preços, ferramenta que "surgiu para dinamizar e tornar mais eficientes as contratações públicas".[1] Ele é um procedimento auxiliar que pode ser utilizado para facilitar a atuação da Administração em relação a futuras prestações de serviços e aquisição gradual de bens. Utilizando esse procedimento, o fornecedor terá seus preços registrados, para que ulteriores necessidades de contratação sejam dirigidas diretamente a ele, de acordo com os preços aferidos e os bens ou serviços registrados.

Na prática, ele é um procedimento que objetiva o registro formal de preços, vinculando o fornecedor para contratações futuras, por um determinado período. Não à toa que a previsão legal do SRP consta no artigo 15 da Lei nº 8.6665/93, que trata justamente sobre compras. Sua vocação envolve a substituição do modelo tradicional de contratação pública, que exigia armazenamento dos produtos, por um modelo de contratação sob demanda, *just in time*. Percebendo isso, Jessé Torres Pereira Júnior e Marinês Restelatto Dotti indicam o SRP como instrumento importante para evitar a formação de estoques ociosos, servindo aos órgãos públicos comprometidos com eficiência e eficácia.[2] Também nessa linha, Sidney Bittencourt, ao lembrar que o SRP se baseia no conceito do sistema *just in time*, segundo o qual a compra ou a contratação deve ocorrer apenas quando exista a efetiva necessidade, explica com razão que ele pode gerar uma redução nos gastos de armazenagem e estoque pela Administração.[3]

Esse procedimento auxiliar também é útil para superar dificuldades relacionadas aos contingenciamentos orçamentários e ao fracionamento ilegal de despesas, além de ser instrumento comumente utilizado na colaboração entre órgãos administrativos, através das chamadas compras compartilhadas, o que permite ganhos de escala e de celeridade.

---

[1] FORTINI, Cristiana; ROMANELLI, Fernanda Piaginni. Aspectos gerais, a intenção para registro de preços (IRP) e considerações sobre órgãos envolvidos. *In*: FORTINI, Cristiana (Coord.). *Registro de Preços*: análise da Lei nº 8.666/93, do Decreto Federal nº 7.892/2013 e de outros atos normativos. 2. ed. Belo Horizonte: Fórum, 2014. p. 41.

[2] PEREIRA JÚNIOR, Jessé Torres; DOTTI, Marinês Restelatto. *Limitações constitucionais da atividade contratual da administração pública*. Sapucaia do Sul: Notadez, 2011. p. 291.

[3] BITTENCOURT, Sidney. *Contratando sem licitação*. São Paulo: Almedina, 2016. p. 198.

De acordo com o regulamento federal, o Sistema de Registro de Preços deverá ser adotado nas seguintes hipóteses:

- quando, pelas características do bem ou serviço, houver necessidade de contratações frequentes;
- quando for conveniente a aquisição de bens com previsão de entregas parceladas ou contratação de serviços remunerados por unidade de medida ou em regime de tarefa;
- quando for conveniente a aquisição de bens ou a contratação de serviços para atendimento a mais de um órgão ou entidade, ou a programas de governo; ou
- quando, pela natureza do objeto, não for possível definir previamente o quantitativo a ser demandado pela Administração.

Entendemos que o elenco descrito pelo regulamento não é taxativo,[4] podendo ser aventadas outras hipóteses para utilização do procedimento auxiliar, desde que devidamente justificadas. O contingenciamento e a liberação de recursos no fim do exercício financeiro, muitas vezes com tempo insuficiente para a realização do procedimento licitatório, é uma situação prática que pode ser contornada pelo gestor precavido, com a realização do certame, para registro de preços, antevendo a futura liberação de recursos.

Por outro lado, é importante pontuar que as características do Sistema de Registro de Preços nem sempre são compatíveis com determinadas pretensões administrativas. O Tribunal de Contas da União, por exemplo, tem advertido que o sistema de registro de preços não é aplicável em algumas situações em que o objeto não é padronizável.[5] O Tribunal também já advertiu que a utilização do SRP é possível quando for conveniente para a Administração contratante realizar várias aquisições do objeto licitado (entrega parcelada dos produtos), mas não o seria para com aquisições em que são demandadas partes do objeto licitado (entrega de parcelas do produto). Segundo o relator, Ministro-Substituto Marcos Bemquerer, a primeira ocorreria quando são demandadas várias aquisições do objeto licitado na configuração em que prevista pelo órgão responsável pelo Sistema de Registro de Preços (o que seria admitido); a segunda, que o relator entende

---

[4] TORRES, Ronny Charles Lopes de. *Leis de licitações públicas comentadas*. 10. ed. Salvador: JusPodivm, 2019. p. 186.

[5] Acórdão nº 1712/2015 – Plenário.

não ser albergada pela legislação, envolveria aquisições em que são demandadas partes do objeto licitado em quantitativos diferentes daqueles inicialmente previstos.[6]

É relevante destacar algumas características do SRP, com breves apontamentos, para posteriormente vislumbrarmos os seus reflexos em relação à adoção da Dispensa prevista pela Lei Federal nº 13.979/2020, mediante registro de preços, em ações voltadas ao combate da Pandemia decorrente da COVID-19.

2.1 Desnecessidade de prévia dotação orçamentária

A prévia dotação orçamentária é dispensada quando se utiliza o Sistema de Registro de Preços. Isso é admitido porque o SRP não objetiva diretamente uma contratação, mas apenas o registro formal de preços, que pode produzir (ou não) futuras contratações. Assim, a indicação da dotação orçamentária apenas se torna necessária quando da efetivação da contratação, com a formalização do contrato ou de instrumento equivalente.

Sidney Bittencourt e Flávia Vianna observam esta característica com vantajosa, pois permite que a "administração efetue licitações antes mesmo da aprovação do orçamento anual, deixando tudo pronto para que, tão logo o orçamento seja aprovado, imediatamente solicite o objeto registrado".[7]

Convém ponderar, contudo, que a desnecessidade de prévia dotação orçamentária não pode justificar a utilização irresponsável do SRP, quando sabida a ausência de recursos para a efetivação das ulteriores contratações.

Outrossim, a desnecessidade de prévia dotação orçamentária não autoriza *per si* a não realização de estimativa de custos para identificar um preço de referência em relação àquilo que se pretende contratar.

---

[6]   Acórdão nº 125/2016 – Plenário.
[7]   BITTENCOURT, Sidney; VIANNA, Flavia. O Sistema de Registro de Preços. *In*: TORRES, Ronny Charles L. de (Coord.). *Licitações Públicas*: homenagem ao jurista Jorge Ulisses Jacoby Fernandes. Curitiba: Negócios Públicos, 2016.

2.2 Facultatividade da contratação

Uma vez registrados os preços, o respectivo fornecedor não detém direito à contratação (adjudicação compulsória), pois a concretização do contrato é facultativa. Em outras palavras, a existência de preços registrados não obriga a administração pública a firmar os contratos que deles poderão advir. Jacoby Fernandes adverte que esta ausência de obrigatoriedade não legitima a indicação de quantidades equivocadas fora da intenção real de aquisição, pois, com o tempo, tal conduta afastaria bons fornecedores das licitações para registro de preços.[8]

De outro lado, persiste durante toda a validade da ARP o compromisso do fornecedor em relação aos bens e serviços registrados, nas condições e, inclusive nos preços, ali definidos.

Em sentido contrário, o órgão gerenciador ou os órgãos participantes podem, mesmo durante a validade da ata, realizar licitação específica ou outras contratações, deixando de contratar aquilo que fora registrado na Ata. De qualquer forma, embora a efetivação da contratação dos fornecedores registrados na ata seja facultativa, há preferência ao licitante com preços registrados, caso seus valores sejam iguais ou menores aos da outra pretendida contratação.

Convém então refletir que o fornecedor, no Sistema de Registro de Preços, percebe a existência de "riscos" que impactam em sua avaliação do custo da contratação, notadamente, a vinculação ao compromisso de fornecimento por toda a vigência da ata e a não obrigatoriedade de contratação pelos órgãos gerenciador e participantes. Esses riscos agregam-se a diversos outros elementos, como risco de inadimplência, risco de oscilação dos preços, risco de desabastecimento, risco de competitividade do mercado, entre outros, o que influencia a precificação ofertada.

2.3 Formação da Ata de Registro de Preços

Uma característica marcante do Sistema de Registro de Preços é que ele não se propõe diretamente a uma contratação, mas à formação

---

[8] FERNANDES, Jorge Ulisses Jacoby. *Sistema de Registro de Preços e Pregão Presencial e Eletrônico*. 4. ed. Belo Horizonte: Fórum, 2011. p. 179-181.

de um documento vinculativo, de natureza obrigacional, denominado Ata de Registro de Preços.

Ata de registro de preços é o documento vinculativo, obrigacional, com característica de compromisso para futura contratação, onde se registram preços, fornecedores, órgãos participantes e condições a serem praticadas, conforme as disposições contidas no instrumento convocatório e propostas apresentadas.

Importante perceber que a Ata não equivale ao contrato.[9] Sua função específica está relacionada ao registro dos preços aferidos pelo certame, os quais vinculam a empresa durante o período de vigência do instrumento. Assim, não é tecnicamente correta a atitude de utilizar a Ata para regramento das obrigações contratuais, como se fosse contrato. Neste documento, entre outras coisas, são identificados as especificações e os valores dos bens e serviços, bem como os fornecedores, os quais restarão compromissados com a eventual contratação.

A Lei nº 8.666/93 impôs, expressamente, o limite de um ano, como prazo de validade do registro. De acordo com o TCU, o estabelecimento do prazo de validade da Ata do Sistema de Registro de Preços é competência privativa da União, tendo em vista a sua fixação em norma de caráter geral.[10]

Após a homologação do resultado, deve o órgão gerenciador, respeitada a ordem de classificação e a quantidade de fornecedores a registrar, convocar os interessados para assinatura da ata de registro de preços, a qual, após cumpridos os requisitos de publicidade, terá efeito de compromisso de fornecimento nas condições estabelecidas. Assim, a publicação da Ata é o marco inicial de sua validade e eficácia.[11]

2.4 Utilização para atendimento de diversas pretensões contratuais

O Sistema de Registro de Preços permite que uma única licitação reúna pretensões contratuais de diversos órgãos/entes públicos.

---

[9] BITTENCOURT, Sidney. *Licitação de registro de preços*: comentários ao decreto nº 7.892, de 23 de janeiro de 2013. 5. ed. Belo Horizonte: Fórum, 2015. p. 47.

[10] TCU. Acórdão nº 2368/2013-Plenário, TC nº 035.358/2012-2, relator Ministro Benjamin Zymler, 4.9.2013. Info 167.

[11] TCU. Acórdão nº 1401/2014-Plenário, relator Ministro Augusto Sherman Cavalcanti, 28.5.2014.

Inicialmente, ele tem, do lado da Administração, o "órgão gerenciador", responsável pela condução do certame e pelo gerenciamento da ata de registro de preços decorrente, e o "órgão participante",[12] que atua nos procedimentos iniciais e integra a Ata de Registro de Preços, incluindo a sua pretensão contratual no certame conduzido pelo órgão gerenciador. O Decreto Federal nº 8.250, de 2.014, ainda incluiu a figura do "órgão participante de compra nacional", o qual pode ser contemplado no registro de preços, independentemente de manifestação formal.

Dessa forma, temos, em princípio, as seguintes figuras, participando do registro de preços:

- Órgão gerenciador: "órgão ou entidade da administração pública federal responsável pela condução do conjunto de procedimentos para registro de preços e gerenciamento da ata de registro de preços dele decorrente";
- Órgão participante: "órgão ou entidade da administração pública que participa dos procedimentos iniciais do Sistema de Registro de Preços e integra a ata de registro de preços";
- Órgão participante de compra nacional: "órgão ou entidade da administração pública que, em razão de participação em programa ou projeto federal, é contemplado no registro de preços, independentemente de manifestação formal".

Em relação ao órgão participante de compra nacional, este conceito se apresenta como uma novidade acrescida ao Decreto federal nº 7.892/2013, pelo Decreto Federal nº 8.250/2014, que teve como objetivo facilitar a utilização do SRP para a execução de programas ou projetos federais, superando os limites estabelecidos pelo próprio Decreto (e reclamado pelos órgãos de controle) para a adesão. Assim, como explica Sidney Bittencourt, seria possível inserir esses órgãos na Ata de Registro de Preços sem a necessidade de se manifestarem formalmente.[13] Outras unidades federativas adotam sistemática semelhante; o Estado de Pernambuco, por exemplo, em seu Decreto estadual nº 42.530/2015, ao regulamentar o SRP, previu a Ata de

---

[12] O Decreto Federal nº 8.250, de 2.014, alterou o conceito de órgão participante, modificando a redação anterior, cujo texto literal o restringia à esfera federal, para admitir que o órgão participante pertença a outra esfera federativa.

[13] BITTENCOURT, Sidney. *Licitação de registro de preços*: comentários ao decreto nº 7.892, de 23 de janeiro de 2013. 5. ed. Belo Horizonte: Fórum, 2015. p. 53.

Registro de Preços Corporativa, que seria aquela em que todos os órgãos e entidades pernambucanos submetidos ao Decreto podem constar como participantes, "independentemente da manifestação de interesse desses órgãos e entidades".[14]

Além desses, o Sistema apresenta, ainda, a possibilidade de um órgão que não tenha sido incluído na origem do procedimento, aderir à Ata de Registro de Preços. É o chamado "carona". O novo regulamento federal do SRP, Decreto federal nº 7.892/2013, manteve a previsão do carona, denominando-o "órgão não participante", o qual teria a seguinte definição:

- "Órgão ou entidade da administração pública que, não tendo participado dos procedimentos iniciais da licitação, atendidos os requisitos desta norma, faz adesão à Ata de Registro de Preços".

Assim, os órgãos e entidades não participantes, desejosos de fazer uso da Ata de Registro de Preços, devem manifestar o seu interesse junto ao órgão gerenciador, para que este indique os possíveis fornecedores e os respectivos preços. Cabe ao fornecedor, observadas as condições estabelecidas na Ata de Registro de Preços, optar pela aceitação ou não do fornecimento, desde que não haja prejuízo às obrigações anteriormente assumidas (em favor dos órgãos gerenciador e participantes).[15]

3 A dispensa de licitação para registro de preços

Após esta síntese sobre características do Sistema de Registro de Preços, convém adentrar a inovação denominada "Dispensa de licitação para registro de preços".

No mês de abril de 2020 foi publicada a Medida Provisória nº 951, que fez interessantes alterações na redação original da Lei nº 13.979/2020. Entre outras modificações, a MP acresceu os seguintes dispositivos ao artigo 4º e 4º-G da referida Lei:

---

[14] Decreto estadual nº 42.530, de 22 de dezembro de 2015.

[15] TORRES, Ronny Charles Lopes de. *Leis de licitações públicas comentadas*. 10. ed. Salvador: JusPodivm, 2019. p. 202.

Art. 4º. (...)

§4º Na hipótese de dispensa de licitação de que trata o caput, quando se tratar de compra ou contratação por mais de um órgão ou entidade, o sistema de registro de preços, de que trata o inciso II do caput do art. 15 da Lei nº 8.666, de 21 de junho de 1993, poderá ser utilizado.

§5º Na hipótese de inexistência de regulamento específico, o ente federativo poderá aplicar o regulamento federal sobre registro de preços.

§6º O órgão ou entidade gerenciador da compra estabelecerá prazo, contado da data de divulgação da intenção de registro de preço, entre dois e quatro dias úteis, para que outros órgãos e entidades manifestem interesse em participar do sistema de registro de preços nos termos do disposto no §4º e no §5º".

Com a alteração normativa transcrita anteriormente, criou-se a "Dispensa de licitação para Registro de Preços", com base na hipótese de contratação direta prevista pelo caput do artigo 4º da Lei nº 13.979/2020, que admite a dispensa de licitação "para aquisição de bens, serviços, inclusive de engenharia, e insumos destinados ao enfrentamento da emergência de saúde pública de importância internacional decorrente do coronavírus".

Convém lembrar que antes, no regime geral de licitações, o Sistema de Registro de Preços apenas era admitido nas licitações realizadas sob as modalidades concorrência ou pregão.[16] Assim, até então, o uso deste procedimento auxiliar não era admitido em contratações diretas, mas apenas em algumas das modalidades previstas de licitação.[17]

A utilização deste procedimento auxiliar em hipóteses de contratação direta, notadamente através da dispensa, envolve contornos diferentes que precisam ser ponderados. Como a hipótese vincula-se à dispensa prevista no caput do artigo 4º da referida Lei, cuja aplicação é transitória e marcada pelas excepcionalidades que marcam este período de ações de combate à COVID-19, algumas nuances ainda mais específicas podem surgir.

---

[16] Fora do regime geral, admite-se também a utilização do procedimento auxiliar "Sistema de Registro de Preços" no Regime Diferenciado de Contratações (RDC) da Lei nº 12.462/2011 e no Regime licitatório da Lei das Estatais (Lei nº 13.303/2016).

[17] BOAVENTURA, Carmem. *Reflexões ao novo panorama envolvendo o sistema de registro de preços*. Disponível em: https://www.direitosdolicitante.com/artigo-2020-04-19.pdf. Acesso em 19 abr. 2020

Nos tópicos a seguir, de forma sucinta, trataremos sobre alguns aspectos relacionados a esses dispositivos:

3.1 Possibilidade de utilização compartilhada da dispensa

Segundo o texto da MP nº 951/2020, "quando se tratar de compra ou contratação por mais de um órgão ou entidade" a hipótese de dispensa prevista no caput do artigo 4º poderá utilizar o Sistema de Registro de Preços.

O texto da Lei nº 8.666/93 foi aprovado adotando plataforma similar à do Decreto-Lei nº 2.300/86, motivo pelo qual o seu texto não foi conectado ao já iniciado desenvolvimento das tecnologias de comunicação e pesquisa pela rede (internet).[18] Thiago Marrara ilustra muito bem ao comentar que ela "nasceu sob o império do telefone fixo, das correspondências por carta, das páginas amarelas e da comparação manual de preços em cadernetas de papel".[19] O texto burocrático e analógico da Lei nº 8.666/93 é isolacionista e ignora a mudança comportamental gerada pela comunicação em rede, caracterizada pelo verbo "compartilhar. Por conta disso, a Lei Geral de Licitações percebe a contratação pública como uma relação isolada entre o órgão licitante e o fornecedor, desprezando o mundo virtual e a conectividade a ele inerente.

Foi com a regulamentação infralegal do Sistema de Registro de Preços que este procedimento auxiliar passou a ser aplicado para o compartilhamento de processos licitatórios, nos quais órgão gerenciador e órgãos participantes reuniriam suas pretensões contratuais[20] para realizar uma licitação. Importante perceber que essa

---

[18] TORRES, Ronny Charles Lopes de. *Leis de licitações públicas comentadas*. 10. ed. Salvador: JusPodivm, 2019. p. 247.

[19] MARRARA, Thiago. Licitações na União Europeia (III): instrumentos de contratação agregada e de contratação eletrônica. *Revista Direito do Estado*, n. 146, ano 2016. Disponível em: http://www.direitodoestado.com.br/colunistas/thiago-marrara/licitacoes-na-uniao-europeia-iii-instrumentos-de-contratacao-agregada-e-de-contratacao-eletronica. Acesso em 28 set. 2016.

[20] O conceito de pretensão contratual representa a necessidade (ou o objetivo) de contratação da Administração (enquanto órgão ou ente público que concretamente busca uma contratação), que pode ser dividida em parcelas ou itens autônomos, tornando-se, cada um, o "objeto da licitação". (TORRES, Ronny Charles Lopes de. *Leis de licitações públicas comentadas*. 10. ed. Salvador: JusPodivm, 2019. p. 45).

mudança comportamental não foi dada pelo texto da Lei nº 8.666/93, mas pela regulamentação infralegal.

Isso pode instigar o questionamento: seria necessária previsão legal para se estabelecer o compartilhamento de um procedimento de contratação? Desde outrora, entendemos que não:

> Importante registrar, contudo, que a característica do SRP, de permitir contratações compartilhadas, com expressa previsão dos chamados órgãos participantes, não consta na Lei nº 8.666/93, mas sim, nos regulamentos específicos. Assim, não há vedação legal que prejudique que regulamentação federal ou mesmo regulamentações estaduais e municipais estabeleçam hipóteses de licitações compartilhadas, no âmbito de suas competências, mesmo fora do SRP.
>
> No que pese a omissão regulamentar, não nos parece absurda a hipótese de reunião de pretensões contratuais em um único certame, mesmo sem a adoção do Sistema de Registro de Preços (SRP). Caso contrário, restringir-se-ia a importante técnica de contratação compartilhada, nas pretensões tidas como incompatíveis com o SRP. Convém frisar que, embora não seja essa a nossa opinião, há forte corrente que veda a utilização do Sistema de Registro de Preços para obras, mesmo despidas de complexidade, como construção de casas padronizadas e pavimentação de ruas.
>
> Ora, se as licitações compartilhadas do SRP foram estabelecidas por Decreto, não constando na Lei nº 8.666/93, porque novos regulamentos, inclusive de outras esferas federativas, não podem definir outras possibilidades de licitações compartilhadas? Entendemos que é possível, sim, o estabelecimento desta modelagem.[21]

Em princípio, ressalvada alguma expressa vedação normativa, nada obsta que uma licitação seja realizada por um órgão, resultando em contratações diversas para mais de um órgão ou entidade. Inexiste expressa vedação legal à utilização das licitações ou contratações de maneira compartilhada; existe, sim, certa omissão regulamentar e uma acomodação a antigas práticas que não mais se justificam no tempo.

Com as facilidades de compartilhamento de informações e conectividades inerente ao ambiente de comunicação em rede, compartilhar não apenas as compras, mas os procedimentos que as antecedem,

---

[21] TORRES, Ronny Charles Lopes de. *Leis de licitações públicas comentadas*. 10. ed. Salvador: JusPodivm, 2019. p. 248-249.

pode ser uma medida simples com enorme repercussão na eficiência das contratações públicas.

Sob o ponto de vista material, as licitações compartilhadas representam pactos de colaboração ou legítimas delegações de competência para a prática de determinados atos, mesmo que fora do Sistema de Registro de Preços.

O Direito Administrativo brasileiro deve evoluir para compreender que as clássicas amarras da legalidade estrita não se justificam mais em sua integralidade. Há que se registrar o avanço da legalidade administrativa para um novo sentido, o da juridicidade, que representa um conceito maior, ultrapassando a compreensão tradicional para vincular a Administração Pública ao ordenamento jurídico como um todo e não apenas à Lei, o que permite uma margem maior de autonomia, dentro dos limites apresentados pelo ordenamento constitucional para a satisfação das diretrizes apresentadas por ele.

Como explica Raquel Carvalho, o necessário desenvolvimento de técnicas de gestão pública, a simplificação de procedimentos (desburocratização), a flexibilização da execução de políticas públicas, o uso preferencial de processos convencionais e a garantia de estabilização mínima das relações jurídicas surgiram como valor fundamental para modificar essa base filosófica que fundamentou a limitação estatal através da legalidade.[22] Seguindo essa linha, Rafael Carvalho lembra que "a ideia liberal-positivista de que a lei deve ser exaustiva e a atuação do Executivo meramente executiva ou regulamentar (vinculação positiva do administrador à lei), e não criativa, não se coaduna com a realidade atual".[23] No mesmo sentido, o Jurista e Ministro do STF, Luís Roberto Barroso, outrora já afirmava que "o administrador pode e deve atuar tendo por fundamento direto a Constituição e, independentemente, em muitos casos, de qualquer manifestação do legislador ordinário".[24]

---

[22] CARVALHO, Raquel Melo Urbano de. *Curso de Direito Administrativo*. Salvador: JusPodivm, 2008. v. I, p. 44.

[23] OLIVEIRA, Rafael Carvalho Rezende. *A constitucionalização do direito administrativo*: o princípio da juridicidade, e a releitura da legalidade administrativa e a legitimidade das agências reguladoras. Rio de Janeiro: Lumem Juris, 2007. p. 72-73.

[24] BARROSO, Luís Roberto. Neoconstitucionalismo e Constitucionalização do Direito (o triunfo tardio do direito constitucional no Brasil). *Revista de Direito Administrativo*, São Paulo, n. 240, p. 7-45, 2001.

A ideia convencional de legalidade como dupla vinculação do administrador à lei em sentido estrito foi superada; a compreensão consentânea à complexidade de nossa sociedade e aos desafios das atividades administrativas consagrou a evolução da legalidade estrita para o conceito de "juridicidade", que não aceita a ideia da Administração vinculada exclusivamente às regras prefixadas nas leis, mas sim, ao próprio Direito, o que permite maior margem de autonomia para que o administrador, de acordo com as regras e os princípios de nosso ordenamento, possa atuar para cumprir as missões que o interesse público o outorga.

Vale registrar trecho da doutrina de Diogo de Freitas Amaral, que, ao avaliar a natureza e o âmbito do princípio da legalidade, lembra a distinção feita pela doutrina alemã, entre administração agressiva e administração constitutiva. Segundo o referido autor, a "Administração constitutiva" se verifica quando a administração constitui direitos, vantagens, presta serviços, atua em prestações positivas; noutro prumo, a "administração agressiva" seria identificada nas ações administrativas que agredissem direitos e interesses dos particulares, sua esfera jurídica. Assim, ele registra que a formulação moderna do princípio da legalidade (juridicidade) impõe a legalidade estrita apenas quando a administração agride a esfera de direitos dos particulares.[25]

Compreendido desta forma, podemos suscitar duas conclusões em relação ao compartilhamento da dispensa, previsto pela MP nº 951/2020:

a) não seria necessária a edição de Medida Provisória ou aprovação de Lei para estabelecer a possibilidade de compartilhamento de contratações, por não se tratar de matéria reservada à Lei;

b) a definição de um modelo de compartilhamento não tornaria obrigatória a adoção do Sistema de Registro de Preços.

Em relação a esta última conclusão, ela é pertinente porque, embora a previsão do "Registro de Preço por dispensa" tenha o intuito nobre de servir às contratações compartilhadas para ações de enfrentamento à COVID-19, importante ponderar, como será visto adiante, que questões econômicas podem tornar a Ata de Registro

---

[25] AMARAL, Diogo de Freitas. *Curso de Direito Administrativo*. 3. ed. Lisboa: Almedina, 2016. v. II, p. 51.

de Preços um instrumento inadequado em algumas hipóteses de contratações relacionadas, notadamente, às ações de combate à pandemia.

3.2 A questão da ata de registro de preços e a volatilidade dos preços de insumos voltados às ações de combate à COVID-19

Como já explicado, o Sistema de Registro de Preços é marcado pela formação de um instrumento vinculativo denominado Ata de Registro de Preços, onde, entre outras coisas, são registradas as especificações dos bens ou serviços licitados (contratados), condições de fornecimento e seus respectivos valores.

Assim, as condições estabelecidas no instrumento, inclusive em relação ao preço, vincularão o fornecedor registrado por toda a vigência da Ata de Registro de Preços. Vale lembrar, inclusive, que não cabe reajuste, repactuação ou reequilíbrio econômico (revisão econômica) em relação ao instrumento Ata de Registro de Preços, embora esses direitos possam ser reconhecidos no bojo da respectiva contratação.[26]

Sabendo que a Ata pode ter vigência de até 12 meses, diante da alta volatilidade do mercado de alguns dos insumos voltados às ações de combate à COVID-19, a perspectiva de vinculação de preços a um período longo tende a gerar grande risco ao fornecedor. Esse risco tende a afastar potenciais fornecedores e/ou aumentar os preços transacionais, prejudicando eventual vantagem decorrente do ganho de economia de escala que poderia ser alcançado com uma compra compartilhada imediata (sem Ata de Registro de Preços).

Com essa mesma visão, Reis e Alcântara destacam que o uso do SRP neste regime especial deverá ser "obtemperado com bastante parcimônia", tendo em vista que "a realidade mercadológica está também num cenário anormal em que estoques estão quase que voláteis", "o custo dos produtos e serviços possuem variação rápida de acordo com as condições de dia, hora e temperatura dos operadores públicos e privados", existindo "uma série de externalidades positivas e negativas impactantes sobre o comprador e o fornecedor".[27]

---

[26] Parecer nº 00001/2016/CPLC/CGU/AGU.

[27] REIS, Luciano; ALCÂNTARA, Marcus. *Sistema de Registro de Preços na COVID-19*. Disponível em: http://rcl.adv.br/site/wp-content/uploads/2020/03/CONTRATA%C3%87%C3%83O-

A exigida estabilização de preço por longo período, característica do Sistema de Registro de Preços, acaba gerando efeitos negativos à obtenção de melhores ofertas pelos órgãos participantes da Ata, quando em comparação com o potencial poder de barganha que órgãos reunidos teriam em uma contratação direta sem o uso desse procedimento auxiliar, notadamente em períodos excepcionais como o da crise atualmente vivenciada, com alta volatilidade nos preços dos insumos pretendidos.

Imagina-se, de qualquer forma, que a nobre intenção possa ser aperfeiçoada para a construção de um modelo de *e-marketplace* público. Afinal, diversos países do mundo já adotam o *e-marketplace* para a satisfação de parte de suas contratações públicas, de forma que o Brasil pode aproveitar tais experiências, identificando vantagens e prevenindo eventuais riscos, para avançar na construção desse eficiente ambiente de trocas.[28]

3.3 A questão da Ata de Registro de Preços e os aspectos subjetivos impactantes no preço

Uma característica marcante da Ata de Registro de Preços reside no fato de que ela é um instrumento de potencial "utilização plúrima", podendo balizar diversas relações contratuais, com variados órgãos contratantes (seja gerenciador ou participante) em diferentes localidades e com diferentes perfis.[29]

Em uma avaliação econômica, o compromisso de fornecimento a diferentes órgãos pode gerar riscos e "variáveis de custos" que precisarão ser diluídos nas propostas de preços do pretenso contratado. Entende-se por "variáveis de custo" todo os fatores que afetam o custo de aquisição do material ou do serviço, tais como a quantidade, o frete, os impostos, o método e a estratégia de suprimentos, o valor

---

P%C3%9ABLICA-EXTRAORDIN%C3%81RIA-NO-PER%C3%8DODO-DO-CORONAV%C3%8DRUS-19-Luciano-Reis-e-Marcus-Alc%C3%A2ntara.pdf. Acesso em 19 abr. 2020

[28] Sobre o tema contratações públicas e *e-marketplace*, sugerimos a leitura do artigo: NÓBREGA, Marcos; TORRES, Ronny Charles Lopes de. *Licitações públicas e e-marketplace*: um sonho não tão distante. Disponível em: https://www.olicitante.com.br/marketplace-sonho-distante/. Acesso em 18 abr. 2020

[29] TORRES, Ronny Charles Lopes de. *Leis de licitações públicas comentadas*. 10. ed. Salvador: JusPodivm, 2019. p. 236.

local da mão de obra, das máquinas e equipamentos, depreciação e capacidade de produção.[30] Ilustraremos: se uma empresa de Brasília é chamada ao fornecimento de bens ou serviços a um órgão de Brasília, ela possui um custo de logística de entrega reduzido. Mas se ela tiver que se comprometer a fornecer cumulativamente a outros órgãos, em diversas regiões do Brasil, terá que diluir os custos de logística majorados em sua proposta. Para tanto, ela precisará ampliar o preço ofertado.

Outros aspectos subjetivos podem impactar o preço transacional, em uma contratação compartilhada, como, por exemplo, eventual risco de inadimplemento por um dos órgãos participantes, diante de seu histórico de pouca responsabilidade com seus compromissos financeiros ou contratuais.

Se em uma licitação essa dificuldade pode ser mitigada com um bom planejamento da licitação e divisão da pretensão contratual ou do objeto pretendido em diversos lotes, em uma contratação direta no qual a mesma empresa será escolhida para o fornecimento em todas as localidades, a tendência é que a majoração do custo de logística afete o preço da contratação. Noutro prumo, optando-se pela divisão do objeto em lotes, com a contratação de diversas empresas locais para o fornecimento, com redução do custo de logística, pode-se reduzir a vantagem da contratação direta, neste modelo de realização centralizada (compartilhada). Pode-se imaginar que não haveria significativa vantagem na contratação direta concentrada, uma vez que ela (a dispensa) também poderia ser feita pelo órgão descentralizado (mesmo estadual ou municipal).

A diminuição do número de procedimentos licitatórios decorrentes de compras compartilhadas realmente produz relevante economia, dado os altos custos de realização dos certames. Esta vantagem, contudo, é reduzida em relação ao compartilhamento para a contratação por dispensa, uma vez que nesta, o procedimento é simplificado, com menores custos transacionais.

Em tese, bastaria o compartilhamento transparente e acessível das informações em relação a fornecedores, preços praticados e execução adequada da contratação para que tivéssemos elementos de

---

[30] BARBOSA, Túlio Bastos. Preços nas licitações públicas. *In*: TORRES, Ronny Charles L. de (Coord.). *Licitações Públicas*: homenagem ao jurista Jorge Ulisses Jacoby Fernandes. Curitiba: Negócios Públicos, 2016.

sinalização (*signaling*) importantes que poderiam ser utilizados nas contratações diretas realizadas por todos os órgãos que necessitam.

3.4 A questão do planejamento mitigado em contratações voltadas às ações de combate à COVID-19

Uma outra questão relevante envolve o planejamento. Os artigos 4ºC, 4º-D e 4º-E permitem mitigação das exigências burocráticas para a fase de planejamento.

Assim, admite-se a não elaboração de estudos preliminares (art. 4ºC), a exigência de gerenciamento de riscos apenas gestão do contrato (art. 4º-D) e a apresentação de termo de referência simplificado ou de projeto básico simplificado (art. 4º-E).

A mitigação da fase de planejamento se justifica por conta da necessidade de tramitação célere desses processos de contratação. Ela já parecia uma medida necessária, anteriormente, em demandas de baixa complexidade, pois a construção de um modelo contratual eficiente exige a percepção de que o controle tem custo, assim como o planejamento, e isso deve ser avaliado na imposição das pertinentes rotinas. Essa avaliação admite que mesmo modelos mais rígidos e repletos de *steps* de controle admitam formatos mais céleres e flexíveis para determinadas pretensões contratuais.[31]

Por outro lado, contratações compartilhadas (ou centralizadas) exigem redobrado planejamento em virtude das nuances envolvidas com a reunião de diversas pretensões contratuais que precisam ser harmonizadas para a construção de uma única contratação.

Em princípio, a centralização de compras não combina com a mitigação da fase de planejamento. Ao contrário, exige maior concentração nesta fase do processo licitatório, para que se obtenham ganhos com a reunião das pretensões contratuais envolvidas.

3.5 Da inexistência de regulamento específico

Segundo o §5º acrescido ao artigo 4º da Lei nº 13.979/2020, pela MP nº 951/2020, "na hipótese de inexistência de regulamento específico,

---

[31] NÓBREGA, Marcos; TORRES, Ronny Charles Lopes de. *Licitações públicas e e-marketplace*: um sonho não tão distante. Disponível em: https://www.olicitante.com.br/marketplace-sonho-distante/. Acesso em 18 abr. 2020

o ente federativo poderá aplicar o regulamento federal sobre registro de preços".

Não identificamos significativa utilidade neste dispositivo. Conforme define o artigo 22, XXVII, da CF, compete privativamente à União legislar sobre normas gerais de licitação. Os demais entes federativos detêm competência para legislar sobre normas específicas acerca da matéria. Há, portanto, uma competência privativa da União, no que tange às regras gerais, e uma competência comum, no que se refere às regras específicas. Da disposição constitucional podemos extrair algumas premissas, dentre elas: se consideradas específicas, as regras existentes na legislação federal apenas vinculam a União, permitindo regramento diferente por Estados, Distrito Federal e Municípios; noutro diapasão, quando tratar sobre matéria geral, a legislação federal não pode restringir sua normatização às relações jurídicas contratuais da União, pois isso fraudaria a competência constitucionalmente estabelecida.[32]

Em suma, a competência para tratar sobre licitações é definida pelo constituinte. Quando o legislador federal trata sobre normas gerais atinentes ao tema licitações públicas, ele está atuando dentro de uma competência legislativa privativa outorgada pelo constituinte à União, sendo seus dispositivos desde já aplicáveis aos demais entes federados. Isso não ocorre em relação às especificidades normatizadas pelo regulamento federal ou mesmo as normas específicas aprovadas pelos demais entes. Tal conclusão restou assentada pelo STF, em voto do Ministro Carlos Velloso, ao firmar que "a competência da União é restrita a normas gerais de licitação e contratação. Isso quer dizer que os Estados e os Municípios também têm competência para legislar a respeito do tema: a União expedirá as normas gerais e os Estados e Municípios expedirão as normas específicas".[33]

Nesta feita, parece-nos juridicamente pouco relevante a "autorização" dada pelo §5º do artigo 4º da Lei nº 13.979/2020, para que os demais entes federativos, "na hipótese de inexistência de regulamento específico" a "aplicar o regulamento federal sobre registro de preços". A regra legal do artigo da Lei nº 8.666/93 é autoaplicável, não sendo

---

[32] TORRES, Ronny Charles Lopes de. *Leis de licitações públicas comentadas*. 10. ed. Salvador: JusPodivm, 2019. p. 60.

[33] STF. Voto do Ministro Carlos Velloso. Relator. ADI-MC nº 927.

obrigatório um regulamento local para a utilização do Sistema de Registro de Preços. Bem explica Fortini e Romanelli:

> A previsão do artigo 15 da Lei nº 8.666/93 é notadamente de caráter geral, ou seja, autoriza-se o uso pulverizado do Registro de Preços pelos entes federados e suas entidades descentralizadas. Todavia, a forma de operacionalizar o Registro de Preços está condicionada à avaliação individual e autônoma (observados os contornos legais) de cada ente político.[34]

É cediço que muitos municípios, abdicando da competência regulamentar local, adotam regulamento federal em suas licitações. Pululam editais, por exemplo, de pregões eletrônicos, por Municípios, tendo como referência normativa o regulamento federal. Mesmo sendo lamentável a omissão regulamentar, tal opção está inserida no âmbito da autonomia daquele ente, sendo desnecessária autorização da Lei federal neste sentido. Luciano Ferraz já advertia, mesmo em relação a outras regulamentações licitatórias, sobre a inexistência de impedimentos a que estados e municípios elegessem um decreto federal como parâmetro para aplicação em seus processos de contratação.[35]

Esta indicação, por Município ou Estado, de um decreto federal como parâmetro procedimental, embora lamentável, independe de previsão legal federal, pois está inserida no âmbito da autonomia administrativa do ente federativo. Tal escolha de "espelhamento normativo" pode se dar através de normatização do Chefe do executivo (Decreto) ou, em sua omissão, pela normatização de órgão hierarquicamente inferior, com esta competência. Outrossim, sendo regramento materialmente específico, juridicamente não há vedação, inclusive, a que um órgão estadual ou municipal espelhe sua norma em regulamento de outro estado ou município, embora isso não pareça ortodoxo.

Em suma, existindo ou não regulamento próprio, independentemente de eventual autorização federal, há opção do Município de "copiar" o procedimento previsto na normatização federal. Inclusive,

---

[34] FORTINI, Cristiana; ROMANELLI, Fernanda Piaginni. Aspectos gerais, a intenção para registro de preços (IRP) e considerações sobre órgãos envolvidos. *In*: FORTINI, Cristiana (Coord.). *Registro de Preços*: análise da Lei nº 8.666/93, do Decreto Federal nº 7.892/2013 e de outros atos normativos. 2. ed. Belo Horizonte: Fórum, 2014. p. 39.

[35] FERRAZ, Luciano. Pregão Eletrônico. *Forum de Contratação e Gestão Pública*, v. 59, p. 8015-8022, 2006.

nada impede que o Prefeito de um Município que detenha decreto local regulamentando o seu Sistema de Registro de Preços, emita um novo Decreto, definindo pela aplicação do modelo normativo do Decreto Federal nº 7.892/2013, para as chamadas dispensa para registro de preços, voltadas especificamente para as ações de combate à COVID-19.

3.6 Da exigência de Intenção de Registro de Preços

A inclusão, pela MP nº 951/2020, do §6º ao artigo 4º, trouxe a regra de que o órgão ou a entidade que gerenciem a compra deve estabelecer prazo "contado da data de divulgação da intenção de registro de preço, entre dois e quatro dias úteis, para que outros órgãos e entidades manifestem interesse em participar do Sistema de Registro de Preços, nos termos do disposto no §4º e no §5º".

O Decreto Federal nº 7.892/2013 previu expressamente o procedimento de Intenção de Registro de Preços (IRP), como instrumento para a divulgação dos procedimentos licitatórios iniciados com a utilização do SRP, ainda na fase interna, facilitando a inserção no processo de órgãos e entidades que possam ter conhecimento da futura licitação, unindo sua pretensão contratual ao certame gestado e tornando-se um órgão participante.

Trata-se de uma interessante ferramenta prevista pelo regulamento federal, que foi aperfeiçoada com as posteriores alterações do Decreto Federal nº 7.892/2013, facilitando a comunicação entre os órgãos, notadamente para manifestação de interesse de participação no certame (como órgão participante), consolidação das informações e concordância com o objeto a ser licitado.

Como a eventual quantidade de órgãos interessados ou o tempo para a realização do procedimento pode ser incompatível com a celeridade almejada, há previsão no regulamento federal admitindo que o IRP seja dispensado, de forma justificada, pelo órgão gerenciador. Diversos motivos podem justificar a não divulgação da intenção de registro de preços, entre eles: necessidade de conclusão célere do procedimento; especificidade da contratação; dificuldades operacionais; experiências anteriores negativas com o uso do IRP, entre outros. O regulamento optou corretamente por não limitar as justificativas possíveis.[36]

---

[36] TORRES, Ronny Charles Lopes de. *Leis de licitações públicas comentadas*. 10. ed. Salvador: JusPodivm, 2019. p. 231.

Segundo Orientações publicadas no Portal de Compras do Governo Federal,[37] nas hipóteses em que o órgão estadual ou municipal não possua regulamento próprio e opte por adotar as regras do regulamento federal, "a adoção do regulamento federal enseja a observância das regras positivadas, em especial, em relação à divulgação da Intenção de Registro de Preços (IRP)". A referida publicação lembra, contudo, que a divulgação da IRP, nos termos do próprio Decreto Federal, pode ser dispensada, de forma justificada, pelo órgão gerenciador.

Na hipótese de divulgação da IRP, o órgão gerenciador deverá observar os prazos reduzidos para a divulgação, estabelecido na Medida Provisória, entre dois e quatro dias úteis.

Há que se ponderar que a adoção do IRP pode contrastar com a necessidade de uma contratação rápida, repercutindo em atraso burocrático da contratação direta. Ademais, como já explicado, a inclusão de órgãos de diferentes perfis e localidades, com custos transacionais específicos, pode impactar o preço a ser contratado, tornando o compartilhamento economicamente ineficiente.

Obviamente, nas hipóteses em que o órgão gerenciador (estadual ou municipal) não contiver previsão de IRP no regulamento ao qual se submete, não será necessária a realização do procedimento. Luciano Reis e Marcus Alcântara ponderam que "não é crível e nem viável que se exija o uso ou a formalização na IRP do sistema informatizado federal, mas sim, que operacionalizem uma forma de divulgação da Intenção de Registro de Preços".[38]

4 Considerações Finais

A previsão da "dispensa de licitação para fins de registro de preços", pela Medida Provisória nº 951, buscou desenvolver uma

---

[37] Vide: PORTAL DE COMPRAS GOVERNO FEDERAL. Orientações – *MP 951/20 autoriza SRP para combate ao COVID-19*. 2020. Disponível em: https://www.comprasgovernamentais. gov.br/index.php/gestorpublico/1292-orientacao-mp-951-2020-autoriza-SRP-para-combate-ao-covid-19. Acesso em 19 abr. 2020.

[38] REIS, Luciano; ALCÂNTARA, Marcus. *Sistema de Registro de Preços na COVID-19*. Disponível em: http://rcl.adv.br/site/wp-content/uploads/2020/03/CONTRATA%C3%87%C3%83O-P%C3%9ABLICA-EXTRAORDIN%C3%81RIA-NO-PER%C3%8DODO-DO-CORONAV%C3%8DRUS-19-Luciano-Reis-e-Marcus-Alc%C3%A2ntara.pdf. Acesso em 19 abr. 2020.

cultura de compras compartilhadas para a aquisição de bens e serviços voltados às ações de enfrentamento à pandemia.

Embora tenhamos levantados alguns pontos sensíveis em relação ao texto da Medida Provisória, impõe-se elogiar a tentativa de mudança. Não necessariamente pelo texto da MP que, como enunciado normativo, possui algumas fragilidades, mas pela intenção de alterar certa cultura contratual isolacionista, infelizmente ainda arraigada no Brasil. Merece parabéns a inconformidade com o estado das coisas, a percepção de que há muito o que ser alterado na lógica atual das contratações públicas, embora isso não seja simples ou fácil.

Convém reiterar, como foi feito no desenvolvimento deste texto, que inexistindo expressa vedação normativa, nada obsta que uma licitação ou uma contratação direta seja realizada por um órgão, resultando em contratações diversas, para mais de um órgão.

São vários os benefícios das compras compartilhadas, entre eles: redução de custos transacionais; economia de esforços; redução de processos repetitivos e desnecessários; ampliação da demanda com potencial ganho de economia de escala, entre outros. Entendemos que tal cooperação independe da utilização do Sistema de Registro de Preços, podendo ser procedida através de medidas outras como pactos de cooperação e delegações de competências contratuais.

Em situações de alta volatilidade de preços ou necessidade de contratações ágeis, compras compartilhadas por dispensa, fora do Sistema de Registro de Preços, podem se apresentar como soluções mais eficientes.

Para nossa inspiração, vale registrar que a Diretiva nº 2014/24, da União Europeia, além de prever as compras centralizadas (art. 37) e interessantes instrumentos de compartilhamento (como o acordo-quadro), admite "contratações conjuntas" (art. 38), em que duas ou mais autoridades adjudicantes podem acordar em executar, conjuntamente, determinadas aquisições, incentivando que autoridades adjudicantes de Estados-Membros diferentes possam juntar-se para adjudicar um contrato público (art. 39).

Se países diferentes podem cooperar para melhorar a eficiência de suas contratações, acredito que nossos entes federativos podem avançar melhor nesse sentido.

Referências

AMARAL, Diogo de Freitas. *Curso de Direito Administrativo*. 3. ed. Lisboa: Almedina, 2016. v. II.

BARBOSA, Túlio Bastos. Preços nas licitações públicas. *In*: TORRES, Ronny Charles L. de (Coord.). *Licitações Públicas*: homenagem ao jurista Jorge Ulisses Jacoby Fernandes. Curitiba: Negócios Públicos, 2016.

BARROSO, Luís Roberto. Neoconstitucionalismo e Constitucionalização do Direito (o triunfo tardio do direito constitucional no Brasil). *Revista de Direito Administrativo*, São Paulo, n. 240, p. 7-45, 2001.

BITTENCOURT, Sidney. *Contratando sem licitação*. São Paulo: Almedina, 2016.

BITTENCOURT, Sidney. *Licitação de registro de preços*: comentários ao decreto nº 7.892, de 23 de janeiro de 2013. 5. ed. Belo Horizonte: Fórum, 2015.

BITTENCOURT, Sidney; VIANNA, Flávia. O Sistema de Registro de Preços. *In*: TORRES, Ronny Charles L. de (Coord.). *Licitações Públicas*: homenagem ao jurista Jorge Ulisses Jacoby Fernandes. Curitiba: Negócios Públicos, 2016.

BOAVENTURA, Carmem. *Reflexões ao novo panorama envolvendo o sistema de registro de preços*. Disponível em: https://www.direitosdolicitante.com/artigo-2020-04-19.pdf. Acesso em 19 abr. 2020

CARVALHO, Raquel Melo Urbano de. *Curso de Direito Administrativo*. Salvador: JusPodivm, 2008. v. I.

FERRAZ, Luciano. Pregão Eletrônico. *Fórum de Contratação e Gestão Pública*, v. 59, p. 8015-8022, 2006.

FERNANDES, Jorge Ulisses Jacoby. *Sistema de Registro de Preços e Pregão Presencial e Eletrônico*. 4. ed. Belo Horizonte: Fórum, 2011.

FORTINI, Cristiana; ROMANELLI, Fernanda Piaginni. Aspectos gerais, a intenção para registro de preços (IRP) e considerações sobre órgãos envolvidos. *In*: FORTINI, Cristiana (Coord.). *Registro de Preços*: análise da Lei nº 8.666/93, do Decreto Federal nº 7.892/2013 e de outros atos normativos. 2. ed. Belo Horizonte: Fórum, 2014.

MARRARA, Thiago. Licitações na União Europeia (III): instrumentos de contratação agregada e de contratação eletrônica. *Revista Direito do Estado*, n. 146, ano 2016. Disponível em: http://www.direitodoestado.com.br/colunistas/thiago-marrara/licitacoes-na-uniao-europeia-iii-instrumentos-de-contratacao-agregada-e-de-contratacao-eletronica. Acesso em 28 set. 2016.

NÓBREGA, Marcos; TORRES, Ronny Charles Lopes de. *Licitações públicas e e-marketplace*: um sonho não tão distante. Disponível em: https://www.olicitante.com.br/marketplace-sonho-distante/. Acesso em 18 abr. 2020.

OLIVEIRA, Rafael Carvalho Rezende. *A constitucionalização do direito administrativo*: o princípio da juridicidade, e a releitura da legalidade administrativa e a legitimidade das agências reguladoras. Rio de Janeiro: Lumem Juris, 2007.

PEREIRA JUNIOR, Jessé Torres; DOTTI, Marinês Restelatto. *Limitações constitucionais da atividade contratual da administração pública*. Sapucaia do Sul: Notadez, 2011.

PORTAL DE COMPRAS GOVERNO FEDERAL. Orientações – *MP 951/20 autoriza SRP para combate ao COVID-19*. 2020. Disponível em: https://www.comprasgovernamentais. gov.br/index.php/gestorpublico/1292-orientacao-mp-951-2020-autoriza-SRP-para-combate-ao-covid-19. Acesso em 19 abr. 2020.

REIS, Luciano; ALCÂNTARA, Marcus. *Sistema de Registro de Preços na COVID-19*. Disponível em: http://rcl.adv.br/site/wp-content/uploads/2020/03/CONTRATA%C3%87%C3%83O-P%C3%9ABLICA-EXTRAORDIN%C3%81RIA-NO-PER%C3%8DODO-DO-CORONAV%C3%8DRUS-19-Luciano-Reis-e-Marcus-Alc%C3%A2ntara.pdf. Acesso em 19 abr. 2020.

TORRES, Ronny Charles Lopes de. *Leis de licitações públicas comentadas*. 10. ed. Salvador: JusPodivm, 2019.

Informação bibliográfica deste texto, conforme a NBR 6023:2018 da Associação Brasileira de Normas Técnicas (ABNT):

TORRES, Ronny Charles L. de. Dispensa de licitação para fins de Registro de Preços. In: FORTINI, Cristiana (Coord.). *Registro de Preços*: análise crítica do Decreto Federal nº 7.892/13, com as alterações posteriores. 3. ed. rev., ampl. e atual. Belo Horizonte: Fórum, 2020. p. 143-166. ISBN 978-65-5518-038-1.

REGISTRO DE PREÇOS
COMENTÁRIOS AOS CAPÍTULOS VI E VII
DO DECRETO FEDERAL Nº 7.892/13

THIAGO QUINTÃO RICCIO

MARIANA MAGALHÃES AVELAR

1 Capítulo VI – Do registro de preços e da validade da ata

1.1 Artigo 11

Após a homologação da licitação de registro de preços, serão registrados, na respectiva ata, os preços e os quantitativos do licitante mais bem classificado na fase competitiva.

Antes da alteração da redação dos incisos I e II do art. 11, promovida pelo Decreto nº 8.250/14, a Ata de Registro de Preços incluía, além do licitante mais bem classificado da etapa competitiva, o registro dos licitantes remanescentes que, apesar de terem originariamente apresentado propostas em condições menos favoráveis ao interesse público, se dispunham a cotar os bens ou serviços sob os mesmos preços e condições por ele ofertados.

Com a alteração, os licitantes remanescentes serão incluídos na ata na forma de anexo, na ordem de sua classificação, excluído o percentual eventualmente conferido a título de margem de preferência aos produtos manufaturados e aos serviços que atendam a normas técnicas brasileiras, ou a ele equiparados.[1] Consoante o §4º do art. 11, esse anexo consiste na ata da própria sessão pública do pregão ou da concorrência, a qual conterá informações dos licitantes remanescentes que se dispuserem a cotar bens e serviços iguais ao do vencedor.

O teor da ata de registro de preços poderá sofrer nova alteração em caso de aprovação da nova legislação geral de licitações e contratos[2] (adiante PL nº 1.292/95), que prevê em seu art. 81, §5º, IV,[3] que haverá inclusão, na própria ata de registro de preços, dos licitantes que aceitarem cotar os bens ou serviços nos mesmos preços e condições da proposta do licitante vencedor. O que o dispositivo promove é a retomada do tratamento que era conferido aos licitantes remanescentes segundo a redação original do art. 11, do Decreto nº 7.892/13, antes da alteração promovida pelo Decreto nº 8.250/14. Como veremos, tal mudança poderá reviver discussões que haviam sido resolvidas pela nova regulamentação.

No caso da regulação atualmente vigente, o marco para o registro de preços em ata é a homologação da licitação, que é mencionada em dois dispositivos da LGLC: (i) no art. 38, VII,[4] que sugere se tratar de ato posterior à adjudicação do objeto licitado na ordem de documentos que compõem os autos do processo licitatório, e (ii) no art. 43, VI,[5] que, em sentido contrário, apresenta-se anteriormente à adjudicação. A aparente contradição gera discussões doutrinárias.

---

[1] A margem de preferência para tais produtos e serviços se encontra prevista nos parágrafos 5º ao 13º do art. 3º da Lei nº 8.666/93.

[2] No momento de atualização do presente capítulo (outubro de 2019) houve aprovação da redação final do substitutivo da Câmara dos Deputados ao Projeto de Lei nº 1.292-f de 1995 do Senado Federal, que foi remetido ao Senado Federal por meio do Ofício nº 1.062/19/SGM-P.

[3] Art. 81, §5º O Sistema de Registro de Preços poderá ser usado para a contratação de bens e serviços, inclusive de obras e serviços de engenharia, e observará as seguintes condições: VI, inclusão, em Ata de Registro de Preços, do licitante que aceitar cotar os bens ou serviços em preços iguais aos do licitante vencedor na sequência de classificação da licitação e inclusão do licitante que mantiver sua proposta original.

[4] "Art. 38. O procedimento da licitação será iniciado com a abertura de processo administrativo, devidamente autuado, protocolado e numerado, contendo a autorização respectiva, a indicação sucinta de seu objeto e do recurso próprio para a despesa, e ao qual serão juntados oportunamente: [...] VII – atos de adjudicação do objeto da licitação e da sua homologação [...]".

[5] "Art. 43. A licitação será processada e julgada com observância dos seguintes procedimentos: [...] VI – deliberação da autoridade competente quanto à homologação e adjudicação do objeto da licitação".

Por um lado, há quem defenda que a homologação seria o ato administrativo antecedente à adjudicação e praticado pela autoridade competente, nos termos do art. 43, VI, com o intuito de declarar a legalidade ou a ilegalidade do procedimento licitatório (controle de validade), bem como aferir a conveniência ou não de seu resultado (controle de conveniência).[6]

Pelo controle de validade, a autoridade competente constata, à luz das normas legais e editalícias, a existência ou não de defeitos no curso da licitação, convalidando os atos sanáveis e invalidando a licitação nos casos insanáveis. Pelo controle de conveniência, a autoridade avaliará, discricionariamente, a contratação à luz da compatibilidade do resultado com os preços praticados no mercado e demais condições objetivas, cabendo-lhe, no caso de um juízo negativo devidamente motivado, revogar a licitação.[7]

Já a adjudicação, para a mesma corrente, corresponderia ao ato que põe fim ao procedimento licitatório, atribuindo ao vencedor o objeto da licitação. Nesse sentido, a homologação derivaria da análise global e completa da autoridade que conduz a licitação (comissão de licitação, pregoeiro e outras), enquanto a adjudicação concentra-se no resultado, pressupondo, por conseguinte, a homologação.[8]

De outro lado, há quem sustente a precedência da adjudicação em relação à homologação, baseando-se, inclusive, no tratamento dos referidos atos pela Lei nº 10.520/02 (doravante referida como *Lei do Pregão*), que, em seu art. 4º, incisos XX a XXII, teria "incorporado o que parcela da doutrina admitia também na Lei de Licitações".[9]

---

[6] JUSTEN FILHO, Marçal. *Comentários à Lei de Licitações e contratos administrativos*. 14. ed. São Paulo: Dialética, 2010. p. 601.

[7] Cf. FORTINI, Cristiana. Princípio da segurança jurídica e sua influência na revogação das licitações. *In*: MARRARA, Thiago (Org.). *Princípios de direito administrativo*. São Paulo: Atlas, 2012. p. 99-100: "Assim, não se trata de negar a possibilidade de revogação do certame, o que, de resto, está contemplado na Lei de Licitações. O que se discute é a utilização nefasta do instituto. Quer a revogação, quer a anulação, válidas serão se, primeiro, forem motivadas. O dever de motivar de índole constitucional, porque reflete o espírito republicano, está chancelado na Lei nº 9.784/1999, que o enfatiza quando o ato praticado é a anulação ou a revogação (art. 50, VIII)". Mais adiante afirma a autora que "[...] alegar 'interesse público' no afã de dar guarida à revogação não satisfaz quer porque vago e fluido o conceito quer porque não é qualquer justificativa que atenda à prescrição legal. Há de haver 'justa causa' a sustentar o ato revocatório. Nesse sentido, há de haver documentação que indique qual o fato que, após o início do certame, dele retira a condição de ferramenta salutar para a promoção do interesse público".

[8] No mesmo sentido de Justen Filho, cf. OLIVEIRA, Rafael Carvalho Rezende de. *Licitações e contratos administrativos*: teoria e prática. São Paulo: Método, 2012. p. 113.

[9] "Art. 4º A fase externa do pregão será iniciada com a convocação dos interessados e observará as seguintes regras: [...] XX – a falta de manifestação imediata e motivada do

Segundo essa corrente, a adjudicação é ato vinculado e imediatamente posterior ao julgamento das propostas, seguido de três opções da administração:[10] (i) homologação; (ii) revogação e (iii) anulação.[11] Essa interpretação foi reforçada – no caso do pregão – pelo teor do art. 6º do Decreto nº 10.024/19, que determina a precedência da adjudicação. O tema poderá ser objeto de novas cogitações em caso de aprovação do PL nº 1.292/95. O projeto não insere expressamente o ato de adjudicação dentre as fases da licitação.[12] Contudo, ao mencionar o rito de encerramento da licitação (que vale para todas as modalidades regulamentadas pela lei), o art. 70, IV, do PL nº 1.292/95, menciona que a autoridade poderá "adjudicar o objeto e homologar a licitação", sequência que parece colocar o ato de adjudicação em posição de precedência em relação à homologação, na mesma linha da legislação de pregão anteriormente mencionada.

Entendemos que, no caso das modalidades da LGLC atualmente vigente, a homologação precede à adjudicação, ao passo que, na hipótese de pregão, por opção legislativa expressa em sua lei de regência, a adjudicação é imediatamente posterior à fase competitiva de lances e anterior à homologação.[13]

---

licitante importará a decadência do direito de recurso e a adjudicação do objeto da licitação pelo pregoeiro ao vencedor; XXI – decididos os recursos, a autoridade competente fará a adjudicação do objeto da licitação ao licitante vencedor; XXII – homologada a licitação pela autoridade competente, o adjudicatário será convocado para assinar o contrato no prazo definido em edital [...]".

[10] O emprego das expressões "administração pública", "estado", "poder público" e outras que visem se referir ao estado ou à administração em sentido amplo, quando não se tratarem de citações de outros autores ou não forem empregados em sentido singular (por exemplo, Estado Absoluto), serão grafadas neste trabalho propositalmente com suas iniciais em minúsculo. Trata-se de adesão de seus autores à concepção de que "[...] a língua não é um mero acaso ou uso arbitrário dos signos. Portanto, essa deferência prestada ao 'Estado', ainda que inconsciente, trai nossa tendência a dar mais relevo ao poder do que àqueles a quem o poder deveria servir, ou seja, à sociedade e aos cidadãos". (ARAÚJO, Florivaldo Dutra de. *Negociação coletiva dos servidores públicos*. Belo Horizonte: Fórum, 2011. p. 23-24, nota 1).

[11] Entendimento esse de Carlos Ari Sundfeld, conforme Vera Monteiro (MONTEIRO, Vera. *Licitação na modalidade de pregão*. 2. ed. São Paulo: Malheiros, 2010. p. 187).

[12] Art. 17. O processo de licitação observará as seguintes fases, em sequência:
I – preparatória;
II – de divulgação do edital de licitação;
III – de apresentação de propostas e lances, quando for o caso;
IV – de julgamento;
V – de habilitação;
VI – recursal;
VII – de homologação.

[13] OLIVEIRA, Rafael Carvalho Rezende de. *Licitações e contratos administrativos*: teoria e prática. São Paulo: Método, 2012. p. 113.

Voltando ao art. 11 do Decreto nº 7.892/13, com redação dada pelo Decreto nº 8.250/14, a determinação de inclusão de mais de um licitante no anexo da ata nos termos do inciso II do referido artigo deve ser interpretada conjuntamente com o art. 10 do mesmo regulamento, o qual permite que, após o encerramento da etapa competitiva da licitação – etapa que, no caso do pregão, é seguida da adjudicação, e, no da concorrência, da homologação –, os licitantes poderão reduzir seus preços ao valor da proposta daquele que tenha sido mais bem classificado.

Objetiva-se, de acordo com o §1º, a formação de um "cadastro de reserva", aplicando-se no caso de exclusão do primeiro colocado da ata, nas hipóteses dos artigos 20 e 21.

Assim, na hipótese da licitação de registro de preços sob a modalidade de concorrência, uma vez habilitados os licitantes, julgadas e classificadas as propostas pela comissão de licitação, a autoridade competente avaliará a legalidade, a conveniência e a oportunidade da eventual contratação, e, no caso de serem verificadas, homologará o certame, quando, então, para além do vencedor, os licitantes referidos no art. 10 terão os seus registros incluídos no anexo da ata.

Já no caso de a licitação ter se dado na modalidade de pregão, uma vez concluída a etapa competitiva de lances, julgadas e classificadas as propostas, decidirá o pregoeiro acerca da aceitabilidade da proposta mais bem classificada. Caso aceitável, o pregoeiro verificará se o licitante atende às exigências fixadas no edital, as quais, se atendidas, farão com que o proponente seja proclamado vencedor. Se nenhum licitante manifestar na mesma sessão sua intenção de recorrer, a autoridade competente adjudicará o objeto da licitação ao vencedor, que se sucederá, finalmente, pela homologação. Então, consoante o *caput* do art. 11, necessariamente após a homologação é que será possível a inclusão dos licitantes do art. 10 no anexo da ata.

Naturalmente, para fins das eventuais contratações que sobrevierem ao registro de preços, a administração deverá sempre se ater à ordem de classificação e registro reproduzida na ata, consoante dispõe o inciso IV do art. 11 em análise.

De acordo com o §2º, havendo mais de um licitante que tenha aceitado cotar os bens ou serviços pelo mesmo valor proposto pelo primeiro lugar, tal como autoriza o art. 10, serão eles classificados *segundo a ordem da última proposta apresentada durante a fase competitiva.*

Comentando o correspondente dispositivo ainda sob a égide da redação anterior à mudança promovida pelo Decreto nº 8.250/14,[14] Sidney Bittencourt defendeu que era evidente que "tal regra só será aplicável no pregão eletrônico", na medida em que, na concorrência, as propostas são concomitantemente apresentadas, não havendo que se falar, portanto, em uma *última proposta apresentada* a servir de ordem de classificação, ao passo que, no pregão presencial, os lances são ofertados em ordem decrescente até se chegar ao menor lance, não havendo como existir, portanto, uma *ordem* de classificação a partir da última proposta, já que a última proposta é singular e correspondente à de menor preço. Somente o pregão eletrônico, em que a última proposta é composta por vários lances aleatórios e *a priori* válidos, seria possível se encontrar uma ordem a permitir a aplicação do antigo §3º.[15]

A questão não nos parece ser tão evidente quanto é para o autor.

Em relação à concorrência, diante da concomitância de apresentação das propostas, e, consequentemente, da inexistência de uma que, dentre elas, tenha sido a *última apresentada*, concordamos pela inaplicabilidade do §3º. Isso porque a única interpretação da expressão *última proposta apresentada durante a fase competitiva* que seja compatível com a finalidade do dispositivo é a no seu sentido temporal, *i.e.*, que leve em conta o momento de apresentação no curso do procedimento licitatório. Não faria sentido compreender a expressão no sentido classificatório, ou seja, como se a última proposta correspondesse ao maior preço ofertado, sob pena de beneficiá-lo em detrimento do menor, invertendo completamente a finalidade do registro de preços.

Quanto ao pregão presencial, se conferirmos novamente o sentido temporal à expressão *última proposta apresentada durante a fase competitiva*, é possível admitirmos a aplicação do §3º. Isso porque, assim interpretada, a *última proposta* do pregão presencial sempre corresponderá necessariamente à de menor preço, o que lhe permitirá servir de parâmetro para a ordem subsequente de classificação dos demais licitantes.

Por fim, também comentando o art. 11 antes da alteração do Decreto nº 8.250/14, vale trazer a observação feita por Joel de Menezes Niebuhr sobre a aplicabilidade do art. 11 ao registro de preços

---

[14] Trata-se do antigo §3º do art. 11.

[15] BITTENCOURT, Sidney. *Licitação de registro de preços*: comentários ao Decreto nº 7.892, de 23 de janeiro de 2013. Belo Horizonte: Fórum, 2013. p. 99.

antecedido de licitação na modalidade de pregão. Segundo o autor, que proferiu seus comentários antes do advento do Decreto nº 8.250/14:

> O disposto no artigo 11 do Decreto nº 7.892/13 aplica-se perfeitamente nas hipóteses em que a licitação que antecede o registro de preços for processada sob a modalidade concorrência. [...]
>
> Sem embargo, se a licitação que antecede o registro de preços for promovida na modalidade pregão, não será viável, pelo menos em regra, que mais de um fornecedor assine a Ata de Registro de Preços. A sistemática da modalidade pregão cria empeço para a aplicação do artigo 11 do Decreto nº 7.892/13.

Isso porque, continua o autor:

> Na concorrência é viável que mais de um fornecedor assine a Ata de Registro de Preços, porquanto todos eles foram, em regra, previamente habilitados. No pregão não é viável, porque apenas o vencedor da etapa de lances foi habilitado. Pessoa não habilitada no certame não pode assinar a Ata de Registro de Preços.
>
> Para que mais de um fornecedor assine a Ata de Registro de Preços nos casos de licitação promovida sob a modalidade pregão, seria necessário tratar da habilitação de todos eles e não apenas do vencedor da etapa de lances. Este procedimento seria ilegal, incompatível com as normas da Lei nº 10.520/02.[16]

À época, concordamos com a conclusão do autor de que, no caso de a licitação de registro de preços ser processada na modalidade pregão, não deveria constar na ata a assinatura dos licitantes do art. 10, já que, em virtude da típica inversão das fases de julgamento e de habilitação no pregão, com exceção do licitante vencedor, os demais não terão sido habilitados nos termos do instrumento convocatório. Contudo, dissentimos do autor quanto ao afastamento do art. 11 do Decreto Federal nº 7.892/13, tendo em vista que este se insere no Capítulo VI, dedicado ao registro de preços e à validade da ata, que são anteriores à sua assinatura e à contratação com fornecedores registrados, tratadas a partir do art. 13.

---

[16] GUIMARÃES, Edgar; NIEBUHR, Joel de Menezes. *Registro de preços*: aspectos práticos e jurídicos. Belo Horizonte: Fórum, 2013. p. 86.

O problema foi sanado pelo Decreto nº 8.250/14, o qual incluiu no novo §3º do art. 11, a necessidade de habilitação dos fornecedores que compuserem o cadastro de reserva antes que possam assinar a ata na hipótese do art. 13 (que trataremos adiante), ou, se necessário, antes que possa se viabilizar a contratação do fornecedor remanescente, nos casos dos artigos 20 e 21.

Como visto em linhas anteriores, o art. 81, §5º, IV, do PLS nº 1.292/95 retoma a sistemática da redação original do art. 11, do Decreto nº 7.892/13, antes de sua alteração pelo Decreto nº 8.250/14, uma vez que prevê que os licitantes remanescentes que aceitarem cotar os bens e serviços em preços iguais ao licitante vencedor constarão da ata de registro de preços em si, e não de seu anexo. Se aprovado dessa maneira, acreditamos que o PLS nº 1.292/95 poderá reascender a discussão trazida por Joel de Menezes Niebuhr acerca da ilegalidade de assinatura da ata de registro de preços pelos licitantes remanescentes quando a licitação se processar sob a modalidade de pregão (uma vez que, no momento de assinatura da ata, tais licitantes ainda não terão sido habilitados).

Diante disso, a fim de se evitar a mencionada discussão e, portanto, retroceder um ponto superado pela regulamentação atual, entendemos ser recomendável a alteração do PLS nº 1.292/95, de modo a manter a sistemática de inclusão dos licitantes remanescentes no anexo da ata, tal qual hoje prevê o art. 11, do Decreto nº 8.250/14 (com destaque para seu §3º), com redação conferida pelo Decreto nº 7.892/13. Cumpre adicionar, por fim, medida adicional aplicável aos licitantes estrangeiros. Em um contexto de desburocratização com vistas a promover certames internacionais com maior eficiência, foi aprovada no Brasil a Convenção da Apostila.[17] Como resultado, a nova regulamentação federal do pregão (Decreto nº 10.024/19) determinou que na hipótese de o licitante vencedor ser estrangeiro, para fins de assinatura do contrato ou da ata de registro de preços, os documentos de habilitação deverão ser traduzidos por tradutor juramentado no País e apostilados nos termos do dispostos no Decreto nº 8.660/2016, ou consularizados pelos respectivos consulados ou embaixadas.

---

[17] Trata-se da Convenção sobre Eliminação da Exigência de Legalização de Documentos Públicos Estrangeiros, ou simplesmente Convenção da Apostila, aprovada pelo Decreto Legislativo nº 148/2015 e promulgada pelo Decreto nº 8.666/2016.

1.2 Artigo 12

O artigo em análise aborda a temática da vigência, prorrogação e da alteração da Ata de Registro de Preços, bem como das condições de assinatura, alteração e vigência dos contratos dela decorrentes.

O *caput*, em consonância com o disposto no art. 15, §3º, inciso III, da LGLC, estabelece que o prazo máximo de validade da Ata de Registro de Preços deve ser de um ano, a incluir eventuais prorrogações. Em outras palavras, qualquer prorrogação deverá ocorrer dentro do prazo de um ano de validade da ata. Supera-se, portanto, o entendimento a favor da possibilidade de prorrogação excepcional da ata por mais doze meses, com suposto fundamento no §2º do art. 4º do revogado Decreto Federal nº 3.931/01.[18]

Anote-se que a legalidade da norma revogada já era questionada pela doutrina e jurisprudência. O Tribunal de Contas da União (TCU), em especial, consignou em seu Acórdão nº 991/09 que "ao possibilitar que uma Ata de Registro de Preços vigore por até dois anos, aquele dispositivo contraria o disposto no art. 15, §3º, inciso III, da LGLC, que estabelece que a validade do registro de preços não deve ser superior a um ano".[19] O entendimento esposado nesse acórdão fora endossado em outros julgados daquela corte,[20] bem como pela Orientação Normativa nº 19/09 da Advocacia Geral da União, cujo teor é transcrito a seguir:

---

[18] Destaca-se, como exemplo de expressa admissão da possibilidade de prorrogação da validade da ata por mais de doze meses, à revelia do disposto no art. 15, §3º, da LGLC, o art. 14, §2º, do já revogado Decreto Estadual de Minas Gerais nº 44.787/2008, cujo teor se reproduz: "Art. 14. O prazo de validade da ARP não poderá ser superior a doze meses, contados a partir da assinatura. [...] §2º É admitida a prorrogação por doze meses da vigência da ARP do SRP para a compra de bens e serviços, quando a proposta continuar se mostrando mais vantajosa, observando-se ainda o seguinte: I – concordância do beneficiário da Ata com a prorrogação e manutenção das condições iniciais da proposta, inclusive preço; II – a intenção da prorrogação manifestada no período de sua vigência, e a publicação do aditivo no prazo previsto no parágrafo único do art. 61, da Lei Federal nº 8.666, de 1993; e III – a quantidade do objeto da prorrogação ser apenas o saldo ou a renovação integral das quantidades".

[19] Nesse mesmo sentido, deve-se conferir Acórdão nº 3.028/10 do TCU, ocasião em que se determinou ao FNDE "que fixe em no máximo um ano a validade do registro de preços proveniente do Pregão Eletrônico nº 28/2010, assim como a validade dos registros referentes às futuras licitações, incluindo-se nesse prazo eventuais prorrogações, em observância ao art. 15, §3º, III, da Lei nº 8.666/93, à jurisprudência desta Corte de Contas (Acórdãos nº 2.140/2010 – 2ª Câmara e nº 991/2009 – Plenário) e à Orientação Normativa nº 19/2009 da Advocacia-Geral da União (item 50)".

[20] Ver, por todos, Acórdãos nº 393/2009 e nº 3.273/2010 do TCU.

CRISTIANA FORTINI (COORD.)
REGISTRO DE PREÇOS – ANÁLISE CRÍTICA DO DECRETO FEDERAL Nº 7.892/13, COM AS ALTERAÇÕES POSTERIORES

O prazo de validade da Ata de Registro de Preços é de no máximo um ano, nos termos do art. 15, §3º, inc. III, da Lei nº 8.666, de 1993, razão porque eventual prorrogação da sua vigência, com fundamento no §2º do art. 4º do Decreto nº 3.931, de 2001, somente será admitida até o referido limite, e desde que devidamente justificada, mediante autorização da autoridade superior e que a proposta continue se mostrando mais vantajosa.[21]

O entendimento no sentido de que o Decreto poderia ampliar o prazo de validade do registro de preços é *contra legem*, segundo o entendimento de Cristiana Fortini, Maria Fernanda Pires de Carvalho Pereira e Tatiana Camarão:

A Lei estabelece, no art. 15, §3º, inciso III, que o prazo de validade do registro de preços é de um ano. Já o Decreto nº 3.931 admitia, no art. 4º, §2º, a possibilidade de prorrogação da vigência da Ata, nos termos do art. 57, §4º, da Lei nº 8.666/93, quando a proposta continuasse se mostrar mais vantajosa.

Não há dúvida nenhuma de que o prazo de validade da ata é de um ano, pois esse é o prazo que consta da lei. É público e notório que o Decreto não pode inovar o ordenamento jurídico, tanto é que o novo Decreto nº 7.892/13 corrigiu essa distorção e previu no art. 12 que o prazo de validade da Ata de Registro de Preços não será superior a 12 meses, incluídas eventuais prorrogações, conforme dispõe o inciso III do §3º do art. 15 da Lei nº 8.666, de 1993.[22]

A validade da ata de registro restrita a doze meses foi objeto de diversas decisões dos órgãos de controle. Na decisão do Acórdão nº 1285/2015,[23] o Tribunal de Contas da União chegou a determinar que nem mesmo a suspensão cautelar do processo licitatório autoriza a posterior prorrogação da ata, é dizer, computa-se na contagem do prazo de validade da ata de registro de preço o período em que vigorou medida cautelar suspensiva adotada pela Corte de Contas:

---

[21] ORIENTAÇÃO NORMATIVA Nº 19/09. *Advocacia Geral da União*. Disponível em: http://www.agu.gov.br/sistemas/site/PaginasInternas/NormasInternas/AtoDetalhado. aspx?idAto=189180. Acesso em 30 jan. 2014.

[22] Cf. FORTINI, Cristiana; PEREIRA, Maria Fernanda Pires de Carvalho; CAMARÃO, Tatiana Martins da Costa. Dos aspectos polêmicos da adesão tardia a atas de registros de preços. *Interesse Público – IP*, Belo Horizonte, ano 15, n. 80, p. 51-64, jul./ago. 2013.

[23] BRASIL. Tribunal de Contas da União. Acórdão nº 1285/2015-Plenário, TC nº 018.901/2013-1, relator Ministro Benjamin Zymler, 27.5.2015.

18. Dispõe o art. 12 do Decreto nº 7.892/2013 que o prazo de validade da ata de registro de preços não será superior a doze meses, incluídas as eventuais prorrogações. Essa mesma condição encontra-se prevista no art. 15, §3º, da Lei de Licitações e Contratos. Portanto, não existe amparo legal no pedido formulado pela recorrente no sentido de que o Tribunal declare que o prazo de validade de um ano não seja computado durante o período em que vigorou a medida cautelar adotada por esta Corte de Contas na Sessão Plenária do dia 04.09.2013.

19. Considero que o exame realizado no voto condutor do Acórdão nº 1.401/2014-TCU-Plenário, que apreciou embargos de declaração opostos contra o Acórdão ora recorrido, abordou a questão de forma exauriente, *in verbis*:

Em outro ponto onde existiu alegada omissão, o embargante sugere que a decisão não teria especificado o novo prazo de validade da Ata. Haja vista a medida cautelar prolatada, haveria de se recompor a validade no exato tempo em que o certame ficou paralisado pela liminar.

Segundo o art. 12, caput, do Decreto nº 7.892/2013:

Art. 12. O prazo de validade da ata de registro de preços não será superior a doze meses, incluídas eventuais prorrogações, conforme o inciso III do §3º do art. 15 da Lei nº 8.666, de 1993. (destaquei).

O espírito do dispositivo não é proteger os direitos do fornecedor por até um ano. O valor a ser protegido é sempre o interesse público, o que, nas licitações, encontra-se materializado pela obtenção da melhor proposta. Como diversos adquirentes poderão aderir à Ata decorrente do SRP, o prazo de doze meses é um limite razoável para presumir a "vantajosidade" daquele resultado, em face das características próprias do mercado à época da licitação. Os preços, afinal, não são consequência única do processo inflacionário. Existem flutuações específicas de custos dos insumos e relações distintas de oferta e demanda, além de superlativas variáveis específicas no âmbito mercadológico de cada fornecimento/serviço a impactar o resultado potencial da licitação.

Logo, nesse pano de fundo, independe se a Ata restou-se suspensa por qualquer motivo – inclusive em face da medida cautelar prolatada. Ultrapassados doze meses, a própria vantagem da contratação pode estar prejudicada, seja qual for o adquirente (gerenciador, participante ou "carona" do SRP). Tal proteção ao valor fundamental licitatório, obviamente, se sobrepõe à "expectativa" do vencedor da licitação.

Tal sorte de posicionamento derivado da restrição legal é frequentemente apontado como grande gargalo no planejamento de compras públicas. O prazo de validade de doze meses é demasiadamente exíguo para a realidade de alguns entes e, por vezes, leva à repetição irracional de certames, sem qualquer vantagem comprovada à Administração. Ressalta-se que o tema poderá ser solucionado em caso de aprovação do PL nº 1.292/95, cujo art. 83[24] determina o prazo de vigência de um ano, prorrogável por igual período, desde que seja comprovada a vantajosidade da medida. A decisão legislativa parece-nos arrazoada considerando que apresenta viabilidade de prorrogação da ata condicionada à vantajosidade de tal procedimento. É dizer, não poderia haver prorrogação que aparte a Administração da escolha da proposta mais vantajosa.

Considerando as normas atualmente vigentes, se por um lado a vigência da Ata de Registro de Preços não pode ser superior a um ano, é possível que a ata apresente vigência inferior. Nesse caso, será admitida a prorrogação da ata desde que respeitado o prazo máximo de um ano e, ainda, não tenha havido consumo total dos quantitativos inicialmente previstos. A prorrogação não implica o restabelecimento dos quantitativos previstos, como já delimitado no Acórdão nº 991/09 do TCU. Esse entendimento é aplicável à presente legislação federal do SRP, conforme lecionam Cristiana Fortini, Maria Fernanda Pires e Tatiana Camarão:

> Em que pese à impossibilidade de prorrogação da Ata de Registro de Preços no prazo de 12 meses, questão que se coloca diz respeito à possibilidade de se admitir o restabelecimento dos quantitativos iniciais.
>
> O TCU, no Acórdão nº 991/2009, deixou assentado que não é possível restabelecer os quantitativos. Se alcançado o termo final da Ata de Registro de Preços no prazo de menos de um ano com consumo total dos quantitativos inicialmente previstos, não há que se falar em prorrogação e restabelecimento de novos quantitativos. Mas, próximo o prazo final da ata sem o consumo total dos quantitativos, é possível prorrogá-la, desde que dentro do período de um ano, prevendo o quantitativo remanescente para ser contratado.[25]

---

[24] Art. 83. O prazo de vigência da Ata de Registro de Preços será de 1 (um) ano e poderá ser prorrogado, por igual período, desde que comprovado o preço vantajoso.

[25] Cf. FORTINI, Cristiana; PEREIRA, Maria Fernanda Pires de Carvalho; CAMARÃO, Tatiana Martins da Costa. Dos aspectos polêmicos da adesão tardia a atas de registros de preços. *Interesse Público – IP*, Belo Horizonte, ano 15, n. 80, p. 51-64, jul./ago. 2013.

Salienta-se, ainda, que a vigência da ata e dos contratos firmados com base no registro de preços transcorre de forma independente, aplicando-se aos contratos o prazo disposto no instrumento convocatório, respeitado o art. 57 da LGLC.[26] Contudo, conforme expressamente determinado pelo art. 12, §4º, do Decreto Federal nº 7.892/13, o contrato deve ser assinado enquanto a Ata de Registro de Preços ainda estiver vigente. Importante lembrar que tal disposição não existia no revogado Decreto nº 3.931/01. A omissão causava grande insegurança jurídica em relação ao tema do momento para assinatura da ata. Em virtude das dúvidas geradas, o tema já havia sido abordado anteriormente pelo TCE/MG, em consulta de nº 872.262, formulada pela Controladora Geral do Município de Belo Horizonte, Cristiana Fortini. Na consulta, destacou-se a situação hipotética de:

> [...] promover contratação tomando-se por base Ata de Registro de Preços decorrido o prazo de vigência da mesma que é de 12 (doze) meses (art. 15, §3º, inciso III, da Lei nº 8.666/93), considerando que a adesão e a concordância por parte do possível contratado ocorreram durante a vigência da ata e que mesmo após esse prazo há interesse por parte do possível contratado em firmar o contrato com a administração pública.

O então relator respondeu à consulta nos seguintes termos:

> Não é possível promover contratações com base em Ata de Registro de Preços com prazo de vigência vencido. Para se contratar tomando por base Ata de Registro de Preços, é necessário que a adesão do interessado e a concordância por parte do possível contratado, além das demais formalidades exigidas do "carona", descritas na Consulta nº 757.978, bem como a celebração do respectivo contrato, sejam realizadas durante a vigência da ata.

Ainda, voltando ao estudo dos termos da atual legislação, é possível que a vigência do contrato se estenda por período superior ao da vigência da ata, sendo vedada apenas a assinatura do contrato em momento ulterior.

---

[26] O Decreto Federal nº 7.892/13 disciplina a licitação para registro de preços de modo que as regras aplicáveis aos contratos são extraídas da LGLC – em especial em relação à sua vigência e prorrogação – e não do referido Decreto.

A vigência dos contratos decorrentes do SRP poderá ultrapassar a vigência do crédito orçamentário nas situações enquadradas nas exceções delimitadas no art. 57, da LGLC, integralmente aplicável por força de disposição do próprio Decreto Federal nº 7.892/13. Com a devida vênia, discordamos da posição que afirma a incompatibilidade do SRP com os contratos de duração continuada.[27] Parece-nos que a restrição não coaduna com os objetivos do SRP, que, ao teor do art. 3º do Decreto Federal nº 7.892/13, volta-se para os casos de necessidade de contratações frequentes em virtude das características do bem ou serviço, a aquisição de bens com previsão de entregas parceladas ou contratação de serviços remunerados por unidade de medida ou em regime de tarefa, quando for conveniente a aquisição de bens ou contratação de serviços para o atendimento de um órgão ou entidade, ou a programa de governo, e, por fim, quando, pela natureza do objeto, não for possível definir previamente o quantitativo a ser demandado pela administração. Não há, portanto, qualquer antítese entre as contratações de natureza continuada e as via SRP.

Nesse sentido já se manifestou o TCU:

> *É lícita a utilização do Sistema de Registro de Preços para contratação de serviços contínuos, desde que configurada uma das hipóteses delineadas nos incisos I a IV do art. 2º do Decreto nº 3.931/2001.*

Pedido de reexame interposto pelo Instituto Chico Mendes de Conservação da Biodiversidade – ICMBio impugnou dispositivo contido no Acórdão nº 2.312/2009-P, parcialmente alterado pelo Acórdão nº 2.775/2010-P, ambos do Plenário, proferidos nos autos de denúncia que versou sobre possíveis irregularidades na condução de licitação para formação de registro de preços visando a contratação de empresa prestadora de *serviços* de apoio às atividades operacionais, *de forma contínua*. Por meio desse recurso, o citado Instituto pediu a reforma

---

[27] Sidney Bittencourt, citando precedentes do TCE/SP e doutrina de Alexandre Manir Figueiredo Sarquis e Rosemeire da Silva Cardoso Ramos, defende que os serviços de execução continuada são incompatíveis com a filosofia do registro de preços, visto que estes devem ser atendidos pela prorrogação contratual disciplinada pelo inciso II do art. 57 da Lei nº 8.666/93. Para o autor, "as necessidades permanentes e contínuas devem ser satisfeitas por meio de prorrogação de contratos licitados por licitações convencionais". (BITTENCOURT, Sidney. *Licitação de registro de preços*: comentários ao Decreto nº 7.892, de 23 de janeiro de 2013. Belo Horizonte: Fórum, 2013. p. 102-103). Em sentido contrário ao prelecionado por Bittencourt, o teor do Parecer nº 183/2010 da AGU. Referido Parecer traz ainda interessante síntese das posições contrárias e favoráveis à utilização do SRP para contratação de serviços continuados.

de determinação que o impedia de utilizar o sistema de registro de preços – SRP "para contratação de serviços contínuos essenciais ao funcionamento do órgão". O recorrente, em suas razões, acentuou a ampliação da competitividade e da publicidade conferidas pelo sistema de registro de preços, especialmente quando realizado por meio do pregão eletrônico, além da celeridade e economicidade dos procedimentos licitatórios. A unidade técnica pugnou pela negativa de provimento ao recurso, por considerar que a terceirização de mão de obra, objeto da Ata de Registro de Preços, não se ajusta às disposições legais que normatizam o SRP. A relatora, ao dissentir desse entendimento, ponderou que "o Sistema de Registro de Preços, antes restrito a compras, pode ser utilizado na contratação de prestação de serviços". Reconheceu que os quantitativos dos serviços de natureza continuada devem ser mensurados com antecedência, o que impediria o enquadramento de casos dessa natureza à hipótese prevista no inciso IV do art. 2º do Decreto nº 3.931/2001. A utilização desse sistema, contudo, pode ser justificada pelas outras hipóteses que ensejam a adoção do sistema de registro de preços, explicitadas nos incisos I, II e III desse mesmo artigo. E acrescentou: "Vislumbro a importância da utilização do SRP nos casos enquadrados no inciso III, por exemplo, onde a partir de uma cooperação mútua entre órgãos/entidades diferentes, incluindo aí um planejamento consistente de suas necessidades, a formação de uma Ata de Registro de Preços poderia resultar em benefícios importantes. Também nos casos de contratação de serviços frequentemente demandados, mas que não sejam necessários ininterruptamente, a ata poderia ser uma solução eficaz e que coaduna com a eficiência e a economicidade almejadas na aplicação de recursos públicos". Ressaltou, porém, a necessidade de impedir ilimitadas adesões a uma mesma Ata de Registro de Preços, por ofensa aos princípios da competição, da igualdade de condições entre os licitantes e da busca da maior vantagem para a Administração Pública. O Tribunal, então, ao endossar a proposta de encaminhamento da relatora, decidiu conhecer do pedido de reexame e conceder provimento parcial a esse recurso, a fim de reformar o subitem da decisão atacada, o qual passou a assumir a seguinte redação: "1.5.1.1 quando da utilização do SRP, inclusive para contratação de serviços contínuos, fixe, no instrumento convocatório, os quantitativos máximos a serem contratados e controle, enquanto órgão gerenciador da ata a ser formada, as adesões posteriores, para que esses limites não sejam superados".[28]

---

[28] Acórdão nº 1.737/2012-Plenário, TC-016.762/2009-6. Rel. Min. Ana Arraes, 04.07.2011. (Destaques nossos).

Caso seja aprovado o PL nº 1.292/1995, o prazo de vigência dos contratos firmados com registro de preços seguirá a sistemática geral de prazos contratuais do referido projeto de lei,[29] considerando ainda que o parágrafo único do art. 83[30] estabelece que a vigência destes contratos em cada caso concreto será aquela estabelecida na própria ata de registro.

Passando ao tema da alteração da Ata de Registro de Preços, apontamos substancial modificação promovida pelo atual Decreto Federal nº 7.892/13. Enquanto o Decreto revogado possibilitava as alterações de forma ampla, desde que obedecido o teor do art. 65, da LGLC (o que permitia, portanto, a existência de acréscimos quantitativos de até 25% na Ata de Registro de Preços), o novo Decreto Federal restringiu as possibilidades de alteração da ata ao vedar as de cunho quantitativo (art. 12, §1º).

Portanto, em primeiro lugar, concluímos que não há vedação absoluta de qualquer alteração da ata. Ademais, a evidência da possibilidade de alteração da ata já basta para refutar as posições que negam sua natureza contratual com fundamento na impossibilidade de alterações quantitativas.

Em segundo lugar, frisamos que a mudança promovida pelo Decreto Federal nº 7.892/13, elogiada por parcela da doutrina,[31] não se encontra infensa a críticas. Joel de Menezes Niebuhr afirma que a restrição imobiliza a administração e dificulta a gestão das atas de registro de preços, além de afirmar que:

> [A] proibição contida no §1º do artigo 12 do Decreto Federal nº 7.892/13 apenas posterga a alteração quantitativa eventualmente pretendida

---

[29] Art. 107 a 113 do PL nº 1.292/1995.

[30] Art.83, Parágrafo único. O contrato decorrente da ata de registro de preços terá sua vigência estabelecida em conformidade com as disposições nela contidas.

[31] É o caso de Sidney Bittencourt, que afirma que o decreto anterior permitia as alterações quantitativas por tomar a ata como se contrato fosse, gerando dificuldades operacionais. Afirma que "agora as dúvidas foram afastadas, pois o atual ato regulamentar não reiterou a condição de que a ARP poderá sofrer alterações nas formas admitidas na citada lei para os contratos, deixando expressamente consignada a vedação a aditamentos quantitativos da ata, registrando, expressamente, inclusive o acréscimo quantitativo de que trata o §1º do art. 65 da Lei nº 8.666/93 [...]". (BITTENCOURT, Sidney. *Licitação de registro de preços*: comentários ao Decreto nº 7.892, de 23 de janeiro de 2013. Belo Horizonte: Fórum, 2013. p. 101). Parece-nos que, na opinião do referido autor, a vedação à alteração da ata é ampla, posição que ousamos discordar, conforme anteriormente consignado.

pela Administração. Em vez de alterar a Ata de Registro de Preços, a Administração terá que firmar o contrato, e então, alterá-lo.[32]

Lado outro, o novo Decreto admite a aplicação do art. 65, da LGLC, aos contratos que sejam celebrados a partir do SRP, sem restringir as alterações quantitativas. Entretanto, Sidney Bittencourt aconselha que seja tomada cautela ao aplicar o dispositivo, "uma vez que nem sempre as regras de alteração contratual serão compatíveis com o SRP".[33]

Antes de se passar ao estudo das correntes doutrinárias e jurisprudenciais acerca dos limites de alteração dos contratos administrativos, convém registrar disposição que estava contida no já revogado Decreto nº 44.787/08, do Estado de Minas Gerais. Referido Decreto, ao lançar mão da definição do Sistema de Registro de Preços Permanente,[34] em seu art. 4º, XVI, define-o como sistema aplicável, dentre outras hipóteses, à situação de inclusão de produto não demandado originariamente na Ata de SRP, e que será "precedido de licitação na modalidade pregão, com critério de atualização de preços, itens e lotes que, na forma do inciso II, do §3º, do art. 15 da Lei Federal nº 8.666, de 1993, permita a participação de novos licitantes, inclusive, com nova disputa por meio de lances, assegurada a publicidade dos atos".

---

[32] GUIMARÃES, Edgar; NIEBUHR, Joel de Menezes. *Registro de preços*: aspectos práticos e jurídicos. Belo Horizonte: Fórum, 2013. p. 102.

[33] BITTENCOURT, Sidney. *Licitação de registro de preços*: comentários ao Decreto nº 7.892, de 23 de janeiro de 2013. Belo Horizonte: Fórum, 2013. p. 107.

[34] O Sistema de Registro de Preços Permanentes foi recebido como novidade pela doutrina, como se percebe pelo trecho a seguir: "A primeira inovação do Decreto do Estado de Minas Gerais é a possibilidade de alteração nos preços: na seção IV, que trata da 'Atualização dos Preços Registrados', o Decreto nº 44.787/08 permite acrescentar quantitativos de bens e/ou serviços em percentual superior ao limite estabelecido no §1º do art. 65, da Lei Federal nº 8.666/93, desde que essa inclusão seja precedida de nova licitação e que o Sistema de Registro de Preços passe a ser permanente. Seu conteúdo encontra amparo legal no art. 15, §3º, inc. II, da Lei Federal nº 8.666/93. Admite-se, inclusive, utilizar o mesmo edital da licitação original caso sejam mantidos os critérios de julgamento e as condições de habilitação, limitando a alteração tão somente ao conteúdo dos anexos daquele ato convocatório. Nessas situações, será dispensado, inclusive, o exame do órgão jurídico, o que significa dizer que se empreende uma nova dinâmica ao processo de compra, inclusive dispensando o retrabalho por parte da Administração. Desta forma, o Decreto nº 44.787 aponta economia de tempo, trabalho e consequentes recursos financeiros". (ANTUNES, Carolina. Minas Gerais com o Sistema de Registro de Preços Permanente dá carona ao Brasil. *Fórum de Contratação e Gestão Pública – FCGP*, Belo Horizonte, ano 7, n. 78, p. 133-136, jun. 2008).

Isto posto, ainda que brevemente, mencionamos a divergência doutrinária a envolver os limites de alteração dos contratos administrativos, conforme disposições do art. 65, §1º da LGLC. Conforme síntese formulada por Carvalho Filho,[35] para parte da doutrina, referidos limites seriam aplicados tão somente às alterações quantitativas (art. 65, I, "b"), uma vez que incompatíveis com a natureza das alterações qualitativas (art. 65, I, "a").[36]

Para outra parcela da doutrina,[37] impõe-se a observância dos limites em questão tanto para as alterações quantitativas quanto para as alterações qualitativas, por não existir distinção legal para os limites aplicáveis a cada uma das referidas formas de alteração contratual.

Um terceiro posicionamento pode ser extraído da Decisão nº 215/99 do TCU,[38] segundo a qual tanto as alterações quantitativas quanto as qualitativas unilaterais estão sujeitas às limitações dos §§1º e 2º, do art. 65, da LGLC, com base no princípio da proporcionalidade, nos direitos do contratado e na necessidade de esses limites serem obrigatoriamente fixados em lei. Já em relação às alterações qualitativas bilaterais, o TCU estabeleceu a possibilidade de serem promovidas alterações em patamares superiores aos limites dos §§1º e 2º, do art. 65, desde que observados os princípios gerais de direito administrativo, em especial, os da finalidade, razoabilidade e proporcionalidade.

Por fim, registramos que, nos termos do §1º do art. 100 do Decreto nº 7.581/11, "os contratos decorrentes do SRP/RDC não poderão sofrer acréscimo de quantitativos" e, consoante o §2º, "os contratos decorrentes do SRP/RDC poderão ser alterados conforme as normas da LGLC, ressalvado o disposto no §1º". Nesse ponto a regulamentação do registro de preços para o RDC afasta-se radicalmente do disposto no Decreto Federal em análise, que, conforme explicitado anteriormente, possibilita alterações do contrato de forma ampla, de acordo com as disposições do art. 65 da LGLC.

---

[35] CARVALHO FILHO, José dos Santos. *Manual de direito administrativo*. 25. ed. São Paulo: Atlas, 2012. p. 193.

[36] É a posição de Marçal Justen Filho, Vera Lúcia Machado e Eros Grau.

[37] Representada, em especial, por Carvalho Filho e por Jesse Torres Pereira Júnior.

[38] Ver também teor da decisão do Acórdão nº 448/11.

2 Capítulo VII – Da assinatura da ata e da contratação com fornecedores registrados

2.1 Artigo 13

Uma vez homologado o resultado da licitação, o fornecedor mais bem classificado será convocado para assinar a Ata de Registro de Preços, no prazo e nas condições dispostas no edital, admitindo-se uma prorrogação por igual período,[39] desde que solicitado pelo fornecedor, com base em motivo devidamente justificado e aceito pela administração.

Caso o "convocado" não assine a ata no prazo e nas condições do edital, é facultado à administração convocar os "licitantes remanescentes", na ordem de classificação do certame, para que assinem a ata "em igual prazo e nas mesmas condições propostas pelo primeiro classificado". São licitantes remanescentes, além dos mencionados no art. 10, que se dispuseram a reduzir os seus preços àquele proposto pelo mais bem classificado, os outros se a administração julgar conveniente convocar na hipótese de ausência de assinatura da ata pelo mais bem classificado.

Por ora, maiores indagações surgem em relação ao parágrafo único, do art. 13.

A regra estatuída no parágrafo único regulamenta, no âmbito do registro de preços, as regras dispostas no art. 64, §2º, da LGLC,[40] e no art. 4º, inciso XXIII c/c o inciso XVI da Lei do Pregão.[41] Tratando-se

---

[39] Referimo-nos à prorrogação para a assinatura da Ata de Registro de Preços.

[40] "Art. 64. A Administração convocará regularmente o interessado para assinar o termo de contrato, aceitar ou retirar o instrumento equivalente, dentro do prazo e condições estabelecidos, sob pena de decair o direito à contratação, sem prejuízo das sanções previstas no art. 81 desta Lei. [...] §2º É facultado à Administração, quando o convocado não assinar o termo de contrato ou não aceitar ou retirar o instrumento equivalente no prazo e condições estabelecidos, convocar os licitantes remanescentes, na ordem de classificação, para fazê-lo em igual prazo e nas mesmas condições propostas pelo primeiro classificado, inclusive quanto aos preços atualizados de conformidade com o ato convocatório, ou revogar a licitação independentemente da cominação prevista no art. 81 desta Lei".

[41] "Art. 4º A fase externa do pregão será iniciada com a convocação dos interessados e observará as seguintes regras: [...] XVI – se a oferta não for aceitável ou se o licitante desatender às exigências habilitatórias, o pregoeiro examinará as ofertas subsequentes e a qualificação dos licitantes, na ordem de classificação, e assim sucessivamente, até a apuração de uma que atenda ao edital, sendo o respectivo licitante declarado vencedor; [...] XXIII – se o licitante vencedor, convocado dentro do prazo de validade da sua proposta, não celebrar o contrato, aplicar-se-á o disposto no inciso XVI".

de norma jurídica infralegal, sua intepretação deve ser feita à luz das respectivas disposições legais regulamentadas. No caso do art. 64, §2º, da LGLC, a faculdade conferida à administração traduz autêntica situação de discricionariedade administrativa quando da omissão de assinatura do termo do contrato ou do instrumento equivalente pelo licitante convocado, que caracteriza:

> [...] dado aspecto do ato administrativo sempre que a norma de direito positivo regulá-lo de modo a transparecer que, na apreciação do direito e das circunstâncias em que este se faz aplicável, está o administrador diante de um número determinado ou indeterminado de opções que se caracterizam como *indiferentes jurídicos*, pelo que a consideração axiológica da melhor alternativa se fará por meio de outros critérios que não de direito.[42]

Nesse quadro, o conteúdo constitui um elemento do ato administrativo dotado de um aspecto discricionário, que poderá corresponder a uma das duas opções oferecidas ao administrador: convocar os remanescentes ou revogar a licitação.

Qualquer que seja o conteúdo adotado, o ato não poderá nunca perder de vista a observância de seus aspectos vinculados: (i) seu motivo fático, consistente na omissão do convocado de assinar o termo do contrato, ou na ausência de aceitação ou de retirada do instrumento equivalente no prazo e condições estabelecidos; e, no caso de optar pela convocação dos remanescentes, (ii) sua submissão à ordem de classificação e às condições propostas pelo primeiro colocado, inclusive quanto aos preços atualizados conforme edital.[43]

Distintamente, a Lei do Pregão estabelece, em seu art. 4º, inciso XXIII, c/c o inciso XVI, que, diante da ausência de celebração do contrato pelo licitante vencedor, o pregoeiro deve examinar as ofertas subsequentes e a qualificação dos licitantes, na ordem de classificação, e assim sucessivamente, até que apure uma que atenda ao edital e, por conseguinte, implique a declaração do respectivo vencedor.

---

[42] ARAÚJO, Florivaldo Dutra de. *Motivação e controle do ato administrativo*. 2. ed. Belo Horizonte: Del Rey, 2005. p. 85.

[43] Nunca é demais lembramos que "a discricionariedade administrativa é a margem de liberdade confinada pelos aspectos vinculados do ato". Cf. ARAÚJO, Florivaldo Dutra de. *Motivação e controle do ato administrativo*. 2. ed. Belo Horizonte: Del Rey, 2005. p. 69.

Assim, no caso do pregão, inexiste margem de discrição conferida ao pregoeiro quanto ao conteúdo de seu ato, pois lhe cabe tão somente apurar a existência de oferta "que atenda ao edital". Somente no caso de não encontrar nenhuma oferta nesses termos é que poderá revogar a licitação.

Com efeito, concluímos que, no caso da licitação do registro de preços ser processada sob a modalidade de concorrência e o primeiro convocado recusar-se a assinar a ata no prazo e condições fixados, à administração facultar-se-á optar entre, revogar a licitação, ou convocar os licitantes remanescentes na ordem de classificação, para assinar a ata nas mesmas condições ofertadas pelo primeiro colocado, inclusive preço.

Se, diante da mesma situação de ausência de celebração da ata pelo licitante vencedor, e se a licitação se desenvolver sob a modalidade de pregão, a administração estará obrigada a examinar as ofertas e qualificações dos licitantes subsequentes, na ordem de classificação, declarando como vencedor aquele que apresentar a oferta consentânea com o edital, independentemente se estiver ou não nas mesmas condições e no mesmo preço propostos pelo primeiro convocado. Obviamente, ainda que o pregoeiro não esteja vinculado às mesmas condições e preço do primeiro convocado, não poderá nunca se afastar das disposições legais e editalícias, inadmitindo-se, assim, que um licitante que tenha ofertado preços fora do padrão de mercado seja declarado como vencedor. Neste caso, cabe ao pregoeiro revogar a licitação.

Essas são as intepretações que nos parecem ser as mais consentâneas com a submissão da norma regulamentar às normas legais de hierarquia superior, e, portanto, com o princípio da legalidade.[44]

Ressalta-se que a avaliação dos procedimentos cabíveis em caso de frustração da assinatura do contrato pelo licitante melhor colocado será alterada em caso de aprovação do PL nº 1.292/1995.

Em qualquer modalidade licitatória será *facultado* à Administração convocar os licitantes remanescentes, na ordem de classificação, para celebrar contrato nas condições propostas pelo vencedor quando este for convocado e não assinar o termo de contrato ou não aceitar

---

[44] No mesmo sentido, cf. GUIMARÃES, Edgar; NIEBUHR, Joel de Menezes. *Registro de preços*: aspectos práticos e jurídicos. Belo Horizonte: Fórum, 2013. p. 90-92.

ou não retirar o instrumento equivalente no prazo e nas condições estabelecidas (art. 89, §2º do PL nº 1.292/1995).

No caso de nenhum dos licitantes subsequentes aceitar tal condição, a Administração poderá convocar os licitantes remanescentes para rodada de negociação que ocorrerá seguindo a ordem de classificação destes. A negociação visa a obter melhor preço, ainda que acima do preço ofertado pelo adjudicatário (art. 89, §4º, I do PL nº 1.292/1995).

Ainda, caso tais negociações sejam frustradas, a Administração poderá adjudicar o contrato das condições ofertadas pelos licitantes remanescentes, conforme ordem classificatória (art. 89, §4º, II do PL nº 1.292/1995).

A alteração legislativa leva em consideração os prejuízos advindos da revogação da licitação, tanto em termos de planejamento das compras públicas, quanto em função dos próprios custos relacionados à estruturação do processo licitatório.

2.2 Artigo 14

O art. 14 disciplina os efeitos obrigacionais que a ata de Registros de Preços produz para os fornecedores após o cumprimento de seus requisitos de publicidade. Antes de adentrarmos propriamente nos comentários desses efeitos, julgamos conveniente tratar de uma questão que até então foi negligenciada por parte da doutrina administrativista dedicada ao tema do registro de preços, salvo algumas exceções: a da natureza jurídica da relação que se forma entre a administração e o particular ao término de um procedimento licitatório conduzido para essa finalidade.

Notamos certa resistência em se reconhecer no registro de preços até mesmo a existência de uma relação jurídica de fundo, visto que, muitas vezes, ele é reduzido ao mero instrumento material que o formaliza (Ata de Registro de Preços), ou mesmo confundido com a forma pela qual deve ser processado (Sistema de Registro de Preços – SRP).

De outro lado, conquanto alguns reconheçam o registro de preços como uma relação jurídica, alguns continuam a tratá-lo como um simples "acordo", "avença", "entendimento" ou quaisquer outras designações que intentam afastá-lo daquela que, no nosso entender, constitui sua verdadeira natureza, qual seja, a de um contrato.

Nesse sentido, acompanhamos as palavras de Marçal Justen Filho, segundo o qual:

> [...] é relevante afastar um preconceito, no sentido de que o registro de preços não constitui em uma relação jurídica entre a Administração Pública e um particular. Alguns reputam que o registro de preços é um "entendimento" ou uma "avença", tal como se não apresentasse natureza jurídico-contratual. Outros afirmam que o registro de preços é uma "ata" – confundindo a relação jurídica com o instrumento de sua formalização. Outros, enfim, definem o registro de preços como um "sistema", o que não fornece a determinação da natureza jurídica do instituto.[45]

Assim, tentaremos afastar as dúvidas em torno da natureza contratual do registro de preços.

Desconfiamos que esse preconceito decorra de uma equivocada interpretação do disposto no §4º do art. 15 da LGLC.[46]

Diante da ausência de obrigatoriedade de a administração contratar com aqueles cujos preços tenham sido registrados, os mais apressados logo podem concluir no sentido da inexistência de uma relação jurídica contratual.

Todavia, trata-se de um raciocínio equivocado e que merece reparos. O contrato, a despeito de nascer da bilateralidade ou do acordo de vontades, não pressupõe a bilateralidade das obrigações das partes que o celebram. Em outros termos, apesar de todo contrato constituir um negócio jurídico bilateral, por nascer do acordo entre duas ou mais vontades, pode haver contratos tanto unilaterais quanto bilaterais, conforme eles prevejam, respectivamente, obrigações para tão somente uma ou para ambas as partes contratantes.

Antes de tudo, devemos esclarecer, ainda que sucintamente, em que consiste um negócio jurídico, gênero do qual a principal espécie é o contrato. Hans Kelsen oferece uma das melhores conceituações:

---

[45] JUSTEN FILHO, Marçal. *Comentários à Lei de Licitações e contratos administrativos*. 14. ed. São Paulo: Dialética, 2010. p. 191.

[46] "Art. 15. [...] §4º A existência de preços registrados não obriga a Administração a firmar as contratações que deles poderão advir, ficando-lhe facultada a utilização de outros meios, respeitada a legislação relativa às licitações, sendo assegurado ao beneficiário do registro preferência em igualdade de condições".

[...] é um fato produtor de Direito se e na medida em que ordem jurídica confere a tal fato esta qualidade; e ela confere-lhe esta qualidade tornando a prática de um fato jurídico-negocial, juntamente com a conduta contrária ao negócio jurídico, pressuposto de uma sanção civil.

Na medida em que a ordem jurídica institui o negócio jurídico como fato produtor de Direito, confere aos indivíduos que lhe são submetidos o poder de regular as suas relações mútuas, dentro dos quadros das normas gerais criadas por via legislativa ou consuetudinária, através de normas criadas pela via jurídico-negocial.[47]

Logo, negócio jurídico é uma fonte voluntária de normas jurídicas que, por atribuição do ordenamento positivo, permite aos sujeitos de direito, ao praticarem-no, a autorregulação de suas relações jurídico-obrigacionais, criando, modificando ou extinguindo-as. É a mais elevada expressão jurídica de sua autonomia.

O negócio jurídico típico é o contrato, que se singulariza por sua existência depender do acordo ou concordância de duas ou mais vontades declaradas e dirigidas para reger a conduta de quem as tenham manifestado. Daí constituir-se como um negócio jurídico bilateral.

Essa bilateralidade constitutiva, entretanto, não se confunde com a dos efeitos obrigacionais gerados pelo encontro de vontades das partes contratantes. É dizer, a existência de direitos e deveres para ambas as partes não é *conditio sine qua non* para que haja uma relação contratual. A origem não se confunde com os efeitos, ou, juridicamente falando, o plano da existência não se confunde com o da eficácia.

A doutrina civilista não hesita em reconhecer os contratos unilaterais. É o caso, *v.g.*, da promessa unilateral, modalidade de contrato preliminar, este que é disposto nos artigos 462 a 466 da Lei nº 10.406/02 (Código Civil). Nos dizeres de Orlando Gomes:

> Na *promessa unilateral*, a faculdade de exigir o cumprimento reserva-se exclusivamente a uma das partes. A outra contrai obrigações cujo adimplemento fica subordinado à vontade da que pode exigi-lo. A promessa unilateral de contrato chama-se, impropriamente, *opção*.

---

[47] KELSEN, Hans. *Teoria pura do direito*. 6. ed. 4. tir. (Trad. João Baptista Machado). São Paulo: Martins Fontes, 2000. p. 284-285.

A circunstância de criar obrigação *ex uno latere* não lhe tira a natureza contratual, por evidente que só se torna perfeita pelo acordo de vontades.

A *opção de compra*, a *venda a contento* e a *promessa de doação* configuram *promessa unilateral*.

O mecanismo é simples: enquanto não sobrevém o termo final, prefixado pelas partes ou marcado pelo juiz, a faculdade de exigir o cumprimento da promessa pode ser livremente exercida.[48]

Trata-se de situação muito semelhante com a que se passa entre a administração e o particular no registro de preços, pois aquela, até o termo final não superior a um ano, correspondente ao prazo de validade máximo do registro (art. 15, §3º, III, da LGLC), tem a faculdade de exigir o cumprimento da promessa ou o compromisso unilateral do segundo de lhe prestar os bens ou os serviços pelo preço e condições avençados. Somente à administração cabe decidir sobre a definitiva contratação, desde que o faça no prazo de validade do registro, denotando o seu caráter de contrato preliminar.[49]

Essa é a conclusão da mais abalizada doutrina, que ora se refere ao registro de preços como um *contrato normativo*,[50] ora como um *contrato preliminar ou pré-contrato unilateral*,[51] a qual, em nosso entender, não merece reparos, exceto quanto ao acréscimo de que, apesar de a administração não estar obrigada a celebrar o contrato definitivo, deve assegurar *ao beneficiário do registro preferência em igualdade de condições*, nos termos do já transcrito §4º do art. 15 da LGLC.

---

[48] GOMES, Orlando. *Contratos*. 26. ed. Rio de Janeiro: Forense, 2009. p. 162-163.

[49] A propósito, o próprio Decreto Federal nº 7.892/13 menciona em mais de um dispositivo a natureza de compromisso para futura contratação do registro de preços: art. 2º, II; art. 14; art. 18, §1º; art. 19, *caput* e inciso I.

[50] "O registro de preços é um contrato normativo, expressão que indica uma relação jurídica de cunho preliminar e abrangente, que estabelece vínculo jurídico disciplinando o modo de aperfeiçoamento de futuras contratações entre as partes". (JUSTEN FILHO, Marçal. *Comentários à Lei de Licitações e contratos administrativos*. 14. ed. São Paulo: Dialética, 2010. p. 191).

[51] GUIMARÃES, Edgar; NIEBUHR, Joel de Menezes. *Registro de preços*: aspectos práticos e jurídicos. Belo Horizonte: Fórum, 2013. p. 86: "Advirta-se que a Ata de Registro de Preços não se confunde com o contrato. Ela precede o contrato. A rigor, a Ata de Registro de Preços apresenta a natureza de contrato preliminar ou pré-contrato unilateral, a teor do disposto no art. 466 do Código Civil". Ressaltamos que não concordamos com a afirmação de que a "Ata de Registro de Preços" apresenta a natureza contratual, visto que esta se verifica na relação jurídica entre a administração e o particular que teve o seu preço registrado. Como já ressaltado anteriormente, a relação não se confunde com o seu instrumento material.

Tratando-se de um ajuste entre a administração pública e um particular, decerto que estamos diante de um contrato administrativo, submetido, assim, ao regime jurídico público, em consonância com o disposto no parágrafo único do art. 2º da LGLC.[52]

Assim, o caráter de contrato preliminar atribuído à Ata de Registro de Preços funda-se, por um lado, no compromisso unilateral de o fornecedor prestar à administração os bens ou os serviços pelo preço e condições estipulados, conforme determinado no *caput* do art. 14 em análise. Também indicação dessa natureza é a aplicação dos requisitos de publicidade próprios dos contratos administrativos para a Ata de Registro de Preços, requisitos esses previstos pela LGLC. Por essa razão, embora a literalidade do Decreto Federal nº 7.892/13 determine tão somente a necessidade de publicação da Ata de Registro de Preços no Portal de Compras do Governo (art. 11, II), consideramos necessária a publicação, na Imprensa Oficial, dos preços registrados, em frequência trimestral, e a partir da assinatura da ata, por força o art. 15, §2º, da LGLC. Referida publicação trimestral representa a disponibilização de espécie de extrato da Ata de Registro de Preços em Diário Oficial.[53] A publicação nos referidos veículos é condição indispensável para eficácia da Ata de Registro de Preços.

Ainda, nos termos do parágrafo único do artigo em análise, o descumprimento injustificado, pelo credor, do compromisso de assinatura da ata no prazo estabelecido atrai a aplicação das penalidades legalmente estabelecidas.

A natureza de contrato preliminar, uma vez mais, unifica o tratamento conferido ao fornecedor que se recusa, injustificadamente, a assinar a Ata de Registro de Preços daquele conferido ao licitante que queda inadimplente após convocação nos termos do art. 64 da LGLC.

Mesmo quem rejeite a natureza contratual da relação decorrente do SRP, Sidney Bittencourt registra a aproximação entre o fornecedor que se recusa a assinar a ata e o adjudicatário faltoso, caracterizando a responsabilidade pré-contratual de ambos nos seguintes termos:

---

[52] "Art. 2º [...] Parágrafo único. Para os fins desta Lei, considera-se contrato todo e qualquer ajuste entre órgãos ou entidades da Administração Pública e particulares, em que haja um acordo de vontades para a formação de vínculo e a estipulação de obrigações recíprocas, seja qual for a denominação utilizada".

[53] Nesse sentido, cf. GUIMARÃES, Edgar; NIEBUHR, Joel de Menezes. *Registro de preços*: aspectos práticos e jurídicos. Belo Horizonte: Fórum, 2013. p. 94.

[...] No caso de fornecedor que se recusa a assinar a ARP, a punição se dá em função do descumprimento total da obrigação assumida. Com a propositura de preço, participando efetivamente do certame licitatório, o licitante assume um compromisso perante a Administração: o de vir a celebrar contrato(s) na forma proposta. Não atendendo ao chamado para assinar a ata, frustra-se o objetivo da licitação e origina situação danosa para a Administração. À semelhança do "adjudicatário faltoso", a proposta apresentada caracteriza-se como uma responsabilidade pré-contratual, passível de sanção por descumprimento.[54]

A definição das penalidades aplicáveis é também consequência do raciocínio desenvolvido em linhas anteriores. Considerando que a ausência de assinatura da ata, de forma injustificada, implica o descumprimento total da obrigação de fornecer, cerne do contrato administrativo a ser firmado, impende concluirmos pela aplicação das penalidades do art. 87 da LGLC[55] também nos casos de descumprimento da obrigação de assinar a Ata de Registro de Preços.

O mesmo raciocínio foi até então mantido pela última redação do PL nº 1.292/1995, com a única peculiaridade de que, além de sujeitar o licitante que se recusar injustificadamente a assinar a ata às penalidades legalmente estabelecidas, este também perderá imediatamente a garantia que tiver proposto em favor do órgão ou entidade licitante (§5º do art. 89).

---

[54] BITTENCOURT, Sidney. *Licitação de registro de preços*: comentários ao Decreto nº 7.892, de 23 de janeiro de 2013. Belo Horizonte: Fórum, 2013. p. 119.

[55] "Art. 87. Pela inexecução total ou parcial do contrato, a Administração poderá, garantida a prévia defesa, aplicar ao contratado as seguintes sanções: I – advertência; II – multa, na forma prevista no instrumento convocatório ou no contrato; III – suspensão temporária de participação em licitação e impedimento de contratar com a Administração, por prazo não superior a 2 (dois) anos; IV – declaração de inidoneidade para licitar ou contratar com a Administração Pública enquanto perdurarem os motivos determinantes da punição ou até que seja promovida a reabilitação perante a própria autoridade que aplicou a penalidade, que será concedida sempre que o contratado ressarcir a Administração pelos prejuízos resultantes e após decorrido o prazo da sanção aplicada com base no inciso anterior. §1º Se a multa aplicada for superior ao valor da garantia prestada, além da perda desta, responderá o contratado pela sua diferença, que será descontada dos pagamentos eventualmente devidos pela Administração ou cobrada judicialmente. §2º As sanções previstas nos incisos I, III e IV deste artigo poderão ser aplicadas juntamente com a do inciso II, facultada a defesa prévia do interessado, no respectivo processo, no prazo de 5 (cinco) dias úteis. §3º A sanção estabelecida no inciso IV deste artigo é de competência exclusiva do Ministro de Estado, do Secretário Estadual ou Municipal, conforme o caso, facultada a defesa do interessado no respectivo processo, no prazo de 10 (dez) dias da abertura de vista, podendo a reabilitação ser requerida após 2 (dois) anos de sua aplicação" (*vide* art. 109, III).

Já na hipótese de o SRP processar-se na modalidade de pregão eletrônico, tanto a Lei nº 10.520/2005 (art. 7º) quanto o recentemente publicado Decreto nº 10.024/2019 (art. 48, §2º e 49, I) preveem a cominação da penalidade de impedimento de contratação com a União por até cinco anos, ao convocado que deixar de assinar a ata dentro do prazo de convocação, sem prejuízo de multas previstas no edital e demais cominações legais, garantindo-lhe, naturalmente, o direito à ampla defesa.

Destaca-se, por fim, que pela própria redação do dispositivo em comento, há casos em que o ato de recusa é justificável – a exemplo da ocorrência de fato superveniente não imputável ao licitante e que impossibilite a execução do contrato de forma absoluta – não haverá aplicação das penalidades anteriormente referidas, uma vez que são puníveis tão somente os casos de recusa injustificada.

2.3 Artigo 15

A contratação com os fornecedores registrados será formalizada pelo órgão interessado por intermédio de instrumento contratual, emissão de nota de empenho de despesa, autorização de compra ou outro instrumento hábil, conforme o art. 62 da LGLC, que determina:

> Art. 62. O instrumento de contrato é obrigatório nos casos de concorrência e de tomada de preços, bem como nas dispensas e inexigibilidades cujos preços estejam compreendidos nos limites destas duas modalidades de licitação, e facultativo nos demais em que a Administração puder substituí-lo por outros instrumentos hábeis, tais como carta-contrato, nota de empenho de despesa, autorização de compra ou ordem de execução de serviço.

Em suma, para concorrência e tomada de preços, bem como nas contratações diretas cujo valor enquadra-se nos limites das referidas modalidades, há obrigação de celebração de instrumento contratual. A exceção à regra consta do §4º do mesmo art. 62, que faculta a outras modalidades instrumentais nos casos de compra e venda com entrega imediata[56] e integral dos bens adquiridos, sem qualquer obrigação

---

[56] Interessante notar que, para efeito de registro de preços, o conceito de entrega imediata não deve seguir, *ipsis litteris*, o disposto na LGLC, em virtude de suas peculiaridades.

futura. Marçal Justen Filho destaca que o dispositivo de dispensa do instrumento específico anteriormente analisado só tem utilidade prática nos casos de contratação direta. Nas palavras do doutrinador:

> A dispensa do termo de contrato somente apresenta relevância quando existir contratação direta. Quando existir licitação antecedente à compra, a dispensa do instrumento específico não apresenta maior importância: todas as cláusulas acerca do negócio estarão previstas no ato convocatório.[57]

Em uma primeira análise, poder-se-ia alegar que a obrigação de utilização do instrumento de contrato só se aplicaria às contratações em SRP na modalidade concorrência, tendo em vista que a utilização da modalidade pregão não se vincula ao valor da contratação. Todavia, essa não nos parece ser a melhor interpretação. A nosso ver, a *mens legis* do referido dispositivo consiste em garantir que, em contratos de maior vulto, formalize-se a avença mediante instrumento contratual, vedada a utilização de seus substitutivos, salvo exceções previstas em lei.

A obrigatoriedade de utilização do instrumento contratual deve abarcar também as contratações feitas na modalidade de pregão cujos preços estejam compreendidos nos limites impostos à concorrência e à tomada de preços, ainda que tais valores não se apliquem para determinação do cabimento da modalidade pregão. Assim já decidiu o TCU no Acórdão nº 1.359/11, que, ao julgar representação em face de pregão presencial, determinou a imperiosidade de se "formular o instrumento de contrato quando os valores envolvidos se encaixarem

---

Nesse sentido, a lição de Bittencourt: "Como, entretanto, deveria ser encarada a regra da 'pronta entrega' no SRP? [...] A Lei nº 8.666, no §4º do art. 40, informa que, como pronta entrega, deve ser entendida a compra cuja entrega ocorra no prazo de até 30 (trinta) dias da data de apresentação da proposta. É evidente que o legislador, ao apontar o marco inicial desse cômputo temporal, não estava em momento algum, pensando na licitação *sui generis* realizada sob o regime de registro de preços. [...] No caso das concorrências através de SRP, é de se entender que esse prazo não pode ser contado a partir da data da proposta, uma vez que as proposições são efetuadas somente para fins de registro, visando a futuras contratações que poderão ocorrer ou não, e em épocas das mais distintas. Portanto, outra não poderá ser a interpretação que não seja a de que, para os contratos oriundos do SRP, a pronta entrega, para fins de substituição do contrato por documentos substitutivos, será definida por contratação, computando-se o lapso temporal a partir das celebrações de cada um dos acordos. (BITTENCOURT, Sidney. *Licitação de registro de preços*: comentários ao Decreto nº 7.892, de 23 de janeiro de 2013. Belo Horizonte: Fórum, 2013. p. 121).

[57] JUSTEN FILHO, Marçal. *Comentários à Lei de Licitações e contratos administrativos*. 14. ed. São Paulo: Dialética, 2010. p. 760.

nas hipóteses de concorrência e de tomada de preços, na forma estabelecida no art. 11 do Decreto Federal nº 3.931/01, c/c o art. 62 da Lei nº 8.666/93".

Vale ressaltar que, caso o PL nº 1.292/1995 venha a ser aprovado, a amplitude de casos em que o instrumento contratual passará a ser obrigatório será maior, já que o art. 94 do projeto estreitou sua facultatividade às hipóteses de dispensa de licitação em razão do valor (não tratando da hipótese de inexigibilidade) e de compras com entrega imediata e integral dos bens adquiridos, que não impliquem obrigações futuras, inclusive de assistência técnica, independentemente de seu valor.

2.4 Artigo 16

Por fim, a regra disposta no art. 16 do Decreto Federal nº 7.892/ 13 corresponde à regulamentação daquela que se encontra no §4º do art. 15 da LGLC, além de repetir o art. 7º do revogado Decreto Federal nº 3.931/01. Em síntese, prevê o regulamento que mesmo após o registro de preços e a assinatura da ata, inexiste para a administração a obrigatoriedade de contratar com quem teve o seu preço registrado, devendo, contudo, assegurar a este a preferência em igualdade de condições.

A norma abarca uma das principais características do registro de preços, e que, para muitos, é considerada como sua principal vantagem, i.e., a de que a administração não está vinculada a contratar definitivamente com o vencedor da licitação, ficando ao seu critério se, quando (desde que dentro do prazo de validade da ata) e quanto contratar, desde que observadas a validade e as características da ata.

Daí concluir, todavia, no sentido da inexistência de qualquer obrigação da administração para com o particular decorrente do registro de preços, nos parece ser um raciocínio equivocado, pois, afinal, tanto o §4º do art. 15 da LGLC quanto o ora comentado art. 16 do Decreto nº 7.892/13 asseguram a preferência ao fornecedor registrado em igualdade de condições. Assim, caso a administração, durante o prazo de validade da ata, contrate com terceiros o mesmo bem ou serviço cujos preços tenham sido registrados, nas mesmas ou em piores condições, frustrando, assim, a sua preferência, o fornecedor registrado poderá requerer judicialmente o cumprimento forçado de seu direito.

Naturalmente que não haverá que se falar em preferência do fornecedor registrado quando a administração lograr melhores condições do que as que ele tenha oferecido, hipótese em que será facultado à administração, nos termos do art. 16, "a realização de licitação específica para a aquisição pretendida".

Sidney Bittencourt aponta, a nosso ver acertadamente, que o redator do art. 16 foi infeliz ao restringir à realização de licitação específica a faculdade de a administração se valer de outros meios para a aquisição correspondente ao preço registrado. Além de realizar licitação específica, à administração será facultado contratar diretamente com terceiros, desde que, depois de registrado o preço e dentro do prazo de validade da ata, configure-se qualquer uma das hipóteses de dispensa ou de inexigibilidade (previstas, respectivamente, nos artigos 24 e 25 da LGLC) que lhe permita contratar o mesmo objeto em melhores condições que as ofertadas pelo fornecedor registrado.[58]

Referências

ANTUNES, Carolina. Minas Gerais com o Sistema de Registro de Preços Permanente dá carona ao Brasil. *Fórum de Contratação e Gestão Pública – FCGP*, Belo Horizonte, ano 7, n. 78, p. 133-136, jun. 2008.

ARAÚJO, Florivaldo Dutra de. *Motivação e controle do ato administrativo*. 2. ed. Belo Horizonte: Del Rey, 2005.

ARAÚJO, Florivaldo Dutra de. *Negociação coletiva dos servidores públicos*. Belo Horizonte: Fórum, 2011.

BITTENCOURT, Sidney. *Licitação de registro de preços*: comentários ao Decreto nº 7.892, de 23 de janeiro de 2013. Belo Horizonte: Fórum, 2013.

CARVALHO FILHO, José dos Santos. *Manual de direito administrativo*. 25. ed. São Paulo: Atlas, 2012.

---

[58] Cf. BITTENCOURT, Sidney. *Licitação de registro de preços*: comentários ao Decreto nº 7.892, de 23 de janeiro de 2013. Belo Horizonte: Fórum, 2013. p. 123. Tal ocorrerá se, dentro do prazo de validade da ata, a administração deparar-se com circunstâncias em que a licitação seja dispensável (*v.g.*, no caso de guerra ou grave perturbação da ordem – inciso III do art. 24) ou inexigível (por mudança das condições de mercado que impliquem a inviabilidade de competição com um candidato que não teve o seu preço registrado), e, cumulativamente, resulte em melhor contratação para administração em termo de preços e condições. Apesar de ser pouco provável que ocorra tal modificação circunstancial no contexto de contratação dentro do lapso de validade de um ano da ata, tal não é impossível, o que justifica a inconveniência da restrição promovida pelo art. 16, do Decreto nº 7.892/13.

FORTINI, Cristiana. Princípio da segurança jurídica e sua influência na revogação das licitações. *In*: MARRARA, Thiago (Org.). *Princípios de direito administrativo*. São Paulo: Atlas, 2012.

FORTINI, Cristiana; PEREIRA, Maria Fernanda Pires de Carvalho; CAMARÃO, Tatiana Martins da Costa. Dos aspectos polêmicos da adesão tardia a atas de registros de preços. *Interesse Público – IP*, Belo Horizonte, ano 15, n. 80, p. 51-64, jul./ago. 2013.

GOMES, Orlando. *Contratos*. 26. ed. Rio de Janeiro: Forense, 2009.

GUIMARÃES, Edgar; NIEBUHR, Joel de Menezes. *Registro de preços*: aspectos práticos e jurídicos. Belo Horizonte: Fórum, 2013.

JUSTEN FILHO, Marçal. *Comentários à Lei de Licitações e contratos administrativos*. 14. ed. São Paulo: Dialética, 2010.

KELSEN, Hans. *Teoria pura do direito*. 6. ed. 4. tir. (Trad. João Baptista Machado). São Paulo: Martins Fontes, 2000.

MONTEIRO, Vera. *Licitação na modalidade de pregão*. 2. ed. São Paulo: Malheiros, 2010.

OLIVEIRA, Rafael Carvalho Rezende de. *Licitações e contratos administrativos*: teoria e prática. São Paulo: Método, 2012.

SIMÕES, Luiz Felipe Bezerra Almeida. Sistema de registro de preços permanente. *Fórum de Contratação e Gestão Pública – FCGP*, Belo Horizonte, ano 7, n. 78, p. 58-61, jun. 2008.

Informação bibliográfica deste texto, conforme a NBR 6023:2018 da Associação Brasileira de Normas Técnicas (ABNT):

RICCIO, Thiago Quintão; AVELAR, Mariana Magalhães. Registro de Preços - Comentários aos Capítulos VI e VII do Decreto Federal nº 7.892/2013. *In*: FORTINI, Cristiana (Coord.). *Registro de Preços*: análise crítica do Decreto Federal nº 7.892/13, com as alterações posteriores. 3. ed. rev., ampl. e atual. Belo Horizonte: Fórum, 2020. p. 167-198. ISBN 978-65-5518-038-1.

DA REVISÃO E DO CANCELAMENTO DOS PREÇOS REGISTRADOS

IÚLIAN MIRANDA

1 Introdução

O Sistema de Registro de Preços (SRP) é um procedimento utilizado pela Administração Pública para otimizar a organização logística de aquisição de bens e de serviços. O SRP permite que o Poder Público possua um estoque virtual de produtos, sem a necessidade de incorrer em gastos com o armazenamento.

Desse modo, a utilização do SRP pode gerar maior agilidade e economia na execução de contratos administrativos, especialmente em contratos cujos objetos (bens ou serviços) são frequentemente adquiridos em espaços curtos de tempo. Outra vantagem na utilização do SRP é que a Administração Pública não é obrigada a contratar ao término da licitação, mesmo que assinada a Ata de Registro de Preços, conforme dispõe o artigo 15, §4º, da Lei nº 8.666/93.[1] Respeitados o

---

[1] Embora o art. 15, §4º, da Lei nº 8.666/93 não obrigue a Administração Pública a contratar, é importante preservar o Princípio da Segurança Jurídica. O particular que participa da licitação possui uma expectativa legítima de que ao fim da licitação será celebrado um contrato administrativo. A presunção de legalidade e veracidade dos atos administrativos e o princípio da confiança legítima levam a esse raciocínio. Por isso, a partir do instante em

quantitativo total previsto e o prazo de vigência da ata, o Poder Público contrata quando e na quantidade que necessitar.

As vantagens oriundas do SRP não se restringem apenas à Administração Pública, mas também se estendem aos fornecedores, na medida em que o procedimento simplifica a aquisição de produtos e serviços de modo a permitir um aumento nas vendas, pois basta a participação em uma única licitação – que normalmente envolve a prática de atos dispendiosos e burocráticos – para que o fornecedor com preço registrado tenha chance de ampliar o quantitativo de produtos/serviços fornecidos/prestados.[2]

---

que a Administração Pública desiste de contratar o licitante que ofereceu o melhor preço registrado em ata, é imperativo que motive o seu ato de modo a demonstrar a ilegalidade de algum ato que torna o procedimento ilegal, ou mesmo para justificar o interesse público superveniente ao procedimento que demonstre a necessidade de se adotar medida diversa da celebração do contrato. Importante fazer um paralelo com a revogação da licitação, prevista no art. 49 da Lei nº 8.666/93, em que a mutabilidade do interesse público exige o reposicionamento das ações a serem tomadas pelo administrador público. Também na revogação da licitação faz-se necessário motivar o ato administrativo, a fim de se evitar que o instituto da revogação seja ferramenta utilizada para esconder a falta de planejamento do Poder Público. Acerca da necessidade de se preservar o princípio da segurança jurídica quando da revogação das licitações, vale destacar as lições da professora Cristiana Fortini: "Presume-se, de início, que o deflagrar a licitação seja resultado da constatação de carência do serviço, obra, produto (sem embargo de outras demandas). Assim, o licitante adere ao chamamento público, certo de que não se trata de armadilha, mas crédulo de que a disputa poderá render-lhe, se vitorioso, a celebração de contrato. A presunção de veracidade e legalidade dos atos administrativos leva a tal raciocínio. Daí se depreender que alegar 'interesse público' no afã de dar guarida à revogação não satisfaz, quer porque vago e fluído o conceito, quer porque não é qualquer justificativa que atende à prescrição legal. Há de haver 'justa causa' a sustentar o ato revocatório. Nesse sentido, há de haver documentação que indique qual o fato que, após o início do certame, dele retira a condição de ferramenta salutar para a promoção do interesse público. Extrai-se, ainda, do citado art. 49 da Lei de Licitações, que não se toleram revogações de procedimento licitatório que espelhem a ausência de planejamento satisfatório do procedimento licitatório. Se medidas deveriam ter sido adotadas para garantir que o procedimento fosse iniciado e concluído e a entidade licitante não se dedica a executá-las, não será lícito, em tempo futuro, lançar mão da revogação, ao fundamento de que desapareceu o interesse público que legitimava a instauração de certame" [Princípio da segurança jurídica e sua influência na revogação das licitações. (FORTINI, Cristiana. Princípio da segurança jurídica e sua influência na revogação das licitações. *In*: BATISTA JÚNIOR, Onofre Alves; CASTRO, Sérgio Pessoa de Paula (Coord.). *Tendências e perspectivas do direito administrativo*: uma visão da escola mineira. Belo Horizonte: Fórum, 2012. p. 258).

[2] Nesse sentido: "[...] porquanto assegura uma oportunidade de venda muito maior do que a propiciada pelas licitações comuns, além da simplificação das providências necessárias quando de cada entrega de material, produto ou gênero, dispensada a adoção de medidas burocráticas impostas em outros certames. Participar apenas uma vez de uma licitação e, com isso, fornecer o objeto ao Poder Público durante o período de um ano é altamente vantajoso para as empresas, desde que, evidentemente, tenha bastante cuidado no cálculo de seus preços". (BITTENCOURT, Sidney. *Licitação de registro de preços*: comentários ao Decreto nº 7.892, de 23 de janeiro 2013. 3. ed. Belo Horizonte: Fórum, 2013. p. 22).

Entretanto, conforme será tratado no presente trabalho, para que a relação entre a Administração Pública e os fornecedores mantenha-se benéfica e sobretudo transparente para ambas as partes, dois aspectos são importantes: a revisão dos preços registrados e o cancelamento do registro do fornecedor, tratados do artigo 17 ao 21 do Decreto nº 7.892/13.

2 Da revisão dos preços registrados

As obrigações e os termos estabelecidos na Ata de Registro de Preços (ARP) obrigam tanto a Administração Pública quanto os licitantes, de modo que os direitos e deveres estabelecidos no edital de licitação para formação de uma ARP devem ser preservados, segundo as condições efetivas existentes à época da apresentação da proposta.

Desse modo, assim como ocorre nos contratos administrativos, também na formação da ARP deve-se garantir a manutenção do equilíbrio econômico-financeiro, sendo que uma das formas de se garantir o equilíbrio econômico-financeiro é a revisão dos preços registrados.

Entende-se que a revisão de preços consiste na verificação das vantagens e dos custos diretos e indiretos contemplados na proposta apresentada pelo licitante, de modo a verificar alteração substancial e superveniente – que afete vantagens e os custos previstos na proposta – para restabelecer, quando necessário e possível, a relação econômico-financeira originariamente prevista.

O art. 17 do Decreto nº 7.892/2013 prevê, inclusive, a possibilidade de se revisar os preços registrados, mediante negociação junto aos fornecedores, *observadas as disposições contidas no artigo 65, II, "d", da Lei nº 8.666/93*:

Art. 17. Os preços registrados poderão ser revistos em decorrência de eventual redução dos preços praticados no mercado ou de fato que eleve o custo dos serviços ou bens registrados, cabendo ao órgão gerenciador

---

Importante observar que o fornecedor possui apenas uma expectativa de aumento de vendas, pois a Administração Pública pode solicitar um quantitativo superior ao esperado pelo fornecedor – desde que respeitado o limite legal. Trata-se, portanto, de uma possível vantagem a ser desfrutada pelo fornecedor, não existe a certeza de aumentar as vendas.

promover as negociações junto aos fornecedores, observadas as disposições contidas na alínea "d" do inciso II do caput do art. 65 da Lei nº 8.666, de 1993.

A remissão ao art. 65, II, "d" da Lei nº 8.666/93 se justifica, pois assim como nos contratos administrativos, também na ARP os preços registrados devem ser revisados quando sobrevirem fatos imprevisíveis, ou previsíveis porém de consequências incalculáveis, retardadores ou impeditivos da execução do ajustado, ou, ainda, em caso de força maior, caso fortuito ou fato do príncipe, configurando álea econômica extraordinária e extracontratual.[3]

Entretanto, não se trata de entendimento pacificado, pois o Tribunal de Contas de São Paulo possui acórdãos com entendimento contrário:

> [...] o entendimento que tem prevalecido nesta Corte acerca do reequilíbrio econômico-financeiro previsto no artigo 65, inciso II, alínea "d", da Lei nº 8.666/93 é o de que tal instituto é incompatível com o sistema de registro de preços, consoante decisões proferidas nos TC's nº 002541/003/114 e nº 000272/989/135. 4 Pleno, em sessão de 23.11.11, Relator Auditor Substituto de Conselheiro Samy Wurman. 5 Decidido em conjunto com o TC-414.989.13: Pleno, em sessão de 17.04.13, Relator Conselheiro Renato Martins Costa.[4]

Segundo entendimento dos Conselheiros do TCE-SP, não há como se aplicar a teoria da imprevisão na Ata de Registro de Preços, tampouco cabe à Administração o dever de manter o exato patamar de lucratividade relacionado aos preços registrados em Ata.

---

[3] No mesmo sentido sustentam Edgar Guimarães e Joel de Menezes Niebuhr: "O artigo 17 do Decreto Federal nº 7.892/13 remete ao equilíbrio econômico financeiro da ata de registro de preços para a alínea "d" do inciso II do *caput* do artigo 65 da Lei nº 8.666/93, recorrendo, ao menos parcialmente, à mesma solução que é dada para os contratos administrativos. De acordo com o supracitado artigo 17, a Administração deve manter equilibrada a ata de registro de preços do mesmo modo como mantém equilibrado o contrato administrativo. Os pressupostos materiais, formais e processuais são os mesmos. Na verdade, o artigo 17 do Decreto Federal nº 7.892/13 merece elogio, trata o tema de maneira acertada e simples". (GUIMARÃES, Edgar; NIEBUHR, Joel de Menezes. *Registro de preços*: aspectos práticos e jurídicos. 2. ed. atualizada de acordo com o Decreto nº 7.892/2013. Belo Horizonte: Fórum, 2013. p. 104).

[4] BRASIL. Tribunal de Contas do Estado de São Paulo. *TC-015949/989/17*. Rel. Sidney Estanislau Beraldo. Data da publicação: 14.09.17. Disponível em: http://www.stj.jus.br. Acesso em 20 fev. 2020.

Com a devida vênia, entende-se que nenhum fornecedor ou prestador de serviço será obrigado a celebrar e/ou a executar contrato administrativo oriundo de proposta apresentada no âmbito do SRP com "base em termos e condições desequilibrados, não correspondentes à realidade do mercado e à equação econômico-financeira havida na licitação, quando apresentadas as propostas".[5]

Por isso que se entende que os posicionamentos isolados verificados no TCE-SP não se coadunam com as normas vigentes, na medida em que o equilíbrio econômico-financeiro é, sim, compatível com o Sistema de Registro de Preços e decorre da própria CR/88.

Por essa razão é que se sustenta que a revisão dos preços registrados deve ocorrer quando for constatado desequilíbrio entre o preço constante na ARP e o preço de mercado existente à época em que for executado o contrato administrativo. Ou seja, a revisão deverá ocorrer se, por motivo superveniente, o preço registrado tornar-se superior ou inferior ao preço praticado no mercado.

Entretanto, conforme será demonstrado a seguir, os artigos 17, 18 e 19 preveem que a revisão ocorrerá apenas quando o preço registrado se tornar superior ao preço praticado no mercado por motivo superveniente, pois se nos cenários em que o preço de mercado se tornar superior ao preço registrado, o fornecedor será liberado, caso não apresente nova proposta à Administração Pública.

2.1 Da revisão de preço registrado que se tornar superior aos preços praticados no mercado

O art. 18 do Decreto nº 7.892/13 dispõe que se o preço registrado se tornar superior ao preço praticado no mercado por motivo superveniente, cabe ao órgão gerenciador promover a revisão de preços consensualmente.[6]

---

[5] GUIMARÃES, Edgar; NIEBUHR, Joel de Menezes. *Registro de preços*: aspectos práticos e jurídicos. 2. ed. atualizada de acordo com o Decreto nº 7.892/2013. Belo Horizonte: Fórum, 2013. p. 103.

[6] "Art. 18. Quando o preço registrado tornar-se superior ao preço praticado no mercado por motivo superveniente, o órgão gerenciador convocará os fornecedores para negociarem a redução dos preços aos valores praticados pelo mercado". (BRASIL. Decreto nº 7.892, de 23 de janeiro de 2013. Regulamenta o Sistema de Registro de Preços previsto no art. 15 da Lei nº 8.666, de 21 de junho de 1993. *Diário Oficial da união*, Brasília, 23 jan. 2013. Disponível em: http://www.planalto.gov.br/ccivil_03/_Ato2011-2014/2013/Decreto/D7892.htm. Acesso em 10 nov. 2013).

Observa-se que o legislador impôs um dever à Administração Pública, pois necessariamente haverá convocação do fornecedor para negociarem a redução dos preços em patamares equivalentes aos praticados pelo mercado.

Existindo mais de um fornecedor com preço registrado, a negociação abrangerá todos os fornecedores signatários. Se existirem dois ou mais fornecedores remanescentes, sugere-se a convocação de todos os fornecedores para negociação imediata, individual e seguida, segundo classificação original. Caso a negociação com um fornecedor não obtenha êxito, passa-se ao próximo fornecedor, segundo a classificação original, conforme art. 18, §2º, do Decreto nº 7.892/2013.[7] Há aqui uma diferença em relação ao Decreto nº 3.931/01, que não exigia uma convocação geral e simultânea de todos os fornecedores.[8]

Conforme se depreende do §1º do artigo 18, os fornecedores que não aceitarem reduzir os preços aos valores praticados pelo mercado serão liberados do compromisso assumido, sem aplicação de qualquer penalidade – ao contrário do Decreto nº 3.931/01, que não previu, expressamente, a impossibilidade de aplicação de penalidades quando o fornecedor não aceitar reduzir o preço registrado.[9]

Observa-se que é possível que o fornecedor aceite reduzir o preço sem atingir, no entanto, exatamente o preço médio praticado no

---

[7] "Art. 18. [...] §2º A ordem de classificação dos fornecedores que aceitarem reduzir seus preços aos valores de mercado observará a classificação original". (BRASIL. Decreto nº 7.892, de 23 de janeiro de 2013. Regulamenta o Sistema de Registro de Preços previsto no art. 15 da Lei nº 8.666, de 21 de junho de 1993. *Diário Oficial da união*, Brasília, 23 jan. 2013. Disponível em: http://www.planalto.gov.br/ccivil_03/_Ato2011-2014/2013/Decreto/D7892.htm. Acesso em 10 nov. 2013).

[8] "Art. 12 A ata de Registro de Preços poderá sofrer alterações, obedecidas as disposições contidas no art. 65 da Lei nº 8.666, de 1993. [...] §2º Quando o preço inicialmente registrado, por motivo superveniente, tornar-se superior ao preço praticado, o órgão gerenciador deverá: I – convocar o fornecedor visando à negociação para redução de preços e a sua adequação ao praticado pelo mercado; II – frustrada a negociação, o fornecedor será liberado do compromisso assumido e; III – convocar os demais fornecedores visando igual oportunidade de negociação". (BRASIL. Decreto nº 3.931, de 19 de setembro de 2001. Regulamenta o Sistema de Registro de Preços previsto no art. 15 da Lei nº 8.666, de 21 de junho de 1993, e dá outras providências. *Diário Oficial da união*, Brasília, 20 set. 2001. Disponível em: http://www. planalto.gov.br/ ccivil_03/ decreto/ 2001/D3931htm.htm. Acesso em 10 dez. 2013).

[9] "Art. 18. [...] §1º Os fornecedores que não aceitarem reduzir seus preços aos valores praticados pelo mercado serão liberados do compromisso assumido, sem aplicação de penalidade". (BRASIL. Decreto nº 7.892, de 23 de janeiro de 2013. Regulamenta o Sistema de Registro de Preços previsto no art. 15 da Lei nº 8.666, de 21 de junho de 1993. *Diário Oficial da união*, Brasília, 23 jan. 2013. Disponível em: http://www.planalto.gov.br/ccivil_03/_Ato2011-2014/2013/Decreto/D7892.htm. Acesso em 10 nov. 2013).

mercado. Ainda assim defende-se a possibilidade de a Administração Pública contratar o fornecedor, caso se comprove a vantagem em contratá-lo, ao invés de cancelar os preços registrados e instaurar novo procedimento licitatório. Uma nova licitação pode ser danosa, seja pelos gastos com o procedimento, seja pelos riscos inerentes a novas contratações.[10] Entretanto, a análise quanto à melhor opção a ser adotada – contratação do fornecedor que não atingiu o preço ideal ou abertura de novo procedimento licitatório – compete ao administrador público que, necessariamente, deverá motivar a sua decisão.[11]

2.2 Da ausência de previsão de revisão do preço registrado na hipótese em que o preço de mercado se tornar superior aos preços registrados

O art. 19 do Decreto Federal nº 7.892/13 dispõe que se o preço registrado se tornar inferior aos preços de mercado e o licitante não puder cumprir o compromisso, será liberado, ou seja, não há previsão de revisão de preços registrados quando o preço de mercado se tornar superior aos preços registrados:

> Art. 19. Quando o preço de mercado tornar-se superior aos preços registrados e o fornecedor não puder cumprir o compromisso, o órgão gerenciador poderá:
>
> I – liberar o fornecedor do compromisso assumido, caso a comunicação ocorra antes do pedido de fornecimento, e sem aplicação da penalidade, se confirmada a veracidade dos motivos e comprovantes apresentados; e
>
> II – convocar os demais fornecedores para assegurar igual oportunidade de negociação.

---

[10] Nesse sentido: "O fornecedor aceita reduzir o preço, mas não iguala a oferta aos preços praticados no mercado. Nesse ponto, o assunto deve ficar ao prudente arbítrio do órgão gerenciador. É que muitas vezes é contraproducente, na busca desenfreada de uma rigorosa igualdade, perder um bom fornecedor, ficar sem o preço registrado e despender grande esforço em um novo processo licitatório com riscos inerentes a novas contratações. Muitas vezes, alguns gestores incorrem nesse equívoco, notadamente, quando trabalham com a média aritmética e o rigor formal de frações de moeda. A norma é clara: haverá negociação, termo que difere de imposição de preços, devendo sempre a Administração Pública manter-se firme na busca da proposta mais vantajosa". (JACOBY FERNANDES, Jorge Ulisses. *Sistema de registro de preços e pregão presencial e eletrônico*. 5. ed. rev. atual e ampl. Belo Horizonte: Fórum, 2013. p. 325).

[11] Não se defende aqui que a abertura de uma nova licitação seja, *a priori*, danosa, essa análise compete apenas ao gestor público; juridicamente importa que seja feita uma análise da melhor opção a ser adotada.

Parágrafo único. Não havendo êxito nas negociações, o órgão gerenciador deverá proceder à revogação da Ata de Registro de Preços, adotando as medidas cabíveis para obtenção da contratação mais vantajosa.[12]

Conforme art. 19, I, do Decreto nº 7.892/13, ao constatar o aumento nos preços existentes no mercado, o fornecedor com preço registrado em ata pode apresentar requerimento à Administração Pública, visando liberar-se do compromisso assumido. Se a solicitação ocorrer antes do pedido de fornecimento e desde que seja comprovado o aumento de preços, impossibilitando o cumprimento das obrigações pactuadas, o fornecedor será liberado do compromisso assumido sem aplicação de penalidades.

Posteriormente, nos termos do art. 19, II, serão convocados os demais fornecedores e se algum dos signatários concordar em manter o fornecimento pelo preço inicialmente registrado, a Administração Pública manterá a Ata de Registro de Preços, a fim de efetuar a contratação, desde que se obedeça à ordem de classificação da licitação.

Mas, se nenhum fornecedor concordar em manter o preço e se não houver êxito nas negociações, o órgão gerenciador providenciará a liberação de todos os fornecedores e revogará a Ata, conforme disposto no parágrafo único do artigo 19 do Decreto nº 7.892/13.

A respeito desse artigo, assim se manifestaram Edgar Guimarães e Joel de Menezes Niebuhr: "Esse artigo 19 do Decreto Federal nº 7.892/13 é inconstitucional, ilegal e, sobretudo, completamente equivocado".[13]

Para os autores, o artigo 19 é ilegal, pois não atende ao comando estatuído no artigo 15, II, §3º, da Lei nº 8.666/93, que prevê a necessidade de *atualização* dos preços registrados. Argumentam que o artigo 19 apenas trata de mecanismo que libera o fornecedor do compromisso pactuado.[14]

---

[12] BRASIL. Decreto nº 7.892, de 23 de janeiro de 2013. Regulamenta o Sistema de Registro de Preços previsto no art. 15 da Lei nº 8.666, de 21 de junho de 1993. *Diário Oficial da união*, Brasília, 23 jan. 2013. Disponível em: http://www.planalto.gov.br/ccivil_03/_Ato2011-2014/2013/Decreto/D7892.htm. Acesso em 10 nov. 2013.

[13] GUIMARÃES, Edgar; NIEBUHR, Joel de Menezes. *Registro de preços*: aspectos práticos e jurídicos. 2. ed. atualizada de acordo com o Decreto nº 7.892/2013. Belo Horizonte: Fórum, 2013. p. 106.

[14] "Atualizar o preço significa mantê-lo, significa adaptar o preço a um novo parâmetro praticado pelo mercado. Entretanto, conquanto constatado o desequilíbrio, insista-se, o artigo 19 do Decreto Federal nº 7.892/13 apenas libera o signatário da ata de registro de preços. Logo,

Concorda-se com os autores na medida em que o dispositivo não só é ilegal, mas também é inconstitucional, pois não preserva o equilíbrio econômico-financeiro; a simples liberação dos fornecedores impede que o preço seja revisado.[15] Ora, imputar aos fornecedores a obrigação de demonstrar a inviabilidade de fornecimento em razão das alterações das circunstâncias que o impedem de manter o preço registrado – do contrário terá que cumprir com o fornecimento, se não comunicar a Administração Pública antes do pedido de fornecimento – fere o direito constitucional ao equilíbrio econômico-financeiro, pois não se está obedecendo às condições efetivas da proposta.[16]

Nesse sentido, vale a transcrição do posicionamento de Edgar Guimarães e de Joel de Menezes Niebuhr:

> O signatário da Ata de Registro de Preços, por força do aludido dispositivo constitucional, faz jus à manutenção das mesmas condições da proposta, trocando-se em miúdos, à manutenção da relação entre os custos e o valor proposto por ele à época da licitação, à margem de lucro. Isso significa que, se o signatário da Ata de Registro de Preços se propôs a executar dado objeto com margem de lucro de 20% (vinte por

---

somente por isto, por apartar-se do inciso II do §3º do artigo 15 da Lei nº 8.666/93, o artigo 19 do Decreto Federal nº 7.892/13 é ilegal". (GUIMARÃES, Edgar; NIEBUHR, Joel de Menezes. *Registro de preços*: aspectos práticos e jurídicos. 2. ed. atualizada de acordo com o Decreto nº 7.892/2013. Belo Horizonte: Fórum, 2013. p. 106). Por motivo diverso, Sidney Bittencourt também sustenta a ilegalidade do art. 19: "a Lei nº 8.666/93 jamais possibilita qualquer tipo de reequilíbrio de preços que não seja durante a vigência contratual". (BITTENCOURT, Sidney. *Licitação de registro de preços*: comentários ao Decreto nº 7.892, de 23 de janeiro de 2013. 3. ed. Belo Horizonte: Fórum, 2013. p. 127). Apesar de sustentar a ilegalidade do art. 19 do Decreto nº 7.892/13, o autor entende que a regulamentação atende à lógica, "de vez que seria impensável a manutenção de um preço por longo tempo, sem a sua devida atualização". (BITTENCOURT, Sidney. *Licitação de registro de preços*: comentários ao Decreto nº 7.892, de 23 de janeiro de 2013. 3. ed. Belo Horizonte: Fórum, 2013. p. 127).

[15] GUIMARÃES, Edgar; NIEBUHR, Joel de Menezes. *Registro de preços*: aspectos práticos e jurídicos. 2. ed. atualizada de acordo com o Decreto nº 7.892/2013. Belo Horizonte: Fórum, 2013. p. 107.

[16] "Ocorre que ninguém pode ser compelido a cumprir obrigações em desacordo com as condições efetivas da sua proposta. Portanto, se há desequilíbrio, o signatário da ata de registro de preços não é obrigado a honrar o preço registrado, ainda que ele não tenha sido diligente e, portanto, não tenha requerido à Administração a respectiva liberação. Mesmo porque em muitos casos a causa do desequilíbrio é concomitante ou muito próxima do pedido da Administração, por efeito do que o signatário da ata de registro de preços talvez não disponha de tempo hábil para solicitar a liberação do compromisso ou alguma outra providência equivalente com antecedência, sem que se possa imputar a ele descaso com a diligência". (GUIMARÃES, Edgar; NIEBUHR, Joel de Menezes. *Registro de preços*: aspectos práticos e jurídicos. 2. ed. atualizada de acordo com o Decreto nº 7.892/2013. Belo Horizonte: Fórum, 2013. p. 108).

cento), ninguém pode compeli-lo, por prestígio constitucional, a executá-lo com margem de lucro de 5% (cinco por cento), ainda que, em tese, isso fosse economicamente viável.

Logo, com arrimo no inciso XXI do artigo 37 da Constituição Federal, o signatário da Ata de Registro de Preços, para liberar-se do compromisso, não precisa comprovar que a execução do objeto tornou-se impossível. Basta que ele comprove o desequilíbrio econômico-financeiro. Aliás, que fique claro, nessa medida, que o caput do artigo 19 é também inconstitucional.[17]

O parágrafo único do artigo 19 também é ilegal, pois fere o princípio da economicidade na medida em que permite a liberação dos fornecedores signatários e a revogação da Ata de Registro de Preços, caso não se encontre solução consensual entre a Administração Pública e o licitante. Ou seja, ao invés de revisar os preços registrados que se mostram abaixo dos preços praticados pelo mercado em decorrência de fato superveniente, o artigo 19 prevê que os licitantes serão liberados e será instaurado novo processo licitatório com todo o custo e desgastes inerentes às licitações.[18]

Nesse sentido, defende-se que, se constatado o aumento dos custos, o preço registrado deve ser revisado, obedecendo-se ao artigo 37, XXI, da CR/88 e ao artigo 15, II, §3º da Lei nº 8.666/93. Como a revisão é consensual, conforme artigo 65, II, "d", da Lei nº 8.666/93, não havendo consenso, deve-se, necessariamente, liberar o fornecedor.

A liberação dos fornecedores é apenas uma consequência da falta de êxito na obtenção de preços compatíveis com os preços praticados no mercado.

Vale destacar que a revisão é um instrumento para atualização de preços quando da ocorrência de fatos supervenientes não conhecidos

---

[17] GUIMARÃES, Edgar; NIEBUHR, Joel de Menezes. *Registro de preços*: aspectos práticos e jurídicos. 2. ed. atualizada de acordo com o Decreto nº 7.892/2013. Belo Horizonte: Fórum, 2013. p. 107.

[18] "Afora ilegal e inconstitucional, o parágrafo único do artigo 19 do Decreto Federal nº 7.892/13 é completamente equivocado. Isso porque, ao liberar os signatários da Ata de Registro de Preços, a Administração já não poderá valer-se dela. A Administração resta, por via de consequência, lançar outro processo de licitação, com todos os custos, formalidades e desgastes que lhe são inerentes, perdendo tudo o que fora realizado anteriormente. É óbvio que seria mais conveniente, mais inteligente e mais simples atender ao inciso II, do §3º do artigo 15 da Lei nº 8.666/93, criando um sistema que atualizasse os preços registrados, que os adequasse aos praticados no mercado". (GUIMARÃES, Edgar; NIEBUHR, Joel de Menezes. *Registro de preços*: aspectos práticos e jurídicos. 2. ed. atualizada de acordo com o Decreto nº 7.892/2013. Belo Horizonte: Fórum, 2013. p. 107).

ou conhecidos, mas de consequências incalculáveis. Não se trata de variação de preços por fato certo – como a inflação, em que se utiliza do reajuste para manter o equilíbrio econômico-financeiro. Por isso, deve o fornecedor ser diligente e atento a esses fatos anormais que atingem o custo de seu produto ou serviço.

Por isso o administrador deve ter boa-fé e ser razoável no momento em que o fornecedor fizer a solicitação, pleiteando a liberação do compromisso e/ou a revisão dos preços registrados. Conforme já exposto, não é de interesse da Administração Pública que os contratos administrativos levem o contratado à ruína.

Em que pese o posicionamento aqui defendido, há acórdão em sentido distinto. O TCE-PR analisou licitação cujo objeto era o fornecimento de lâmpadas de LED e o licitante que apresentou o melhor preço registrado na ARP pleiteou reequilíbrio econômico-financeiro devido ao aumento no valor dos materiais decorrente da alta do dólar.

Apesar de o Conselheiro relator reconhecer que o reequilíbrio econômico-financeiro postulado pela empresa interessada se coadunava com a álea extraordinária, oriunda da teoria da imprevisão, a qual representa hipótese marcada pela incidência de alterações econômicas imprevisíveis ou previsíveis, de consequências incalculáveis, o voto foi no sentido de não reconhecer o reequilíbrio econômico-financeiro, conforme trecho abaixo transcrito:

> *A revisão postulada pela parte requerente é medida razoável* ao caso, uma vez que reduzirá sobremaneira a possibilidade de inexecução da Ata de Registro de Preços, mantendo condições favoráveis à Administração.
> *Saliento, entretanto, que no presente caso não caberá o aditamento dos valores constantes da Ata de Registro de Preços para fins de reequilíbrio econômico-financeiro, porquanto a Ata representa mera expectativa de contratação.*
> *A Ata de Registro de Preço configura um compromisso, com prazo determinado, firmado entre o particular e o Poder Público, o qual não traz qualquer certeza de que o objeto e os quantitativos registrados serão efetivamente contratados, já que não há para o Poder Público esta obrigatoriedade. No caso em espécie, o reequilíbrio pleiteado deve incidir unicamente sobre a contratação que decorreu da Ata, com aplicação dos índices verificados no momento do desequilíbrio.*
> Ademais, considerando que a Ata representa apenas expectativa de contratação, é de se notar que a elaboração de Termo Aditivo, com revisão dos valores já registrados, significaria prospectar variação cambial futura, o que pode não se concretizar. *Deste modo, entendo que*

> *os efeitos da revisão ora postulada deverão ater-se tão somente à parcela já executada pela requerente, preservando-se o valor fixado na Ata de Registro de Preços para as demais aquisições não abrangidas pelo objeto deste requerimento.* A recomposição de preços deverá ocorrer unicamente pelo pagamento da diferença apurada, dispensando-se, destarte, a elaboração de Termo Aditivo à Ata de Registro de Preços, conforme já explicitado no Despacho nº 1813/16- GP (peça nº 29). *Face ao exposto, reitero que a aquisição dos itens remanescentes deverá ocorrer pelo valor registrado na Ata de Registro de Preços, cabendo à empresa requerente, caso entenda necessário, requerer novo pedido de recomposição de preços. Verificado o efetivo direito da interessada à revisão contratual, bem como fixada a amplitude do reequilíbrio econômico-financeiro incidente, forçoso apontar o cálculo aplicável ao caso em exame.*[19]

Reitera-se, o direito ao reequilíbrio econômico-financeiro decorre da Constituição e o administrador deve ter boa-fé e atuar com razoabilidade em suas condutas. Por isso que a manutenção das condições da proposta apresentada pelo signatário da ARP decorre de direito constitucional, não restando outra opção, salvo sustentar a inconstitucionalidade do *caput* do art. 19 do Decreto nº 7.892/2013.

3 Do registro cancelado e do cancelamento dos preços registrados

O cancelamento de preços registrados em ata é análogo à rescisão do contrato administrativo. O cancelamento deve ser procedido pela Administração Pública, garantindo-se os princípios do contraditório e da ampla defesa, nos termos do artigo 5º, LV, da CR/88 e do parágrafo único do artigo 20 do Decreto Federal nº 7.892/13.[20]

---

[19] BRASIL. Tribunal de Contas do Estado do Paraná. *Acórdão nº 3625/16 – Tribunal Pleno*. Processo nº 800687/15. Rel. Ivan Lélis Bonilha. Data da sessão: 28.06.2016. Disponível em: http://www.stj.jus.br. Acesso em 20 fev. 2020.

[20] Acerca da necessidade de se tutelar os princípios do contraditório e da ampla defesa, quando do cancelamento dos registros, prevista no parágrafo único do art. 20 do Decreto nº 7892/2013, corrobora-se com o posicionamento de Sidney Bittencourt: "O parágrafo único, que prevê o contraditório e a ampla defesa, dá conotação de punição ao cancelamento da ARP. Ocorre que o artigo 87 da Lei nº 8.666/93 não lista este tipo de punição, o que dá ao dispositivo certo ar de ilegalidade. Deve-se entender, entretanto, que o relator do decreto buscou adaptar a situação às características especiais do SRP, com fulcro no ato de controle determinado pelo inciso II do §3º do art. 15 da Lei nº 8.666/93, pelo que, apesar da não caracterização do cancelamento como punição, resolveu permitir que aquele que venha a ter o seu registro cancelado possa questionar o ato". (GUIMARÃES, Edgar; NIEBUHR, Joel de Menezes. *Registro de preços*: aspectos práticos e jurídicos. 2. ed. atualizada de acordo com o Decreto nº 7.892/2013. Belo Horizonte: Fórum, 2013. p. 133).

O artigo 20 do Decreto dispôs quatro hipóteses em que o registro do fornecedor é cancelado:

> Art. 20. O registro do fornecedor será cancelado quando:
>
> I – descumprir as condições da ata de registro de preços;
>
> II – não retirar a nota de empenho ou instrumento equivalente no prazo estabelecido pela Administração, sem justificativa aceitável;
>
> III – não aceitar reduzir o seu preço registrado, na hipótese deste se tornar superior àqueles praticados no mercado; ou
>
> IV – sofrer sanção prevista nos incisos III ou IV do caput do art. 87 da Lei nº 8.666, de 1993, ou no art. 7º da Lei nº 10.520, de 2002.
>
> Parágrafo único. O cancelamento de registros nas hipóteses previstas nos incisos I, II e IV do caput será formalizado por despacho do órgão gerenciador, assegurado o contraditório e a ampla defesa.[21]

O registro do fornecedor será cancelado em decorrência de ato imputado ao fornecedor – hipóteses arroladas nos incisos I, II e IV —, ou será uma consequência da negativa do fornecedor em reduzir o seu preço registrado (III). Nesta última hipótese, o Decreto não considerou necessário assegurar o contraditório e a ampla defesa, ao contrário das hipóteses tratadas nos incisos I, II e IV.

Cancelar o registro do fornecedor consiste em uma providência administrativa e não possui a mesma estatura das reprimendas a que aludem o art. 87 da Lei nº 8.666/93 e o art. 7º da Lei nº 10.520/02, "vez que que o elenco de hipóteses previstas no art. 87 da Lei nº 8.666/93 não pode ser ampliado por meio de decreto".[22] Entretanto, a garantia do contraditório e da ampla defesa destacada no parágrafo único do Decreto nº 7.892/13 – que também era assegurada no §1º do Decreto nº 3.931/01[23] – levam a crer que há natureza punitiva nas providências destacadas no art. 20, I, II e IV do Decreto nº 7.892/13.

---

[21] BRASIL. Decreto nº 7.892, de 23 de janeiro de 2013. Regulamenta o Sistema de Registro de Preços previsto no art. 15 da Lei nº 8.666, de 21 de junho de 1993. *Diário Oficial da união*, Brasília, 23 jan. 2013. Disponível em: http://www.planalto.gov.br/ccivil_03/_Ato2011-2014/2013/Decreto/D7892.htm. Acesso em 10 nov. 2013.

[22] JACOBY FERNANDES, Jorge Ulisses. *Sistema de registro de preços e pregão presencial e eletrônico*. 5. ed. rev. atual e ampl. Belo Horizonte: Fórum, 2013. p. 327.

[23] "Art. 13 [...] §1º O cancelamento de registro, nas hipóteses previstas, assegurados o contraditório e a ampla defesa, será formalizado por despacho da autoridade competente do órgão gerenciador". (BRASIL. Decreto nº 3.931, de 19 de setembro de 2001. Regulamenta

CRISTIANA FORTINI (COORD.)
REGISTRO DE PREÇOS – ANÁLISE CRÍTICA DO DECRETO FEDERAL Nº 7.892/13, COM AS ALTERAÇÕES POSTERIORES

Como as hipóteses arroladas nos incisos I, II, e IV do art. 20 decorrem de atos cometidos pelo fornecedor, o contraditório e a ampla defesa permitem ao fornecedor se explicar apresentando suas razões, a fim de tentar evitar as providências administrativas. Consiste, portanto, em um reflexo de uma Administração Pública transacional, que pugna pela atuação bilateral, mais participativa, e não pela atuação unilateral. Mesmo a hipótese disposta no inciso IV – não tratada no Decreto nº 3.931/01[24] – que trata do registro cancelado àquele que sofrer sanção prevista nos incisos III ou IV do *caput* do art. 87 da Lei nº 8.666/93, ou do art. 7º da Lei nº 10.520, de 2002, não configura sanção. A sanção já foi aplicada e apenas estão sendo formalizadas as consequências da sanção, cujo fornecedor terá direito a se manifestar. Parece, no entanto, que não é essa a intenção do legislador.

Já o artigo 21 arrola hipótese de *cancelamento do Registro de Preços* a pedido do fornecedor signatário ou por decisão da Administração Pública, na ocorrência de fato superveniente que prejudique o cumprimento da ata:

Art. 21. O cancelamento do registro de preços poderá ocorrer por fato superveniente, decorrente de caso fortuito ou força maior que prejudique o cumprimento da ata, devidamente comprovados e justificados:

I – por razão de interesse público; ou

II – a pedido do fornecedor.[25]

---

o Sistema de Registro de Preços previsto no art. 15 da Lei nº 8.666, de 21 de junho de 1993, e dá outras providências. *Diário Oficial da união*, Brasília, 20 set. 2001. Disponível em: http://www. planalto.gov.br/ ccivil_03/ decreto/ 2001/D3931htm.htm. Acesso em 10 dez. 2013).

[24] "Art. 13. O fornecedor terá seu registro cancelado quando: I – descumprir as condições da Ata de Registro de Preços; II – não retirar a respectiva nota de empenho ou instrumento equivalente, no prazo estabelecido pela Administração, sem justificativa aceitável; III – não aceitar reduzir o seu preço registrado, na hipótese de este se tornar superior àqueles praticados no mercado; e IV – tiver presentes razões de interesse público". (BRASIL. Decreto nº 3.931, de 19 de setembro de 2001. Regulamenta o Sistema de Registro de Preços previsto no art. 15 da Lei nº 8.666, de 21 de junho de 1993, e dá outras providências. *Diário Oficial da união*, Brasília, 20 set. 2001. Disponível em: http://www. planalto.gov.br/ ccivil_03/ decreto/ 2001/D3931htm.htm. Acesso em 10 dez. 2013).

[25] BRASIL. Decreto nº 7.892, de 23 de janeiro de 2013. Regulamenta o Sistema de Registro de Preços previsto no art. 15 da Lei nº 8.666, de 21 de junho de 1993. *Diário Oficial da união*, Brasília, 23 jan. 2013. Disponível em: http://www.planalto.gov.br/ccivil_03/_Ato2011-2014/2013/Decreto/D7892.htm. Acesso em 10 nov. 2013.

O *caput*, do art. 21 condiciona o cancelamento do Registro de Preços a fatos supervenientes decorrentes de caso fortuito ou força maior. Embora se reconheça o esforço da doutrina na diferenciação dos termos, ambos serão tratados de forma idêntica, pois os efeitos jurídicos são os mesmos. Cita-se o exemplo em que o fornecedor pode ser surpreendido com fatos que impeçam o fornecimento, por exemplo, a destruição de suas instalações e de seus maquinários por meio de um incêndio, hipótese em que deverá comprovar o fato ocorrido e solicitar o cancelamento do registro.

Também no §2º do art. 13 do Decreto nº 3.931/01 o fornecedor poderia solicitar o cancelamento do registro de preço na ocorrência de fato superveniente: "§2º O fornecedor poderá solicitar o cancelamento do seu registro de preço na ocorrência de fato superveniente que venha comprometer a perfeita execução contratual, decorrentes de caso fortuito ou de força maior devidamente comprovados".[26]

Destaca-se que o Decreto nº 7.892/13 permite o cancelamento do Registro de Preços se houver fato superveniente, decorrente de caso fortuito ou força maior que prejudique a ata. Ao contrário do Decreto nº 3.931/01, que permitia o cancelamento do Registro de Preços na ocorrência de fato superveniente que comprometesse *a perfeita execução contratual*. Crê-se que o legislador concebeu maior liberdade ao administrador para efetuar o cancelamento da ata, pois basta a ocorrência de fato que prejudique – não necessariamente que impeça a execução do contrato a ser celebrado.

Ocorre que, tratando-se de razões de interesse público, faz-se aqui analogia à rescisão de contrato administrativo em que também o interesse público é motivo para a rescisão. Assim como nos contratos administrativos, entende-se que o cancelamento do Registro de Preços por razões de interesse público será possível se o interesse público for reconhecidamente relevante e de conhecimento amplo, conforme artigo 78, XII, da Lei nº 8.666/93.[27]

---

[26] BRASIL. Decreto nº 3.931, de 19 de setembro de 2001. Regulamenta o Sistema de Registro de Preços previsto no art. 15 da Lei nº 8.666, de 21 de junho de 1993, e dá outras providências. *Diário Oficial da união*, Brasília, 20 set. 2001. Disponível em: http://www. planalto. gov.br/ ccivil_03/ decreto/ 2001/D3931htm.htm. Acesso em 10 dez. 2013.

[27] "Art. 78. Constituem motivo para rescisão do contrato: [...] XII – razões de interesse público, de alta relevância e amplo conhecimento, justificadas e determinadas pela máxima autoridade da esfera administrativa a que está subordinado o contratante e exaradas no processo administrativo a que se refere o contrato". (BRASIL. Lei nº 8.666, de 21 de junho de 1993. Regulamenta o art. 37, inciso XXI, da Constituição Federal, institui normas para

O legislador reconheceu a insuficiência da alegação de interesse público para a promoção da rescisão contratual, pois condicionou a rescisão por motivo de interesse público de "alta relevância" e "amplo conhecimento". Conforme bem leciona Marçal Justen Filho: "a alta definição indica uma importância superior aos casos ordinários. Isso envolve danos irreparáveis, tendo em vista a natureza da prestação ou do objeto executado. Ou seja, não se admite a invocação a razões imprecisas e indeterminadas, de cunho duvidoso ou meramente opinativa".[28]

Quanto ao amplo conhecimento do interesse público, ensina o autor que se deve tratar de situação em que o risco na manutenção do contrato seja indubitável, devendo o contratado ter conhecimento dessa situação e do risco invocado pela Administração Pública.[29]

Certamente, o interesse público de "alta relevância" e "amplo conhecimento" auxilia no controle da decisão do administrador.

Também no cancelamento do Registro de Preços pela Administração Pública, por razão de interesse público, se entende que o interesse é de alta relevância e de amplo conhecimento. A manutenção da ata acarretaria danos irreparáveis e o risco em manter a ata não pode ser duvidoso.

Além de se tratar de um interesse público de alta relevância e amplamente conhecido, vale lembrar que o ato de cancelamento deverá ser devidamente comprovado e justificado.

Referências

BITTENCOURT, Sidney. *Licitação de registro de preços*: comentários ao Decreto nº 7.892, de 23 de janeiro de 2013. 3. ed. Belo Horizonte: Fórum, 2013.

BRASIL. Constituição da República Federativa do Brasil de 1988. *Diário Oficial da União*, Brasília, 05 out. 1988. Disponível em: http://www.planalto.gov.br/ccivil_03/constituicao/constituicao.htm. Acesso em 07 out. 2013.

---

licitações e contratos da Administração Pública e dá outras providências. *Diário Oficial da união*, Brasília, 22 jun. 1993, republicado e retificado em 06 jul. 1994. Disponível em: http://www.planalto.gov.br/ccivil_03/leis/l8666cons.htm. Acesso em 12 nov. 2013).

[28] JUSTEN FILHO, Marçal. *Comentários à Lei de Licitações e Contratos Administrativos*. 14. ed. São Paulo: Dialética: 2010. p. 853.

[29] JUSTEN FILHO, Marçal. *Comentários à Lei de Licitações e Contratos Administrativos*. 14. ed. São Paulo: Dialética: 2010. p. 853.

BRASIL. Decreto nº 3.931, de 19 de setembro de 2001. Regulamenta o Sistema de Registro de Preços previsto no art. 15 da Lei nº 8.666, de 21 de junho de 1993, e dá outras providências. *Diário Oficial da união*, Brasília, 20 set. 2001. Disponível em: http://www. planalto.gov.br/ ccivil_03/ decreto/ 2001/D3931htm.htm. Acesso em 10 dez. 2013.

BRASIL. Decreto nº 7.892, de 23 de janeiro de 2013. Regulamenta o Sistema de Registro de Preços previsto no art. 15 da Lei nº 8.666, de 21 de junho de 1993. *Diário Oficial da união*, Brasília, 23 jan. 2013. Disponível em: http://www.planalto.gov.br/ccivil_03/_Ato2011-2014/2013/Decreto/D7892.htm. Acesso em 10 nov. 2013.

BRASIL. Lei nº 8.666, de 21 de junho de 1993. Regulamenta o art. 37, inciso XXI, da Constituição Federal, institui normas para licitações e contratos da Administração Pública e dá outras providências. *Diário Oficial da união*, Brasília, 22 jun. 1993, republicado e retificado em 06 jul. 1994. Disponível em: http:// www. planalto. gov. br/ ccivil_ 03/ leis/ l8666cons. htm. Acesso em 12 nov. 2013.

BRASIL. Tribunal de Contas do Estado do Paraná. *Acórdão nº 3625/16 – Tribunal Pleno*. Processo nº 800687/15. Rel. Ivan Lelis Bonilha. Data da sessão: 28.06.2016. Disponível em: http://www.stj.jus.br. Acesso em 20 fev. 2020.

BRASIL. Tribunal de Contas do Estado de São Paulo. *TC-015949/989/17*. Rel. Sidney Estanislau Beraldo. Data da publicação: 14.09.17. Disponível em: http://www.stj.jus.br. Acesso em 20 fev. 2020.

FORTINI, Cristiana. Princípio da segurança jurídica e sua influência na revogação das licitações. *In*: BATISTA JÚNIOR, Onofre Alves; CASTRO, Sérgio Pessoa de Paula (Coord.). *Tendências e perspectivas do direito administrativo*: uma visão da escola mineira. Belo Horizonte: Fórum, 2012.

GUIMARÃES, Edgar; NIEBUHR, Joel de Menezes. *Registro de preços*: aspectos práticos e jurídicos. 2. ed. atualizada de acordo com o Decreto nº 7.892/2013. Belo Horizonte: Fórum, 2013.

JACOBY FERNANDES, Jorge Ulisses. *Sistema de registro de preços e pregão presencial e eletrônico*. 5. ed. rev. atual e ampl. Belo Horizonte: Fórum, 2013.

JUSTEN FILHO, Marçal. *Comentários à Lei de Licitações e Contratos Administrativos*. 14. ed. São Paulo: Dialética: 2010.

Informação bibliográfica deste texto, conforme a NBR 6023:2018 da Associação Brasileira de Normas Técnicas (ABNT):

MIRANDA, Iúlian. Da revisão e do cancelamento dos preços registrados. *In*: FORTINI, Cristiana (Coord.). *Registro de Preços*: análise crítica do Decreto Federal nº 7.892/13, com as alterações posteriores. 3. ed. rev., ampl. e atual. Belo Horizonte: Fórum, 2020. p. 199-215. ISBN 978-65-5518-038-1.

CARONA –
FEDERALISMO POR COOPERAÇÃO E EFICIÊNCIA ADMINISTRATIVA

BRUNA RODRIGUES COLOMBAROLLI

1 Introdução

O presente artigo tem como objetivo principal analisar o tratamento jurídico atual conferido à figura do carona. Na primeira parte do trabalho, busca-se defender que o carona possui como fundamentos constitucionais a noção de federalismo por cooperação e o princípio da eficiência administrativa.

2 Breves notas sobre o Sistema de Registro de Preços e a figura do carona

O art. 15 da Lei nº 8.666/93[1] prevê o Registro de Preços como procedimento administrativo que a Administração pode adotar para

---

[1] "Art. 15. As compras, sempre que possível, deverão: I – atender ao princípio da padronização, que imponha compatibilidade de especificações técnicas e de desempenho, observadas, quando for o caso, as condições de manutenção, assistência técnica e garantia oferecidas; II – ser processadas através de Sistema de Registro de Preços; III – submeter-se às condições de aquisição e pagamento semelhantes às do setor privado; IV – ser subdivididas em tantas parcelas quantas necessárias para aproveitar as peculiaridades do mercado, visando economicidade; V – balizar-se pelos preços praticados no âmbito dos órgãos e entidades da Administração Pública. §1º O registro de preços será precedido de

compras, obras ou serviços[2] – comuns ou de engenharia, rotineiros, de uso frequente, bem como nas hipóteses em que não se sabe com precisão se haverá demanda do objeto ou seu quantitativo.[3]

---

ampla pesquisa de mercado. §2º Os preços registrados serão publicados trimestralmente para orientação da Administração, na Imprensa Oficial. §3º O Sistema de Registro de Preços será regulamentado por decreto, atendidas as peculiaridades regionais, observadas as seguintes condições: I – seleção feita mediante concorrência; II – estipulação prévia do sistema de controle e atualização dos preços registrados; III – validade do registro não superior a um ano. §4º A existência de preços registrados não obriga a Administração a firmar as contratações que deles poderão advir, ficando-lhe facultada a utilização de outros meios, respeitada a legislação relativa às licitações, sendo assegurado ao beneficiário do registro preferência em igualdade de condições. §5º O sistema de controle originado no quadro geral de preços, quando possível, deverá ser informatizado. §6º Qualquer cidadão é parte legítima para impugnar preço constante do quadro geral em razão de incompatibilidade desse com o preço vigente no mercado. §7º Nas compras deverão ser observadas, ainda: I – a especificação completa do bem a ser adquirido sem indicação de marca; II – a definição das unidades e das quantidades a serem adquiridas em função do consumo e utilização prováveis, cuja estimativa será obtida, sempre que possível, mediante adequadas técnicas quantitativas de estimação; III – as condições de guarda e armazenamento que não permitam a deterioração do material. §8º O recebimento de material de valor superior ao limite estabelecido no art. 23 desta Lei, para a modalidade de convite, deverá ser confiado a uma comissão de, no mínimo, 3 (três) membros".

[2] O art. 15 da Lei nº 8.666/93 circunscreve o emprego do Sistema de Registro de Preços às compras da Administração Pública, o já revogado Decreto nº 3.931, de 19 de setembro de 2001, ao regulamentar o referido dispositivo legal, estendeu o emprego do Sistema de Registro de Preços paras contratações de serviços (art. 1º). No mesmo sentido, o Decreto nº 7.892, de 23 de janeiro de 2013, que atualmente regulamenta o tema, autoriza a aplicação do Registro de Preços para contratação de serviços. Deve-se ainda mencionar o entendimento do apresentado pelo TCU sobre a questão: o Ministro Relator levantou, ainda, outra questão que considerou padecer de análise pelo Tribunal: o fato de a Lei nº 8.666/93 estabelecer a sistemática de registro de preços para a contratação de compras e o Decreto nº 3.931/01 ampliar o seu escopo para a contratação também de serviços. O primeiro ponto que passo a analisar é se, de fato, o Decreto nº 3.931/01 ampliou o alcance do Sistema de Registro de Preços previsto na Lei nº 8.666/93. Permito-me transcrever trecho da obra do Prof. Marçal Justen Filho: "O entendimento se funda na compatibilidade entre o Sistema de Registro de Preços e os contratos de prestação de serviço. Ainda que a Lei aluda apenas ao caso de registro para compras, não se pode vislumbrar alguma característica inerente quer à sistemática de registro, quer aos contratos de obra ou serviço, que inviabilize a generalização do sistema. O silêncio legislativo não pode, por isso, ser interpretado como vedação. Também não seria o caso de se aplicar o princípio da legalidade da atividade administrativa, no sentido de que a ausência de autorização representa interdição à atuação. Muitas vezes, inexiste autorização explícita, mas se pode extrair que o sistema normativo a outorga implicitamente. Assim, por exemplo, a Lei nº 8.666 não previu a possibilidade de pactuação de contratos administrativos atípicos ou inominados, mas tal se admite por força de interpretação sistemática. Com efeito, a Lei nº 8.666/93 não faz vedação à utilização do SRP para a contratação de serviços, em que pese ser expressa quanto à obrigatoriedade para a aquisição de compras, sempre que a utilização de tal sistema mostrar-se possível [...]. Dessa forma, o Decreto em questão não violou dispositivo legal, mas tão somente deu ênfase à preferência da utilização de Sistema de Registro de Preços, mesmo para as contratações de serviços, sempre que tal sistema mostrar-se apropriado". (JUSTEN FILHO, Marçal. *Comentários à Lei de Licitações e Contratos Administrativos*. 11. ed. São Paulo: Dialética, 2005. p. 148).

[3] O art. 3º do Decreto nº 7.892/13 aponta as hipóteses de emprego do regime de registro de preços: "Art. 3º. O Sistema de Registro de Preços poderá ser adotado nas seguintes

No sistema tradicional de licitação, em regra,[4] a Administração celebra contrato com objeto específico e determinado, no que se refere à quantidade e ao momento da contratação.[5] Diferentemente, no Registro de Preços há a seleção de um fornecedor que, durante a vigência da Ata de Registro de Preços (um ano), poderá celebrar sucessivos contratos com a Administração cujos objetos serão determinados, de acordo com a demanda do órgão ou entidade que promoveu a licitação (gerenciador) e com as determinações editalícias. O regime de preços rompe com a lógica de uma licitação e um contrato. Enfim, no Registro de Preços, uma licitação pode dar suporte a vários contratos, conforme a conveniência administrativa, desde que observados os limites quantitativos.[6]

Nota-se, portanto, que a palavra de ordem do sistema de Registro de Preços é a eficiência administrativa, na medida em que Administração Pública ganha maior agilidade operacional e reduz custos, evitando uma multiplicidade de procedimentos licitatórios contínuos e sobrepostos sobre os mesmos objetos. Nesse sentido, Tatiana Camarão sintetiza a dinâmica e os benefícios do Sistema de Registro de Preços:

> Como é sabido, o Registro de Preços cria a possibilidade de a Administração, ao longo do período de um ano, adquirir objeto de que necessita, conforme planejamento previamente aprovado, sem que se façam várias licitações. Bastará a instauração de um único procedimento, na modalidade concorrência ou pregão, conforme Lei nº 10.520/02 e o Decreto nº 3.931/02, alterado pelo Decreto nº 4.342/01, que o admitem para o registro de preços. Os valores unitários dessas propostas ficarão

---

hipóteses: I – quando, pelas características do bem ou serviço, houver necessidade de contratações frequentes; II – quando for conveniente a aquisição de bens com previsão de entregas parceladas ou contratação de serviços remunerados por unidade de medida ou em regime de tarefa; III – quando for conveniente a aquisição de bens ou a contratação de serviços para atendimento a mais de um órgão ou entidade, ou a programas de governo; ou IV – quando, pela natureza do objeto, não for possível definir previamente o quantitativo a ser demandado pela Administração".

[4] Fala-se "em regra", pois prevalece, na doutrina nacional, o entendimento de que a Administração Pública não está obrigada a contratar com o particular que se consagra vencedor no procedimento licitatório.

[5] Obviamente não se pode esquecer da prerrogativa da Administração de alterar unilateralmente o contrato nos termos do art. 65, I, §1º e §2º, da Lei nº 8.666/93.

[6] Além disso, é preciso destacar que o Registro de Preços também poderá fundamentar contratos celebrados por órgãos participantes e não participantes (carona). Acresce-se, ainda, que, caso o edital não preveja aquisição ou contratação pelo órgão gerenciador, é possível a autorização de adesão à ata antes da primeira aquisição ou contratação por órgão integrante da ata.

registrados com um arquivo de preços, e, de acordo com a necessidade, a Administração emitirá o empenho, sem ter, contudo, a obrigação de firmar a contratação no todo ou em parte do quantitativo registrado.

Várias são as vantagens apresentadas com a implantação desse novo mecanismo, como redução do número de licitações; rapidez nas contratações; redução dos estoques no almoxarifado; redução da área física necessária para almoxarifado; diminuição do desperdício do material.[7]

No mesmo sentido, Jorge Ulisses Jacoby Fernandes destaca as inúmeras vantagens, precipuamente do ponto de vista da eficiência administrativa, da adoção do Sistema de Registro de Preços:[8]

a) desnecessidade de dotação orçamentária, no SRP, a proposta mais vantajosa é selecionada, a Administração fica no aguardo da aprovação dos recursos orçamentários e financeiros;

b) atendimento de demandas imprevisíveis;

c) redução dos volumes de estoque;[9]

d) eliminação dos fracionamentos de despesa – o SRP permite a realização de uma ampla concorrência ou pregão de tudo o que se quer comprar no exercício;

e) maior celeridade na aquisição;

f) ampliação da competitividade – no SRP, os itens são licitados de forma autônoma e os lotes de aquisições têm dimensões

---

[7] CAMARÃO, Tatiana Martins da Costa. Alguns apontamentos sobre o Sistema de Registro de Preços. *In*: FORTINI; Cristiana; PEREIRA, Maria Fernanda Pires de Carvalho; CAMARÃO, Tatiana Martins da Costa (Org.). *Licitação e contratos*: aspectos relevantes. 2. ed. Belo Horizonte: Fórum, 2008. p. 41-42.

[8] FERNANDES, Jorge Ulisses Jacoby. *Carona em Sistema de Registro de Preços*: uma opção inteligente para redução de custos e controle, 2010. Disponível em http: //www.jaboby. pro.br/Coarona.pdf. Acesso em: 11 ago. 2020.

[9] Sobre a redução de volume de estoque, merecem destaque as lições de Jacoby Fernandes: "Uma das tendências da atual Administração é reduzir o capital imobilizado. Nesse panorama, a administração de material e bens de consumo desponta com significativa contribuição, podendo reduzir o volume de estoques com economia de espaço, pessoal e recursos financeiros. A moderna Contabilidade prevê níveis ótimos de estoque, nos quais o ganho de economia de escala não é desperdiçado, quando contraposto ao preço de armazenagem, perda e vigilância de grande estoque de produtos. Busca-se, assim, o objetivo do *just in time*: modernizar estoques, de forma a atender prontamente ou em curto lapso temporal as demandas apresentadas. Além disso, produtos perecíveis enfrentam a necessidade de redução de estoque compatível com a perecibilidade e prazo de consumo". FERNANDES, Jorge Ulisses Jacoby. *Carona em Sistema de Registro de Preços*: uma opção inteligente para redução de custos e controle, 2010. Disponível em http: // www.jaboby.pro.br/Coarona.pdf. Acesso em: 11 ago. 2020.

diferentes, o que privilegia a participação de pequenas e médias empresas;

g) redução dos custos da licitação – o SRP, ao reduzir o número de licitações, barateia o custo das aquisições;

h) maior aproveitamento de bens – o SRP evita a perda de bens deterioráveis.

Além disso, é no contexto do Sistema de Registro de Preços que se desenvolveu a figura do carona. Na mesma esteira do Decreto nº 3.931/01, o art. 22 do Decreto nº 7.892/13 prevê a possibilidade da utilização da Ata de Registro de Preços por órgãos ou entidades não participantes do certame, disciplinando a figura do carona. Verifica-se, contudo, que, em atendimento aos princípios da impessoalidade, da moralidade e da eficiência, o novo diploma normativo federal conferiu tratamento mais cauteloso à figura do carona, ao definir limites e ritualização para sua participação.

O carona, nos termos do art. 22 do Decreto nº 7.892/13, poderá aderir à Ata de Registro de Preços, durante a sua vigência, desde que alguns requisitos sejam observados.

A adesão somente é possível se houver explicitação da vantagem auferida pelo órgão ou entidade não participante e anuência do órgão gerenciador.[10] Após a anuência do órgão gerenciador, o carona deverá implementar a contratação, observando o prazo de validade da ata (§6º): 12 meses.

Além disso, o fornecedor beneficiário da Ata de Registro de Preços poderá optar pela aceitação ou não do fornecimento a título de adesão, devendo avaliar se a assunção das novas obrigações com o carona poderá prejudicar as presentes e futuras obrigações decorrentes da ata, já assumidas com o órgão gerenciador e com os órgãos participantes (§3º).

O art. 22, §4º, do referido Decreto estabelece um teto para as adesões, ao prever que o instrumento convocatório do certame deverá prever que o quantitativo decorrente das adesões via carona não poderá

---

[10] Aqui cabe destacar que o Decreto nº 8.50/2014 revogou a norma inscrita no §5º do art. 22, que instituía que o órgão gerenciador, como regra, somente poderia autorizar a adesão após a primeira aquisição ou contratação por órgão originariamente integrante da ata, exceto na hipótese em que o instrumento convocatório não estabelecer previsão de aquisição ou contratação pelo órgão gerenciador.

exceder ao quíntuplo do quantitativo de cada item registrado na ata para o órgão gerenciador e os órgãos participantes, independentemente do número de adesões.

Em caso de inadimplemento do fornecedor, o carona tem o dever de informar o órgão gerenciador[11] (§7º).

O §8º do art. 22 do Decreto nº 7.892/13 veda que órgãos e entidades da Administração Pública federal participem na condição de carona de Atas de Registro de Preços gerenciadas por órgão ou entidade municipal, distrital ou estadual. Logo, estão autorizados unicamente a aderirem a atas de certames promovidos por unidades da própria Administração federal. Já o §9º do citado dispositivo autoriza que órgãos ou entidades dos outros entes federados façam adesão às atas de Registro de Preços da Administração Pública federal.

Cabe, aqui, uma nota interessante. Tendo em vista os moldes do federalismo nacional, cada ente federado tem autonomia para restringir a participação de seus órgãos e entidades em atas de Registro de Preços de certames promovidos por outras unidades federadas.[12] Por outro lado, cada ente federado não pode impedir ou vedar a participação de órgão ou entidade vinculada à outra entidade federativa.

3 A disciplina do Sistema de Registro de Preços e da figura do carona

A norma contida no §3º do art. 15 da Lei nº 8.666/93 determina que a disciplina do Sistema de Registro de Preços deve ser implementada por meio de decretos. Cada ente federado, portanto, no âmbito de sua competência, deve expedir decretos normativos, veiculadores de normas específicas, para disciplinar de forma minuciosa e complementar à lei, o referido sistema de contratações.

A compreensão dos limites da competência de cada ente federado para dispor sobre o regime de preços pressupõe a conjugação do teor da norma consubstanciada no art. 22, XXVII, da CR/88,

---

[11] Sobre as competências do órgão gerenciador no SRP, conferir, nesta obra, o artigo "Roteiro do protagonista do SRP: as competências do órgão gerenciador previstas no Decreto nº 7.892, de 23.01.2013", de autoria do ilustre Conselheiro Gilberto Pinto Monteiro Diniz.

[12] Sobre o tema, conferir, nesta obra, o artigo "Disposições finais e transitórias e análise comparativa do Decreto nº 7.892/2013 com outras regulamentações sobre Registro de Preços", desenvolvido por Murilo Melo Vale, que realiza estudo comparativo entre os decretos normativos sobre SRP expedidos por diferentes unidades federadas.

com a norma inscrita no art. 84, IV, da CR/88. Em outras palavras, a definição da extensão da competência dos entes federados para disciplinar sobre o regime de preços pressupõe a compreensão dos limites do poder normativo da Administração Pública e a arquitetura constitucionalmente definida das normas sobre licitação e contratação pública.

3.1 O poder normativo da Administração Pública

A competência da Administração Pública de expedir atos gerais e abstratos é fundamentada precipuamente no art. 84, IV, da CR/88. A competência normativa pode manifestar-se por meio de decretos ou regulamentos normativos (decretos regulamentares), decretos ou regulamentos autônomos[13] e decretos ou regulamentos autorizados.[14]

Os decretos ou regulamentos de execução serão enfocados por serem pertinentes ao tema deste trabalho.

Os decretos regulamentares são atos administrativos, portanto, de nível infralegal. Expressam discrição administrativa, veiculando regras gerais, abstratas, obrigatórias e não inovadoras, que visam a complementar e a minudenciar as leis. Fundamentam-se na norma consubstanciada no art. 84, IV, da CR/88, que prevê a competência do Chefe do Poder Executivo para expedir decretos e regulamentos, objetivando uma fiel execução de lei.

A relação entre os decretos regulamentares e a lei é a questão primordial a ser definida. São tratados como atos normativos secundários,

---

[13] Os chamados decretos autônomos são atos normativos primários que retiram validade diretamente da Constituição, independentemente de lei intermediária. O texto original da Constituição de 1988 apenas fazia referência aos regulamentos executivos, inexistindo alusão alguma aos decretos autônomos. Contudo, a partir da promulgação da Emenda Constitucional nº 32/01, instaurou-se dissenso doutrinário acerca da existência dessa última espécie de decretos no ordenamento jurídico brasileiro. Com a alteração promovida pela referida Emenda Constitucional, o texto do inciso VI, do art. 84, da Constituição de 1988, passou a estabelecer que o Presidente da República está autorizado a dispor diretamente mediante decreto sobre a organização e o funcionamento da Administração Pública federal, quando não implicar aumento de despesa nem criação ou extinção de órgãos públicos e sobre a extinção de cargos e funções públicas, quando vagos. A partir de então, parte da doutrina, com a qual concordamos, passou a defender a existência dos decretos autônomos em nosso sistema constitucional, restrita ao art. 84, VI, da CR/88.

[14] Regulamento autorizado ou delegado é aquele que complementa disposições de lei em razão de expressa determinação nela contida, para que o Poder Executivo assim o faça. No Brasil, não se admite, em nome do princípio da separação dos poderes, a existência de regulamento autorizado para disciplina de matérias reservadas à lei.

na medida em que retiram sua fonte de validade diretamente das leis (atos normativos primários, pois defluem diretamente da Constituição) que regulamentam. A expedição dos decretos regulamentares pressupõe edição de determinada lei, a cujo conteúdo eles encontram-se limitados. Desse modo, os regulamentos e decretos de execução devem integrar, especificar, detalhar e uniformizar a aplicação da referida lei.

Nota-se, contudo, que a superação do modelo do positivismo formalista e a consagração da noção de juridicidade impõem reformulações na compreensão dos limites e dos fundamentos dos atos normativos secundários. O conteúdo das normas secundárias deve, a um só tempo, guardar correspondência com o teor da norma que pretende disciplinar e respeitar toda a completude do ordenamento jurídico. Logo, os limites e fundamentos das normas fixadas pelos decretos executivos transcendem os confins da lei que busca minudenciar.

A competência regulamentar é uma das formas de manifestação da competência discricionária da Administração Pública, pois a lei objeto de regulamentação pode permitir que o administrador, dentre as várias hipóteses abstratamente comportadas pela norma, eleja qualquer delas na elaboração do ato normativo.

Assim, se, à luz do caso concreto e da completude do ordenamento jurídico, duas ou mais medidas revelarem-se como igualmente válidas para dar fiel execução à lei – pluralidade de decisões legítimas – o administrador poderá eleger uma delas para disciplinar a norma.[15] Mas pode ocorrer que o administrador, no desempenho de função regulamentar, venha apenas a reduzir o espectro de liberdade existente no âmbito da norma.

É importante sublinhar que o regulamento jamais pode ampliar o espectro da discricionariedade administrativa, cujo fundamento e extensão decorrem da lei.

3.2 A matriz de competências sobre licitação e contratos públicos

A norma contida no art. 22, XXVII, CR/88 traça a arquitetura das normas sobre licitação e contratos públicos. Ao estabelecer a competência da União para dispor sobre normas gerais de licitação

---

[15] O escopo deste trabalho não permite análise mais profunda sobre o controle da discricionariedade administrativa.

e contratos, buscou-se a conformação de regime jurídico uniforme, no tocante aos aspectos e diretrizes centrais das licitações e contratos públicos, aplicável em todo o país. Também resguarda a competência normativa das outras entidades federativas para instituírem normas específicas sobre os temas, desde que respeitem as normas gerais.

Em função da matriz de competência traçada pela Constituição, o sistema das contratações administrativas aparece com composições distintas, a depender da entidade pública contratante. É dotado de parte fixa – princípios constitucionais, normas gerais editadas pela União, normas de direito privado e normas setoriais –, e de parte variável, que diz respeito às normas específicas de cada ente federado.

A norma do art. 22, XXVII, da CR/88, suscita debates nos âmbitos doutrinário e jurisprudencial. Um deles diz respeito à natureza da competência legislativa por ele fixada. Existe o entendimento que defende se tratar de hipótese de competência legislativa concorrente[16] e, por outro lado, existe a posição que sustenta a natureza de competência legislativa privativa da União.[17]

Em termos práticos, de acordo com a primeira corrente, a União deve expedir normas gerais sobre licitação e contratos. Os Estados e Municípios (artigos 24, §2º, e 30, II, CR/88) exercem competência supletiva por meio da edição de normas específicas. Nesse caso, as normas municipais devem obediência simultaneamente às normas editadas pela União e pelos Estados. Para segunda corrente, compete à União a edição de normas gerais sobre licitação e contratos; os Estados somente poderão legislar sobre questões específicas do tema se forem autorizados pela União por meio de lei complementar. As normas gerais editadas pela União devem ser aplicadas pelos Estados e Municípios, que podem, respeitando-as, legislar especificamente para a respectiva esfera. Os Estados suplementam diretamente as normas gerais da União, o mesmo acontecendo com os Municípios que assim fazem, sem a necessidade de obedecer às normas estaduais eventualmente existentes, diversamente do que ocorre no âmbito da competência concorrente.[18]

---

[16] ALMEIDA, Fernanda Dias Menezes de. *Competências na Constituição de 1998*. 2. ed. São Paulo: Atlas, 2000. p. 139-147.

[17] FERRAZ, Luciano. Pregão eletrônico. *Fórum de Contratação e Gestão Pública – FCGP*, Belo Horizonte, ano 5, n. 59, p. 2, nov. 2006.

[18] FERRAZ, Luciano. Pregão eletrônico. *Fórum de Contratação e Gestão Pública – FCGP*, Belo Horizonte, ano 5, n. 59, p. 2, nov. 2006.

3.3 A arquitetura normativa do Sistema de Registro de Preços e o instituto do carona

A partir do exposto é possível extrair as seguintes premissas:

a) a União tem competência para estabelecer, por meio de leis ordinárias, normas gerais sobre licitação e contratos públicos, que devem ser obedecidas por todos os entes federados;

b) cada ente federado tem competência para dispor sobre normas específicas sobre licitação e contratos públicos;

c) as normas específicas sobre licitação e contratos devem ser fixadas preferencialmente por meio de leis ordinárias, contudo, nas hipóteses admitidas pelo ordenamento jurídico, poderão ser estabelecidas por atos normativos secundários, desde que respeitem os limites constitucionalmente estabelecidos.

A disciplina do Sistema de Registro de Preços enquadra-se na lógica anteriormente descrita. O Sistema de Registro de Preços está genericamente previsto e autorizado em norma geral (art. 15, Lei nº 8.666/93). Sua disciplina específica compete a cada ente federado e poderá ser instituída por meio de atos normativos secundários – decretos executivos (art. 15, §3º, Lei nº 8.666/93).

O art. 15 da Lei nº 8.666/93 atribui competência discricionária para cada ente federado disciplinar o Sistema de Registro de Preços. Nota-se, portanto, que as normas específicas sobre regime de preços devem obediência às diretrizes fixadas pelo referido dispositivo legal, bem como às regras e aos princípios que compõem o ordenamento jurídico como um todo. Logo, os decretos sobre Registro de Preços encontram seus limites e fundamentos em todo ordenamento jurídico, transcendendo a moldura do art. 15 da Lei nº 8.666/93.

Cada ente federado, dentro dos limites juridicamente impostos, poderá definir os procedimentos próprios para o emprego do Registro de Preços, o que inclui a competência para decidir se o resultado da licitação em Sistema de Registro de Preços (a ata) poderá ser compartilhado com outros órgãos ou entidades que integram sua Administração ou de outras unidades federadas.

Nesse quadro, a figura do carona aparece como um dos procedimentos do Sistema de Registro de Preços cuja disciplina será instituída por meio de decretos executivos e deverá respeitar toda a completude do ordenamento jurídico (legalidade em sentido amplo). Nota-se, portanto, que o instituto do carona encontra amparo jurídico. O argumento de quebra de isonomia porque o vencedor de um só certame será agraciado com uma pluralidade de vínculos não parece prosperar, a despeito de a doutrina majoritariamente assim compreender. A possibilidade de futura adesão é por todos conhecida, já que diagnosticada no edital. Inexiste a obscuridade. Os licitantes sabem, todos, que vencer aquela licitação poderá resultar "prêmios" outros, pelo que, sem desgastes à isonomia, caberá aos interessados preparar-se para a disputa. Mais do que isso, o carona encerra fundamento constitucional por ser instrumento de concretização do princípio da eficiência administrativa (art. 37, *caput*, CR/88), conforme já demonstrado, e da noção de federalismo por cooperação (artigos 24, parágrafo único, e 241, CR/88).

A Emenda Constitucional nº 19/98 consagrou expressamente a noção de federalismo por cooperação no art. 241 do texto constitucional, ao estabelecer que os entes federados poderão celebrar convênios ou consórcios públicos para realização da gestão associada de serviços públicos. Nesses termos, a Constituição estimula que os entes federados reúnam esforços, mediante celebração de contratos de cooperação, para concretização de suas competências.[19]

Além da integração entre os entes federados, a noção de federalismo por cooperação busca corrigir disfunções do federalismo brasileiro, especialmente em relação aos Municípios, pois permite que entes federados congreguem suas forças para concretização de tarefas comuns e que entes federados de maior estatura auxiliem os de menor estatura a concretizar suas competências constitucionais.

Conforme destacado, o art. 241 menciona dois tipos de contratos de cooperação para implementação do federalismo por cooperação – os convênios e os consórcios públicos.[20] Os últimos encontram-se disciplinados pela Lei nº 11.107/05. São contratos celebrados entre entes federados para gestão associada de determinado serviço público que resultará na criação de uma nova entidade administrativa que poderá ser dotada de personalidade de direito público (associações públicas) ou de direito privado.

---

[19] O federalismo por cooperação também é fomentado pelo art. 23, parágrafo único, da CR/88 (EC nº 53/2006), que assim prevê: "Art. 23. [...] Parágrafo único. Leis complementares fixarão normas para a cooperação entre a União e os Estados, o Distrito Federal e os Municípios, tendo em vista o equilíbrio do desenvolvimento e do bem-estar em âmbito nacional".

[20] ALMEIDA, Fernando Dias Menezes de. *Contrato administrativo*. São Paulo: Quartier Latin, 2012, p. 240.

Os convênios públicos não estão disciplinados em lei específica, salvo a recentemente editada, Lei nº 13.019/14.[21] Contudo, trata-se de instrumento tradicionalmente previsto no direito constitucional brasileiro.[22] Os convênios públicos são contratos celebrados entre entes federados e/ou entre entes federados e entidades da Administração direta ou indireta para realização de forma cooperada das competências comuns dos conveniados.

Com base em tais premissas, é possível identificar que as adesões realizadas pelo carona à Ata de Registro de Preços aproximam-se da estrutura de convênio público, instrumento do federalismo de cooperação. A adesão permite que órgãos e entidades administrativas pertencentes a entes federados distintos auxiliem-se na provisão de bens e serviços.

---

[21] É importante sublinhar que os convênios públicos firmados entre entidades administrativas não se confundem com os convênios celebrados entre entes federados e entidades do terceiro setor. Nessa última hipótese, os convênios não têm como escopo a implementação do federalismo por cooperação, mas a concretização da atividade de fomento. Sobre o tema, cf. MAGALHÃES, Gustavo Alexandre. *Convênios administrativos*: aspectos polêmicos e análise crítica de seu regime jurídico. São Paulo: Atlas, 2012.

[22] Seguem alguns exemplos de previsões no ordenamento jurídico brasileiro dos convênios públicos:
a) art. 13, §3º, da Constituição de 1967: "a União, os Estados, os Municípios poderão celebrar convênios para execução de suas leis, serviços ou decisões, por intermédio de funcionários federais, estaduais ou municipais";
b) art. 10 do Decreto-Lei nº 200/67: "convênio como forma de descentralização da Administração federal para unidades federadas, quando estiverem devidamente aparelhadas";
c) art. 23, parágrafo único, da Constituição de 1988 (competência concorrente da União, Estados, Municípios, DF): "lei complementar fixará normas para a cooperação entre a União e os Estados, o Distrito Federal e os Municípios, tendo em vista o equilíbrio do desenvolvimento e do bem-estar no âmbito nacional";
d) art. 241 da Constituição de 1988 (EC nº 19/98): "a União, os Estados, o Distrito Federal e os Municípios disciplinarão por meio de lei os consórcios públicos e os convênios de cooperação entre os entes federados, autorizando a gestão associada de serviços públicos, bem como a transferência total ou parcial de encargos, serviços, pessoal e bens essenciais à continuidade dos serviços transferidos";
e) art. 30 da Lei nº 8.987/95: "Art. 30. No exercício da fiscalização, o poder concedente terá acesso aos dados relativos à administração, contabilidade, recursos técnicos, econômicos e financeiros da concessionária. Parágrafo único. A fiscalização do serviço será feita por intermédio de órgão técnico do poder concedente ou por entidade com ele conveniada, e, periodicamente, conforme previsto em norma regulamentar, por comissão composta de representantes do poder concedente, da concessionária e dos usuários";
f) art. 83, CTN: "Art. 83. Sem prejuízo das demais disposições deste Título, os Estados e Municípios que celebrem com a União convênios destinados a assegurar ampla e eficiente coordenação dos respectivos programas de investimentos e serviços públicos, especialmente no campo da política tributária, poderão participar de até 10% (dez por cento) da arrecadação efetuada, nos respectivos territórios, proveniente do imposto referido no artigo 43, incidente sobre o rendimento das pessoas físicas, e no artigo 46, excluído o incidente sobre o fumo e bebidas alcoólicas. Parágrafo único. O processo das distribuições previstas neste artigo será regulado nos convênios nele referidos".

Trata-se, portanto, de valioso instrumento de implementação do federalismo por cooperação, uma vez que permite que entes federados, em especial, destituídos de aparato técnico-administrativo adequado (em geral, os Municípios menores) utilizem os resultados obtidos em certames promovidos por entes federados mais bem estruturados. Desse modo, valoriza-se, por consequência, o próprio instituto da licitação, pois os entes federados destituídos de aparato administrativo adequado deixarão de promover contratações diretas, por vezes ilegais, e, além disso, não correrão o risco de verem suas licitações ou contratos invalidados pelo descumprimento de alguma norma. Por outro lado, o instituto do carona também torna os certames de entes federados de maior estatura mais atraentes, na medida em que envolve a potencial ampliação do objeto do contrato, o que pode resultar, inclusive, na obtenção de melhores preços.

4 Conclusões

Demonstrou-se, portanto, por meio deste pequeno artigo, que a figura do carona encontra respaldo no texto constitucional brasileiro, uma vez que contribui para a implementação da noção de federalismo por cooperação e do princípio da eficiência administrativa. Com base em tal conclusão, constatou-se também que as adesões do carona à Ata de Registro de Preços encerram ou aproximam-se da natureza de convênios públicos, amparadas, portanto, pelo texto constitucional.

Referências

ALMEIDA, Fernanda Dias Menezes de. *Competências na Constituição de 1998*. 2. ed. São Paulo: Atlas, 2000.

ALMEIDA, Fernando Dias Menezes de. *Contrato administrativo*. São Paulo: Quartier Latin, 2012.

CAMARÃO, Tatiana Martins da Costa. Alguns apontamentos sobre o sistema de registro de preços. *In*: FORTINI; Cristiana; PEREIRA, Maria Fernanda Pires de Carvalho; CAMARÃO, Tatiana Martins da Costa (Org.). *Licitação e contratos*: aspectos relevantes. 2. ed. Belo Horizonte: Fórum, 2008.

FERNANDES, Jorge Ulisses Jacoby. Carona em Sistema de Registro de Preços: uma opção inteligente para redução de custos e controle, 2010. Disponível em http://www.jaboby.pro.br/Coarona.pdf. Acesso em: 11 ago. 2020.

FERRAZ, Luciano. Pregão eletrônico. *Fórum de Contratação e Gestão Pública – FCGP*, Belo Horizonte, ano 5, n. 59, p. 2, nov. 2006.

JUSTEN FILHO, Marçal. *Comentários à Lei de Licitações e Contratos Administrativos*. 11. ed. São Paulo: Dialética, 2005.

MAGALHÃES, Gustavo Alexandre. *Convênios administrativos*: aspectos polêmicos e análise crítica de seu regime jurídico. São Paulo: Atlas, 2012.

Informação bibliográfica deste texto, conforme a NBR 6023:2018 da Associação Brasileira de Normas Técnicas (ABNT):

COLOMBAROLLI, Bruna Rodrigues. Carona - Federalismo por cooperação e eficiência administrativa. *In*: FORTINI, Cristiana (Coord.). *Registro de Preços*: análise crítica do Decreto Federal nº 7.892/13, com as alterações posteriores. 3. ed. rev., ampl. e atual. Belo Horizonte: Fórum, 2020. p. 217-230. ISBN 978-65-5518-038-1.

A GESTÃO DE RISCOS COMO INSTRUMENTO DE EFICIÊNCIA DAS CONTRATAÇÕES PÚBLICAS POR SISTEMA DE REGISTRO DE PREÇOS

RODRIGO PIRONTI AGUIRRE DE CASTRO

MIRELA MIRÓ ZILIOTTO

1 Introdução

Não existem dúvidas de que os riscos são inerentes a qualquer negócio, sejam eles riscos internos ou riscos externos. Se não existe negócio sem risco, o gerenciamento dos mesmos é instrumento de suma importância para que os objetivos traçados em planejamentos institucionais sejam, de fato, alcançados, sobretudo em se tratando de planejamentos no âmbito das contratações públicas.

A gestão de riscos, nesses termos, trata-se de um mecanismo que merece atenção em tempos de combate à corrupção e de busca por eficiência nas contratações públicas. Por isso, é imprescindível que as instituições se preocupem em conhecer todas as variáveis endógenas e exógenas que possam impactar em suas atividades, sobretudo porque os danos reputacionais e econômicos causados pela consumação de um evento de risco podem implicar consequências irreparáveis.

Nesse sentido, a Administração Pública deve zelar pela análise periódica dos riscos inerentes às contratações, relacionados ao objeto e à execução contratual, bem como os riscos de relacionamento com terceiros, notadamente de seus fornecedores, eis que os reflexos desses eventos podem implicar consequências incalculáveis. Daí, então, a importância do fortalecimento desses instrumentos aptos a monitorar, controlar e reprimir eventos não desejados pela Administração Pública no âmbito das contratações por Sistema de Registro de Preços, sob pena de macular a eficiência proposta por essa modalidade.

Diante desse cenário, e considerando o aumento da preocupação com a gestão de riscos, implementação de programas de integridade e utilização de mecanismo de Compliance no país, essa deve ser uma realidade necessária no planejamento das contratações públicas por Sistemas de Registro de Preço (SRP), eis que a ausência de gestão de riscos pode impactar a eficiência, a economicidade, a sustentabilidade e a celeridade propostas pela modalidade, bem como a própria garantia dos benefícios propostos pelo SRP, sobretudo em razão de possível sub ou superfaturamento da Ata de Registro de Preços, quando, pela ausência de planejamento vinculado à gestão de riscos, há previsão inadequada de economia em escala.

2 Vantagens do Sistema de Registro de Preços e o planejamento atrelado à gestão de riscos

Com o objetivo de facilitar contratações futuras, evitando-se que sejam realizados inúmeros processos licitatórios desnecessários,[1] o Sistema de Registro de Preços constitui um conjunto de procedimentos para registro formal de preços relativos à prestação de serviços e aquisições de bens,[2] que poderão ser adquiridos pelo período de 12 (doze) meses, após o registro em ata.[3]

---

[1] DI PIETRO, Maria Sylvia Zanella. *Direito Administrativo*. 30. ed. Rio de Janeiro: Forense, 2017.

[2] Conceito disciplinado no inciso I, do artigo 2º, do Decreto Federal nº 7.892/2013, que regulamenta o Sistema de Registro de Preços previsto no art. 15 da Lei nº 8.666, de 21 de junho de 1993: Art. 2º Para os efeitos deste Decreto, são adotadas as seguintes definições: I – Sistema de Registro de Preços – conjunto de procedimentos para registro formal de preços relativos à prestação de serviços e aquisição de bens, para contratações futuras. (BRASIL. Decreto nº 7.892, de 23 de janeiro de 2013. Regulamenta o Sistema de Registro de Preços previsto no art. 15 da Lei nº 8.666, de 21 de junho de 1993. *Diário Oficial da União*, Brasília, 23 jan. 2013. Disponível em: http://www.planalto.gov.br/ccivil_03/_ato2011-2014/2013/decreto/d7892.htm. Acesso em 22 abr. 2020).

[3] Conceito disciplinado no artigo 12, do Decreto Federal nº 7.892/2013, que regulamenta Sistema de Registro de Preços previsto no art. 15 da Lei nº 8.666, de 21 de junho de 1993:

Considerando esse conceito, o Sistema de Registro de Preços trata-se de um procedimento especial e mais flexível do que a licitação ordinária, eis que não há obrigatoriedade à Administração Pública em promover a contratação daquilo que será registrado. Veja-se que essa realidade muito se aproxima da forma como o mercado privado pratica suas contratações, de modo que a proposta vencedora (preço e disponibilidade dos quantitativos máximos pretendidos) será mantida pelo tempo que permanecer vigente a Ata de Registro de Preços, salvo, obviamente, a ocorrência de fatos supervenientes ou comprovadas alterações dos custos dos insumos.

O objetivo principal do Sistema de Registro de Preços é, portanto, assegurar o atendimento de demandas futuras e estimadas, garantindo economia em escala e celeridade na contratação, eis que, não há necessidade de indicação da dotação orçamentária durante a licitação, mas apenas quando da formalização da aquisição.[4]

Diante desse objetivo, percebe-se que o planejamento nas contratações por Sistema de Registro de Preços é de suma importância, eis que o volume estimado, em que pese não exista obrigação em ser contratado, deve ser próximo à realidade praticada, sob pena de sub ou superfaturamento da Ata de Registro de Preços. Nesse sentido, passa-se a elencar as inúmeras vantagens à adoção do Sistema de Registro de Preços, conforme bem destacadas por Jorge Ulisses Jacoby Fernandes,[5] avaliando-se a importância de um adequado planejamento para a consumação desses benefícios.

A primeira delas, já mencionada anteriormente, trata-se da inexistência da obrigatoriedade de previsão de dotação orçamentária

---

Art. 12. O prazo de validade da ata de registro de preços não será superior a doze meses, incluídas eventuais prorrogações, conforme o inciso III do §3º do art. 15 da Lei nº 8.666, de 1993. (BRASIL. Decreto nº 7.892, de 23 de janeiro de 2013. Regulamenta o Sistema de Registro de Preços previsto no art. 15 da Lei nº 8.666, de 21 de junho de 1993. *Diário Oficial da União*, Brasília, 23 jan. 2013. Disponível em: http://www.planalto.gov.br/ccivil_03/_ato2011-2014/2013/decreto/d7892.htm. Acesso em 22 abr. 2020).

[4] Art. 7º, §2º, Decreto Federal nº 7.892/201: §2º Na licitação para registro de preços não é necessário indicar a dotação orçamentária, que somente será exigida para a formalização do contrato ou outro instrumento hábil. (BRASIL. Decreto nº 7.892, de 23 de janeiro de 2013. Regulamenta o Sistema de Registro de Preços previsto no art. 15 da Lei nº 8.666, de 21 de junho de 1993. *Diário Oficial da União*, Brasília, 23 jan. 2013. Disponível em: http://www.planalto.gov.br/ccivil_03/_ato2011-2014/2013/decreto/d7892.htm. Acesso em 22 abr. 2020).

[5] FERNANDES, Jorge Ulisses Jacoby. *Sistema de Registro de Preços e Pregão Presencial e Eletrônico.* 2. ed. Belo Horizonte: Fórum, 2006.

quando da realização da licitação. Tal situação permite que a licitação seja realizada mesmo em épocas de contingenciamentos orçamentários, garantindo-se, inclusive, celeridade à contratação futura. Assim, pode-se dizer que há maior discricionariedade à Administração Pública, que pode agir conforme suas reais necessidades, flexibilizando e adequando despesas, de acordo com o cenário vivenciado.

Outra vantagem é a possibilidade de licitar aquisições cujos quantitativos são imprevisíveis ou de difícil previsibilidade. Veja-se que o quantitativo estimado poderá ser utilizado durante toda a vigência da Ata de Registro de Preços, não se obrigando a contratação integral. Essa vantagem é interessante e merece especial atenção, eis que facilmente pode se tornar uma desvantagem se não realizado um planejamento adequado e até mesmo uma gestão adequada de riscos dessa contratação. É que, se o estimativo for subdimensionado, por exemplo, a economia em escala almejada poderá ser afetada negativamente, considerando a incerteza da contratação e a insegurança quanto ao atendimento do quantitativo, o que, por conseguinte, pode, inclusive, ocasionar a elevação nos preços ofertados. É dizer, o planejamento do estimativo, mesmo nesses casos de difícil previsibilidade, deve ser vinculado à gestão de riscos, eis que quando uma Ata de Registro de Preços para um determinado insumo ou serviço estiver em vigor, não poderá ser realizada outra licitação para o mesmo objeto, salvo se devidamente justificada a não vantajosidade ou impossibilidade de contratação do vencedor da ata. Todos os eventos de risco que possam impactar a contratação devem ser considerados, portanto.

Uma terceira vantagem que merece atenção é a redução do volume de estoque ou perda de bens pela Administração Pública. O Sistema de Registro de Preços permite a chamada aquisição progressiva, evitando a ocupação desnecessária de ambientes, bem como o vencimento de produtos. Ocorre, em um cenário de crise, em que muitas vezes o estoque de produtos é necessário, essa vantagem pode se tornar uma desvantagem, fazendo com que a Administração Pública tenha que realizar inúmeras contratações emergenciais, quando, certamente, a economicidade será afetada. Por isso, mais uma vez, é importante a realização de planejamento das contratações vinculada à gestão de riscos. Ou seja, é necessário avaliar condições adversas que poderão impactar negativamente em situações tidas como vantagens, sobretudo em questão, também, da obsolescência do que foi registrado em virtude das variações de mercado. Não sem razão, antes de formalizar cada aquisição, a Administração Pública deverá avaliar se os preços registrados são compatíveis com os de mercado, bem como se a qualidade do fornecedor é aderente ao avaliado, realizando-se um gerenciamento periódico dos riscos da contratação.

A quarta vantagem diz respeito à redução do volume de licitações, bem como à inibição de fraudes, como o fracionamento ilegal de despesa, especialmente em se tratando de aquisições de produtos corriqueiros. O registro dos insumos e serviços, sem limite máximo de valor, como é o caso do pregão e da concorrência, pelo período de até doze meses, permite que não sejam realizadas licitações mensais e nem que essas licitações impliquem fracionamento ilegal do objeto se consideradas no período de um ano, aperfeiçoando-se a rotina das licitações em prol dos princípios basilares das contratações públicas, como eficiência e economicidade. Nesse sentido, Sidney Bittencourt assevera que o SRP determina "flagrante economia, além de ganho em agilidade e segurança, com pleno atendimento ao princípio da eficiência".[6] Além disso, importante destacar que é facultado a qualquer indivíduo impugnar o preço registrado, de modo que a ampliação da transparência e o controle social, se adequadamente realizados, mitigam riscos de fraudes e aquisições com preços exorbitantes.

Uma quinta vantagem diz respeito à possibilidade de se evitar o preço de varejo, eis que, dado o prazo de vigência da Ata de Registro de Preços, as aquisições são em maior quantidade, permitindo-se que os fornecedores apresentem propostas mais vantajosas, e, por conseguinte, aumenta-se a competitividade, sobretudo em razão do parcelamento da entrega. Mais uma vez é necessário que se tenha cautela na análise dessa vantagem, já que, a ausência de um adequado planejamento pode implicar sérias desvantagens, sobretudo em relação à insegurança ao que será efetivamente contratado.

Por fim é importante destacar que o Sistema de Registro de Preços é uma via de mão dupla, isto é, traz vantagens tanto para a Administração Pública quanto para as empresas fornecedoras, já que estas poderão fornecer o produto ou o serviço por até 12 meses ao órgão gerenciador, aos órgãos participantes e, ainda, aos órgãos não participantes, popularmente conhecidos como "caronas". Entretanto,

---

[6] BITTENCOURT, Sidney. *Licitação e registro de preços.* Rio de Janeiro: Temas & Ideias, 2003. p. 48.

referida vantagem, se atrelada à falta de adequado planejamento por parte dos licitantes, também poderá se transformar em desvantagem, especialmente em razão da incerteza em relação à quantidade que será efetivamente adquirida e às dificuldades para manutenção de estoque para pronto atendimento. Por isso, assim como a Administração Pública deve realizar planejamento pautado em uma adequada gestão de riscos, os licitantes também o devem, sob pena de as vantagens proporcionadas pelo SRP, tornarem-se um elefante branco aos fornecedores.

Em resumo, portanto, pode-se dizer que as vantagens do SRP à Administração Pública são: a) economia proporcionada pela redução do número de licitações e dos estoques desnecessários; b) segurança proporcionada por aquisições com prazo de entrega determinado e valores predeterminados; c) celeridade nas aquisições; e, d) eficiência e eficácia proporcionadas pela economia de escala e desnecessidade de comprometimento orçamentário. Já para os fornecedores há uma expectativa de venda volumosa, com preços e condições previamente estabelecidos. Entretanto, para que essas vantagens se concretizem na prática é necessário que se faça um adequado planejamento pautado por uma gestão de riscos aderente.

3 A gestão de riscos nas contratações por Sistema de Registro de Preços

Conforme analisado, a ausência de um adequado planejamento nas contratações por Sistema de Registro de Preços ou o planejamento sem uma adequada gestão de riscos fará com que, muitas vezes, os objetivos almejados e os benefícios proporcionados não sejam devidamente concretizados. Assim, antes de adentrar ao tema propriamente dito da gestão de riscos nas contratações públicas por SRP, faz-se importante a análise de duas premissas: 1) O que é risco? e 2) O que é gestão de riscos?

O risco pode ser considerado como um evento que possui inúmeras dimensões, que se multiplicam no mundo contemporâneo e que pode ser estimado e calculado, com alguma orientação de certeza, por meio das técnicas de previsão e cálculo de probabilidades.[7]

---

[7] LAFER, Celso. *Incerteza Jurídica*. O Estado de S. Paulo. 2018. Disponível em: http://opiniao.estadao.com.br/noticias/geral,incerteza-juridica,70002231774. Acesso em 22 abr. 2020.

Está presente em toda e qualquer atividade, de modo que organizações de qualquer porte sofrem as influências desses eventos internos e externos, que podem afetar os objetivos previamente estipulados.[8]

A gestão adequada desses riscos é condição necessária ao sucesso de qualquer organização.[9] Daí porque se afirmar que uma gestão adequada de riscos é aquela que antecipa o maior número de eventos, após a realização de uma dinâmica de identificação, priorização, tratamento e controle daqueles.[10] Importante deixar claro que a quantificação e a qualificação desses riscos não envolve apenas uma análise de "perdas", mas também de "ganhos" em relação aos resultados do que foi planejado por um indivíduo ou organização.[11] A ISO 31000/18[12] é a norma que disciplina as diretrizes básicas para a gestão de riscos no Brasil, conceituando-a como "o conjunto de elementos que fornecem as bases e os arranjos organizacionais para direcionar e controlar uma organização no que se refere aos riscos".

No âmbito das contratações públicas, a gestão de riscos deve se preocupar em exercer funções destinadas ao fortalecimento de mecanismos de controle interno da organização, para gestão de riscos e crises, com vistas à concretização dos objetivos propostos e à prevenção quanto ao cometimento de fraudes e ilegalidades praticados internamente ou por terceiros,[13] avaliando-se as perdas e os ganhos desses acontecimentos. Assim, quando se fala em gestão de riscos nas contratações públicas, dois temas chamam atenção: (i) a gestão de riscos nas três fases da licitação (planejamento, escolha do fornecedor e execução do contrato) e (ii) a adoção de matriz de riscos contratuais.

---

[8] NEVES, Edmo Colnaghi; FIGUEIROA, Caio Cesar. Gestão de Riscos. *In*: CARVALHO, André Castro *et al*. (Coord.). *Manual de Compliance*. Rio de Janeiro: Forense, 2019. p. 22-23.

[9] GIOVANINI, Wagner. Programas de Compliance e Anticorrupção: importância e elementos essenciais. *In*: PAULA, Marco Aurélio Borges de; PIRONTI, Rodrigo (Coord.). *Compliance, Gestão de Riscos e Combate à Corrupção*. Belo Horizonte: Fórum, 2018. p. 60.

[10] PIRONTI, Rodrigo; GONÇALVES, Francine Pacheco. *Compliance e gestão de riscos nas empresas estatais*. 2. ed. Belo Horizonte: Fórum, 2019. p. 48.

[11] INSTITUTO BRASILEIRO DE GOVERNANÇA CORPORATIVA. *Guia de orientação para o gerenciamento de riscos corporativos*. São Paulo, SP: IBGC, 2007. p. 10.

[12] ASSOCIAÇÃO BRASILEIRA DE NORMAS TÉCNICAS. *NBR ISO 31000*. Gestão de Riscos – Princípios e diretrizes. Rio de Janeiro: NBR, 2018.

[13] MENEGAT, Fernando; MIRANDA, Gustavo. *Gestão de riscos x matriz de riscos em contratos administrativos de empreitada*. Conjur, 03 jun. 2019. Disponível em: https://www.conjur. com.br/2019-jun-03/opiniao-gestao-riscos-matriz-riscos-contratos-empreitada. Acesso em 22 abr. 2020.

O objetivo do presente estudo permeia o primeiro tema, notadamente em relação à gestão de riscos no planejamento. Entretanto, faz-se oportuno tecer breves considerações acerca da matriz de risco contratual, eis que de suma importância para a solução de eventuais desvantagens das contratações por Serviço de Registro de Preços no momento das aquisições, por exemplo.

Naquilo que diz respeito à matriz de risco contratual, importante trazer o conceito desse instrumento proposto na Lei Federal nº 13.303/2016, popularmente conhecida como Estatuto Jurídico das Estatais, que em seus artigos 42, inciso X, e 69, inciso X, determina que a matriz de riscos é cláusula contratual necessária que define os riscos e as responsabilidades entre as partes, sendo cláusula caracterizadora do equilíbrio econômico-financeiro inicial do contrato. Referida matriz de riscos, portanto, de acordo com as alíneas "a", "b" e "c" do artigo 42, inciso X, deverá conter informações como: (i) detecção de eventos supervenientes à assinatura do contrato que possam impactar o equilíbrio econômico-financeiro da avença, com a correspondente previsão de celebração de termo aditivo em caso de ocorrência desses eventos; e (ii) disciplina precisa das frações do objeto em que as contratadas terão ou não liberdade para inovar em soluções metodológicas ou tecnológicas, em obrigações de meio e resultado, em termos de modificação das soluções previamente delineadas no anteprojeto ou no projeto básico da licitação.

Quando a Lei Federal nº 13.303/2016 trata da matriz de riscos contratual, identificando riscos e determinando quem são os responsáveis em casos de sua consumação, o faz no sentido de mapear e adotar mecanismos de mitigação desses potenciais riscos, aferíveis em uma escala de priorização. Difere, portanto, de um simples mapa de riscos ou uma tabela *check-list*, eis que estes são processos de identificação de riscos e não matriz de riscos propriamente dita.[14] Desse modo, os riscos devem ser alocados de forma racional, responsável e equitativa pela Administração Pública, de acordo com a capacidade dos envolvidos de mitigá-los, e não de forma equivalente, eis que a repartição alocada

---

[14] PIRONTI, Rodrigo. *Compliance e Gestão de Riscos nas Estatais*: como elaborar uma efetiva matriz de riscos contratuais. Fórum. Disponível em: https://www.editoraforum.com.br/noticias/compliance-e-gestao-de-riscos-nas-estatais-como-elaborar-uma-efetiva-matriz-de-riscos-contratuais/. Acesso em 22 abr. 2020.

de riscos ao parceiro que terá mais condições de geri-lo, trará eficiência à contratação.[15]

Conforme analisado, a ausência de uma adequada gestão de riscos, tanto pela Administração Pública quanto pelos fornecedores, pode transformar as vantagens propostas pelo SRP em verdadeiras desvantagens. Nesse sentido, a implementação de matriz de riscos nas aquisições por SRP, sobretudo para solucionar eventos que ocorrem em situações de crise, por exemplo, pode ser excelente instrumento de garantia de vantajosidade da contratação, já que a parte que melhor puder suportar o risco o fará.

Voltando ao objeto do presente estudo, a Instrução Normativa nº 5/2017, do Ministério do Planejamento, Desenvolvimento e Gestão traz importantes disciplinas sobre a gestão de riscos nas contratações públicas, que também podem servir como resposta às desvantagens da contratação por Sistema de Registro de Preços comentadas no decorrer desta análise.

Nesse sentido, destaque-se que o gerenciamento de riscos na forma disciplinada no artigo 25 na Instrução Normativa em referência é um processo que consiste na (i) identificação dos principais riscos que possam comprometer as três fases da licitação (Planejamento da Contratação, Seleção do Fornecedor e Gestão Contratual);[16] (ii) avaliação dos riscos identificados mediante mensuração de probabilidade e impacto; (iii) realização de tratamento dos riscos de modo a mitigá-los; (iv) definição de ações de contingência em caso de concretização dos riscos; (v) definição dos responsáveis pelo tratamento dos riscos e ações de contingência. Ainda, de acordo com o artigo 26 da Instrução Normativa nº 05/2017, referido processo deve ser atualizado e juntado ao processo de contratação, pelo menos: I – ao final da elaboração dos Estudos Preliminares; II – ao final da elaboração do Termo de Referência ou Projeto Básico; III – após a fase de Seleção do Fornecedor; e IV – após eventos relevantes, durante a gestão do contrato pelos servidores responsáveis pela fiscalização.

---

[15] PIRONTI, Rodrigo. *A corrida contra o tempo para o Compliance e a Gestão de Riscos nas Estatais*. Zênite. Disponível em: https://www.zenite.blog.br/a-corrida-contra-o-tempo-para-o-compliance-e-a-gestao-de-riscos-nas-estatais/. Acesso em 22 abr. 2020.

[16] Sobre a nomenclatura atual das fases interna e externa da licitação, cf. MENDES, Renato Geraldo. *O processo de contratação pública*: fases, etapas e atos. Curitiba: Zênite, 2012. p. 35-38.

Veja-se, portanto, a importância de uma gestão de riscos aderente, inclusive, em relação ao fornecedor, sobretudo em relação à garantia de segurança jurídica à contratação e simetria de informação entre contratante e contratado, definindo de forma clara e objetiva as consequências contratuais decorrentes de eventos futuros.[17]

Mecanismos de gestão de riscos, portanto, não só podem, como devem, ser utilizados nas contratações públicas por SRP, seja como gerenciamento dos riscos nas três fases da contratação – sobretudo na fase do planejamento –, seja para elaboração de matriz de risco contratual, e seja, até mesmo, como mecanismo de avaliação de licitantes, como muitos estados têm se proposto a realizar, eis que o gerenciamento de riscos se presta a assegurar, dentre outros parâmetros, eficiência, vantajosidade e sustentabilidade às contratações públicas.

Pode-se dizer, portanto, que esse mecanismo (gestão de riscos), somado a outros instrumentos de *Compliance*, auxilia a proteção da Administração Pública de atos lesivos que resultem prejuízos causados por irregularidades, desvios de ética e de conduta e fraudes contratuais, garante a execução dos contratos e demais instrumentos em conformidade com a lei e regulamentos pertinentes a cada atividade contratada e reduz riscos inerentes aos contratos e demais instrumentos, provendo maior segurança e transparência em sua execução.[18]

No âmbito das contratações por Sistema de Registro de Preços, a gestão de riscos é extremamente importante, especialmente quanto à sua adoção, controle e manutenção, já que é necessária no planejamento, para que não ocorram situações como sub ou superfaturamento dos preços em razão de quantitativos estimados de maneira equivocada; e necessária também após a determinação da proposta vencedora, para o acompanhamento periódico dos preços registrados, isto é, para verificar se estão de acordo com os preços praticados no mercado nas mesmas condições registradas, para que seja possível, inclusive, a depender da situação, uma eventual renegociação dos valores.

---

[17] ALTOUNIAN, Cláudio Sarian; CAVALCANTE, Rafael Jardim; COELHO, Sylvio Kelsen. *Empresas Estatais*: governança, Compliance, integridade e contratações. 1. reimpr. Belo Horizonte: Fórum, 2019. p. 284.

[18] Referida conclusão pode ser interpretada a partir dos objetivos de leis estaduais que exigem a implementação de programas de integridade em empresas que contratam em suas localidades. Sobre o tema cf. artigo 2º da Lei Estadual nº 7.737/2017 – Rio de Janeiro; artigo 3º da Lei Distrital nº 6.112/2018 – Distrito Federal; artigo 2º da Lei Estadual nº 4.730/2018 – Amazonas; art. 3º da Lei Estadual nº 20.489/2019 – Goiás.

Veja-se que a ausência de um gerenciamento adequado de riscos durante o planejamento pode levar a situações muito prejudiciais à Administração Pública, como, por exemplo, a necessidade de aditivos para adequação do equilíbrio econômico-financeiro do contrato por erro de estimativa do próprio Poder Público, ou por riscos não adequadamente gerenciados, o que pode afetar a própria credibilidade do Sistema de Registro de Preços, fazendo com órgãos e entidades deixem de adotá-lo, eis que, na prática, os benefícios poderão não ser assegurados.

4 Conclusão

A falta da cultura de transparência e gestão de riscos no âmbito das contratações públicas, certamente, é o maior obstáculo à garantia de sua eficiência e sustentabilidade. Também por essa razão é que a corrupção é inerente às contratações públicas, mediante a prática de fraudes muito comuns de fracionamento ilegal, dispensas desnecessárias, favorecimento de determinados licitantes, sobrepreço, superfaturamento e falta de fiscalização adequada.

Ocorre que, os impactos reputacionais, sociais e econômicos gerados em razão dos escândalos bilionários de corrupção têm implicado prejuízos de elevada monta, tanto ao Poder Público quanto às empresas privadas, de modo que ambos passaram a buscar instrumentos de reforma organizacional em busca de prevenção e combate à corrupção, sobretudo para preservar sua imagem, nome e reputação.[19]

Diante desse cenário, a gestão de riscos no âmbito das contratações públicas vem ganhando espaço e sendo exigida em diversos diplomas normativos, justamente para que se possa realizar esse processo de análise, identificação e avaliação de riscos para prevenção de eventos lesivos e preservação das próprias modalidades de licitação.

Assim, a gestão de riscos nas contratações públicas por Sistema de Registro de Preço certamente auxiliará esse esforço de assegurar os benefícios propostos pela modalidade, notadamente eficiência, economicidade, celeridade e sustentabilidade, especialmente se realizado na fase de planejamento da licitação, quando o objeto será delimitado e os quantitativos estimados.

---

[19] BERTOCCELLI, Rodrigo de Pinho. Compliance. *In*: CARVALHO, André Castro *et al.* (Coord.). *Manual de Compliance*. Rio de Janeiro: Forense, 2019. p. 51.

Referências

ALTOUNIAN, Cláudio Sarian; CAVALCANTE, Rafael Jardim; COELHO, Sylvio Kelsen. *Empresas Estatais*: governança, Compliance, integridade e contratações. 1. reimpr. Belo Horizonte: Fórum, 2019.

ASSOCIAÇÃO BRASILEIRA DE NORMAS TÉCNICAS. *NBR ISO 31000*. Gestão de Riscos – Princípios e diretrizes. Rio de Janeiro: NBR, 2018.

BRASIL. Decreto nº 7.892, de 23 de janeiro de 2013. Regulamenta o Sistema de Registro de Preços previsto no art. 15 da Lei nº 8.666, de 21 de junho de 1993. *Diário Oficial da União*, Brasília, 23 jan. 2013. Disponível em: http://www.planalto.gov.br/ccivil_03/_ato2011-2014/2013/decreto/d7892.htm. Acesso em 22 abr. 2020.

BERTOCCELLI, Rodrigo de Pinho. Compliance. *In*: CARVALHO, André Castro *et al.* (Coord.). *Manual de Compliance*. Rio de Janeiro: Forense, 2019.

BITTENCOURT, Sidney. *Licitação e registro de preços*. Rio de Janeiro: Temas & Ideias, 2003.

DI PIETRO, Maria Sylvia Zanella. *Direito Administrativo*. 30. ed. Rio de Janeiro: Forense, 2017.

FERNANDES, Jorge Ulisses Jacoby. *Sistema de Registro de Preços e Pregão Presencial e Eletrônico*. 2. ed. Belo Horizonte: Fórum, 2006.

GIOVANINI, Wagner. Programas de Compliance e Anticorrupção: importância e elementos essenciais. *In*: PAULA, Marco Aurélio Borges de; PIRONTI, Rodrigo (Coord.). *Compliance, Gestão de Riscos e Combate à Corrupção*. Belo Horizonte: Fórum, 2018.

INSTITUTO BRASILEIRO DE GOVERNANÇA CORPORATIVA. *Guia de orientação para o gerenciamento de riscos corporativos*. São Paulo, SP: IBGC, 2007.

LAFER, Celso. *Incerteza Jurídica*. O Estado de S. Paulo. 2018. Disponível em: http://opiniao.estadao.com.br/noticias/geral,incerteza-juridica,70002231774. Acesso em 22 abr. 2020.

MENDES, Renato Geraldo. *O processo de contratação pública*: fases, etapas e atos. Curitiba: Zênite, 2012.

MENEGAT, Fernando; MIRANDA, Gustavo. *Gestão de riscos x matriz de riscos em contratos administrativos de empreitada*. Conjur, 03 jun. 2019. Disponível em: https://www.conjur.com.br/2019-jun-03/opiniao-gestao-riscos-matriz-riscos-contratos-empreitada. Acesso em 22 abr. 2020.

NEVES, Edmo Colnaghi; FIGUEIROA, Caio Cesar. Gestão de Riscos. *In*: CARVALHO, André Castro *et al.* (Coord.). *Manual de Compliance*. Rio de Janeiro: Forense, 2019.

PIRONTI, Rodrigo; GONÇALVES, Francine Pacheco. *Compliance e gestão de riscos nas empresas estatais*. 2. ed. Belo Horizonte: Fórum, 2019.

PIRONTI, Rodrigo. *Compliance e Gestão de Riscos nas Estatais*: como elaborar uma efetiva matriz de riscos contratuais. Fórum. Disponível em: https://www.editoraforum.com.br/noticias/compliance-e-gestao-de-riscos-nas-estatais-como-elaborar-uma-efetiva-matriz-de-riscos-contratuais/. Acesso em 22 abr. 2020.

PIRONTI, Rodrigo. *A corrida contra o tempo para o Compliance e a Gestão de Riscos nas Estatais*. Zênite. Disponível em: https://www.zenite.blog.br/a-corrida-contra-o-tempo-para-o-compliance-e-a-gestao-de-riscos-nas-estatais/. Acesso em 22 abr. 2020.

Informação bibliográfica deste texto, conforme a NBR 6023:2018 da Associação Brasileira de Normas Técnicas (ABNT):

CASTRO, Rodrigo Pironti Aguirre de; ZILIOTTO, Mirela Miró. A gestão de riscos como instrumento de eficiência das contratações públicas por sistema de registro de preços. *In*: FORTINI, Cristiana (Coord.). *Registro de Preços*: análise crítica do Decreto Federal nº 7.892/13, com as alterações posteriores. 3. ed. rev., ampl. e atual. Belo Horizonte: Fórum, 2020. p. 231-243. ISBN 978-65-5518-038-1.

DISPOSIÇÕES FINAIS E TRANSITÓRIAS E ANÁLISE COMPARATIVA DO DECRETO Nº 7.892/13 COM OUTRAS REGULAMENTAÇÕES SOBRE REGISTRO DE PREÇOS

MURILO MELO VALE

1 Utilização de recursos de tecnologia da informação e certificação digital

No mesmo compasso do revogado Decreto nº 3.931/01, o Decreto Federal nº 7.892/13 se preocupou com a celeridade e a economicidade na realização dos procedimentos previstos. Para tanto, estabeleceu diretrizes para que a Administração use de *recursos de tecnologia de informação* na operacionalização do disposto no Decreto nº 7.892/13 e *automatize procedimentos de controle e atribuições* dos órgãos gerenciadores e participantes (*artigo 23*).

Essa preocupação é amparada pelo artigo 15, §5º, da Lei nº 8.666/93, que determina que o "sistema de controle originado no quadro geral de preços, quando possível, deverá ser informatizado".

A recomendação pretende abranger o uso de tecnologias de informação não somente em procedimentos licitatórios eletrônicos, tais como o pregão eletrônico e a concorrência auxiliada com aplicativos eletrônicos. Busca-se a consolidação do uso de mecanismos eletrônicos para a realização de atos de comunicação entre as partes envolvidas, procedimentos prévios, tal como a ampla pesquisa de preços, o recebimento e a análise de pedidos para alteração e revisão de preços registrados, outros procedimentos de controle etc.

Nesse contexto, o Decreto nº 7.892/13 determina que os órgãos e as entidades federais adaptem seus procedimentos para a viabilização da assinatura de Atas de Registros de Preços por certificação digital. É o que se deduz do *caput* do art. 25, c/c art. 5º, §1º. Com efeito, até a completa adequação do Portal de Compras do Governo Federal para permitir a assinatura de atas por certificação digital, o órgão gerenciador deverá "providenciar a assinatura da Ata de Registro de Preços e o encaminhamento de sua cópia aos órgãos ou entidades participantes", bem como "providenciar a indicação dos fornecedores para atendimento às demandas, observada a ordem de classificação e os quantitativos de contratação definidos pelos órgãos e entidades" (*artigo 25*).

O "Certificado Digital" é um arquivo eletrônico criptografado que contém uma "chave pública", as informações sobre a entidade para a qual o certificado foi emitido, seja uma empresa, pessoa física ou computador, sobre a Autoridade Certificadora e o período de validade do certificado. A utilização do Certificado Digital possibilita criptografar e proteger as informações transmitidas pela *internet*, garantindo uma conexão segura entre o navegador do usuário e o servidor *web*.

O *artigo 26*, por sua vez, determinou que a Ata de Registro de Preços deverá registrar os licitantes vencedores, quantitativos e respectivos preços. Isso, até a devida adequação do Portal de Compras do Governo Federal, para que seja possível concretizar o já mencionado "cadastro de reserva" de fornecedores que aceitem vender seus produtos ao preço do primeiro colocado da disputa, nos termos dos artigos 10, 11, inciso I, II e III, e §2º, do Decreto nº 7.892/13.

Nesse sentido, o Decreto nº 7.892/13, com redação dada pelo Decreto nº 8.250/14, determina que, após registrados na Ata de Registro de Preços os preços e quantitativos do licitante mais bem classificado durante a fase competitiva, "será incluído, na respectiva ata na forma de anexo, o registro dos licitantes que aceitarem cotar os bens ou serviços com preços iguais aos do licitante vencedor na sequência da classificação do certame" (art. 11, I e II). Para averiguar o preço do mais bem colocado no certame, será excluído o percentual referente à margem de preferência, quando o objeto não atender aos requisitos previstos no art. 3º e parágrafos da Lei nº 8.666/93 (art. 11, II, *fine*).[1]

Boas práticas pretéritas na utilização de meios eletrônicos nos procedimentos de escolha do melhor parceiro, da melhor proposta, de comunicação dos atos e assinatura dos instrumentos vêm revelando uma tendência em reduzir a discricionariedade da Administração Pública quanto à adoção da certificação digital e de outras tecnologias de informação. Isso fica mais evidente quando temos em mente a preocupação crescente com a eficiência na função administrativa.

Essa diretriz é harmônica com recomendações de órgãos de controle, principalmente, do Tribunal de Contas da União, o qual já deliberou no sentido de que a adoção do pregão eletrônico é considerada regra, "justamente pelo fato de ser mais vantajosa para a administração, conforme se verifica na jurisprudência deste Tribunal".[2]

2 Normas complementares do Ministério do Planejamento, Orçamento e Gestão (MPOG)

O *artigo 27* do Decreto nº 7.892/13 dispõe que o "Ministério do Planejamento, Orçamento e Gestão poderá editar normas complementares a este Decreto". O revogado Decreto nº 3.931/01 possuía idêntica disposição, em seu artigo 15, o qual permitia uma regulamentação infradecreto. Podemos citar a *Instrução Normativa nº 05/2017, do MPOG*, que apresenta outras definições e diretrizes usadas no Sistema de Registro de Preços e outras formas de contratações.

O Decreto nº 7.892/13, em seu artigo 1º, pretendeu regulamentar o Sistema de Registro de Preços para toda a Administração Pública federal direta e indireta. Contudo, como bem pontua Jorge Ulisses Jacoby Fernandes, tal regulamentação não pode ter o condão de retirar o poder regulamentador dos Poderes Legislativo e Judiciário, do Tribunal de Contas, das empresas estatais, de fundações públicas e demais

---

[1] A respeito do artigo 11, do Decreto nº 7.892/13, modificado pelo Decreto nº 8.250/14, sugerimos a leitura do capítulo "Registro de Preços: comentários aos Capítulos VI e VII do Decreto Federal nº 7.892/2013" deste livro.

[2] Acórdão nº 1631/2011-Plenário, TC-021.453/2008-3, Rel. Min Substituto André Luís de Carvalho, 15.06.2011. Ver também outros precedentes do TCU: Acórdãos nºs 1.172/2008, 2.471/2008, 189/2009, 2.913/2009 e 2.990/2010.

CRISTIANA FORTINI (COORD.)
REGISTRO DE PREÇOS – ANÁLISE CRÍTICA DO DECRETO FEDERAL Nº 7.892/13, COM AS ALTERAÇÕES POSTERIORES

entidades controladas direta ou indiretamente pela União, bem como dos Estados, do Distrito Federal, e Municípios, nos termos dos artigos 117,[3] 118[4] e 119[5] da Lei nº 8.666/93.[6] Nesse sentido, o autor afirma que:

> Verifica-se, assim, que os órgãos e entidades referidos nos arts. 117 e 119, se federais, nada obstante estarem expressamente abrangidos pelo Decreto, continuam, por força de lei, com o poder de regulamentar o seu próprio Sistema de Registro de Preços. Aliás, em relação às entidades citadas no art. 119, parece, inclusive, que esse interesse de açambarcá-las deve ser harmonizado com o comando constitucional oriundo da reforma administrativa que, alterando o art. 173, §1º, concedeu tratamento diferenciado para essas entidades em relação aos órgãos da Administração Direta.[7]

Ressalta-se que, por mais que o artigo 119 não se refira expressamente às autarquias, não há dúvidas de que essas entidades da Administração Pública indireta também se incluem dentre aquelas que têm o poder regulamentador próprio. De fato, se fundações públicas – que possuem natureza jurídica evidentemente autárquica – não há razão para que as autarquias não estejam incluídas dentre as entidades controladas "direta e indiretamente" pela União.

Nesse sentido, a Lei nº 13.303/2006, em seu art. 63, parágrafo único, dispõe que os procedimentos auxiliares das licitações, dentre os quais se inclui o Sistema de Registro de Preços, "obedecerão a critérios claros e objetivos definidos em regulamento". Independentemente disso, é comum verificar regulamento de licitações e contratos, de empresas estatais vinculados à União, em determinar a aplicação

---

[3] Lei nº 8.666/1993 – Art. 117. As obras, serviços, compras e alienações realizados pelos órgãos dos Poderes Legislativo e Judiciário e do Tribunal de Contas regem-se pelas normas desta Lei, no que couber, nas três esferas administrativas.

[4] Lei nº 8.666/1993 – Art. 118. Os Estados, o Distrito Federal, os Municípios e as entidades da administração indireta deverão adaptar suas normas sobre licitações e contratos ao disposto nesta Lei.

[5] Lei nº 8.666/1993 – Art. 119. As sociedades de economia mista, empresas e fundações públicas e demais entidades controladas direta ou indiretamente pela União e pelas entidades referidas no artigo anterior editarão regulamentos próprios devidamente publicados, ficando sujeitas às disposições desta Lei.

[6] JACOBY FERNANDES, Jorge Ulisses. *Sistema de registro de preços e pregão presencial e eletrônico*. 5. ed. Belo Horizonte: Fórum, 2013.

[7] JACOBY FERNANDES, Jorge Ulisses. *Sistema de registro de preços e pregão presencial e eletrônico*. 5. ed. Belo Horizonte: Fórum, 2013. p. 73.

do Decreto nº 7.892/13, respeitadas as particularidades definidas no próprio regulamento.[8] Nesse sentido, apenas a título ilustrativo, é comum regulamento de estatais estabelecerem procedimentos específicos para a adesão à Ata de Registro de Preços de terceiros.[9]

Verifica-se que o entendimento acerca da autonomia regulamentadora do Sistema de Registro de Preços, seja para órgãos do Poder Judiciário, seja para o âmbito de outras esferas federativas, encontra precedentes na prática administrativa, tendo em vista a existência de diversos regulamentos específicos realizados por outros órgãos e entidades, tais como, por exemplo: a Resolução nº 15, de 02.10.2000, do Tribunal Regional Federal, 1ª Região; o Decreto nº 16.538/16, do Município de Belo Horizonte; o Decreto nº 46.311/13, do Estado de Minas Gerais; o Decreto nº 63.722/18, do Estado de São Paulo; o Decreto nº 31.553/16, do Estado do Maranhão; o Decreto nº 39.103/18, do Distrito Federal; o Decreto nº 10.898/04, do Estado de Rondônia, dentre outros.

Por mais que o artigo 15, §3º, da Lei nº 8.666/93 disponha que o Sistema de Registro de Preços será regulamentado por Decreto, não é razoável vedar a possibilidade da regulamentação particularizada pelo órgão ou entidade federal, estadual e municipal, principalmente quando se tem em consideração que o objetivo desse procedimento é "racionalizar" o procedimento de compra conforme as suas necessidades e particularidades, respeitados os limites e diretrizes definidos na Lei geral de licitações (Lei nº 8.666/93).

Por isso, deve-se concluir que a competência infradecreto conferida ao MPOG somente terá relevância para os órgãos da Administração Pública direta da União. Por outro lado, as disposições do Decreto nº 7.892/13 e de outras normas infradecreto do MPOG, que tratem especificamente sobre normas procedimentais do Sistema de Registro de Preços, não serão obrigatórias para empresas estatais, autarquias e fundações públicas de quaisquer esferas de governo e Poder, bem como de quaisquer órgãos e entidades dos Estados, Municípios e Distrito Federal. Todavia, tais disposições poderão ser adotadas se for conveniente para o respectivo órgão ou entidade, de qualquer esfera de governo e de quaisquer dos Poderes.

---

[8] Esse é o caso, por exemplo, do art. 74, inciso 1, do Regulamento de Licitações e Contratos da Eletrobrás.

[9] Por exemplo, é o que dispõe o art. 74, inciso 8, Regulamento de Licitações e Contratos da Eletrobrás.

3 O Decreto nº 7.892/2013 e outros diplomas vigentes disciplinadores do Sistema de Registro de Preços

Como visto, por mais que exista a possibilidade de regulamentação própria do Sistema de Registro de Preços por outras entidades federais, e por outros órgãos e entidades estaduais e municipais, não há como olvidar a influência que o Decreto nº 7.892/13 – e de outros Decretos que o precederam – exerceu no conteúdo de outras normatizações específicas e regionalizadas.

Cabe, anteriormente, fazer breve menção à *Lei nº 10.191/01* que, complementando o artigo 15, da Lei nº 8.666/93, dispõe sobre a possibilidade de utilização do Sistema de Registro de Preços para a aquisição de compras de materiais hospitalares, inseticidas, drogas, vacinas, insumos farmacêuticos, para a realização de ações na área de saúde (*artigo 2º*). Esta mesma Lei nº 10.191/01 possibilitou, ainda, a utilização da Ata de Registro de Preços para aquisição desses produtos ou serviços pela Administração Pública direta e indireta de Estados, do Distrito Federal e de Municípios.

A Lei nº 10.191/01, entretanto, impõe o requisito de existência de expressa previsão editalícia para possibilitar a participação de demais órgãos vinculados ao Ministério da Saúde, bem como da Administração Pública de demais esferas de governo.

Essa regra também é aplicada aos procedimentos de registro de preços, regidos pelo Decreto nº 7.892/13, considerando a exigência de o Edital estabelecer, no mínimo, "estimativa de quantidades a serem adquiridas por órgãos não participantes [...] no caso de o órgão gerenciador admitir adesões" (art. 9, III).

3.1 Similitudes de demais regulamentações com o Decreto nº 7.892/13

Após análise a decretos regulamentadores do Sistema de Registro de Preços elaborados por outras entidades e órgãos de outras esferas de governo, percebe-se uma série de semelhanças (quando não cópia fiel) de dispositivos do Decreto nº 7.892/13 e do revogado Decreto nº 3.931/01. De fato, é de se destacar alguns aspectos comuns frequentemente encontrados nas mais diversas regulamentações que disciplinam o Sistema de Registro de Preços:

- Semelhanças nas figuras do procedimento. As figuras de órgão gerenciador, participante e não participante são apresentadas por outras normatizações, com pequenas variações terminológicas,[10] descrevendo competências análogas, resguardado alguns acréscimos e supressões se comparados com as atribuições dadas a essas partes pelo Decreto nº 7.892/13, em vistas de suas particularidades administrativas e regionais.

- Competência do órgão gerenciador na realização de ampla pesquisa de preços. Em várias regulamentações, o órgão gerenciador foi incumbido da competência de realizar a obrigação trazida pelo art. 15, §1º, da Lei nº 8.666/93.

- Possibilidade de adesão de caronas à Ata de Registro de Preços. Todas as demais regulamentações sobre Registro de Preço admitem a possibilidade de adesão de órgãos e entidades não participantes do procedimento, e que não assinaram a Ata de Registro de Preços, desde que respeitadas as obrigações assumidas com os demais órgãos e entidades, demonstrada a vantajosidade de tal adesão e que haja a anuência ou mera comunicação ao órgão gerenciador.

- Possibilidade de outros entes federativos aderirem à sua Ata de Registro de Preços. É generalizada a disposição que permite a outros órgãos e entidades aderirem à Ata de Registro de Preços realizada na sua respectiva esfera administrativa. Todavia, cabe lembrar que o Decreto nº 7.892/13 não permite que a União adira à Ata de Registro de Preços gerenciada por órgão ou entidade municipal, distrital ou estadual (artigo 22, §8º), restrição que também é seguida também por diversos decretos estaduais regulamentadores do Sistema de Registro de Preços, vedando a adesão a atas municipais.

- Inexistência de adjudicação do objeto após o fim do procedimento licitatório. Consentiu-se que não há a obrigatoriedade dos órgãos e entidades beneficiários da ata para a aquisição dos itens e quantitativos descritos na Ata de Registro de Preços. Somente contratarão se efetivamente precisarem e se for conveniente a sua aquisição. É por isso que algumas regulamentações, à semelhança do Decreto nº 7.892/13 deixam clara a *desnecessidade de previsão orçamentária* no procedimento e nas Atas de Registros de Preços. Nesse contexto, não há que se falar em adjudicação, mas somente em homologação do certame licitatório, sendo resguardado

---

[10] Para exemplificar, pontua-se que o revogado Decreto nº 12.976/07 do Município de Belo Horizonte mencionava o órgão gerenciador e o órgão não participante (carona), respectivamente como órgão gestor e órgão interessado. Posteriormente, com a vigência do Decreto nº 16.538/2016, do Município de Belo Horizonte, que substituiu o anterior, passou-se a adotar a terminologia usual de órgão gerenciador e o órgão não participante (carona), em semelhança à regulamentação federal.

252 | CRISTIANA FORTINI (COORD.)
REGISTRO DE PREÇOS – ANÁLISE CRÍTICA DO DECRETO FEDERAL Nº 7.892/13, COM AS ALTERAÇÕES POSTERIORES

somente um direito de preferência de fornecimento pelo licitante mais bem colocado, no caso da efetiva aquisição dos itens e quantidades em preço semelhante ou superior ao registrado, conforme diretriz apresentada pelo §4º, do artigo 15, da Lei nº 8.666/93.

- Procedimentos para revisão e cancelamento de preços registrados. Quando há uma disparidade entre o preço efetivamente encontrado no mercado e aquele registrado, procedimentos semelhantes foram previstos para rever o preço, seja por meio da negociação com o fornecedor dos produtos e serviços, seja pela recomposição de preços, ou mesmo a liberação do fornecedor do compromisso assumido com o correspondente cancelamento dos preços, em caso de inexistência de acordo entre as partes.

Com efeito, todas essas características, já analisadas no decorrer desta obra, foram previstas em diversas regulamentações sobre Registro de Preços, de diversas esferas federativas, tais como: o Decreto nº 63.722/18, do Estado de São Paulo; o Decreto nº 46.311/13, do Estado de Minas Gerais; o Decreto nº 31.553/16, do Estado do Maranhão; o Decreto nº 16.538/16, do Município de Belo Horizonte, dentre outros.

O Decreto nº 39.103/18, do Distrito Federal, ressalvadas algumas adaptações normativas com sua realidade administrativa, reproduziu grande parte da sistemática do SRP do Decreto Federal vigente (Decreto nº 7.892/13). Por essa razão passou a compartilhar das seguintes características também previstas pelo Decreto Federal:

- Remuneração de serviços por unidade de medida ou em regime de tarefa. Isso é o que disciplinou o *artigo 3º*, inciso II, do Decreto nº 7.892/13. O regime de tarefa é disciplinado pelo artigo 6º, VIII, "d", da Lei nº 8.666/93, ou seja, "quando se ajusta mão de obra para pequenos trabalhos por preço certo, com ou sem fornecimento de materiais". A adoção de unidade de medida é normalmente realizada para serviços continuados, e que permite a mensuração dos resultados para o pagamento da contratada, eliminando a possibilidade de remuneração pautada no critério de horas de serviço ou postos de trabalho.[11]

- Limitações estendidas para a adesão do carona. Várias regulamentações adotaram a limitação definida pelo revogado Decreto Federal nº 3.931/01,

---

[11] Essa era a definição realizada pelo artigo 11, da Instrução Normativa nº 02/2008, do MPOG, já revogada. A Instrução Normativa nº 05/2017, que substituiu a Instrução Normativa nº 02/2008, não trouxe, contudo, definição desse formato de remuneração de serviços contínuos referenciado pelo artigo 3º, inciso II, do Decreto nº 7.891/13.

de que as contratações adicionais pelos caronas não poderiam exceder, por órgão ou entidade, a 100% (cem por cento) dos quantitativos registrados na Ata de Registro de Preços. Limites para adesão são previstos, de maneira distinta por diferentes decretos. O Decreto nº 7.892/13, alterado pelo Decreto nº 9.488/18, particularmente, criou novos limites, quais sejam, (*i*) o edital deverá prever que o total das adesões não poderá ultrapassar *ao dobro* do quantitativo de cada item registrado na ata para os órgãos gerenciador e participante, independentemente do número de adesões (*artigo 22, §4º*); (*ii*) as aquisições ou as contratações adicionais por órgãos não participantes não poderão exceder, por órgão ou entidade, a 50% (cinquenta por cento) dos quantitativos dos itens do instrumento convocatório e registrados na Ata de Registro de Preços para o órgão gerenciador e para os órgãos participantes (*artigo 22, §3º*); (*iii*) tratando-se de "compra nacional" , tais limites aumentam para 100% (cem por cento) de extrapolação dos quantitativos dos itens do instrumento convocatório e o quíntuplo do quantitativo de cada item registrado na ata para os órgãos gerenciador e participante (*artigo 22, §4-A*). Trata-se de medidas que visam aproveitar os ganhos de escalas em razão de propostas mais vantajosas que poderiam ter sido realizadas pelos fornecedores, caso tais órgãos não participantes tivessem participado do certame inicial; todavia, os limites de extrapolação dos quantitativos foram reduzidos, em vista da redação original do dispositivo, buscando maior zelo com planejamento administrativo da compra e o resguardo da isonomia entre os concorrentes no mercado.

O Decreto nº 7.892/13 previa que o órgão gerenciador somente poderá autorizar adesão à ata "após a primeira aquisição ou contratação por órgão integrante da ata, exceto quando, justificadamente, não houver previsão no edital para aquisição ou contratação pelo órgão gerenciador" (*artigo 22, §5º*). No entanto, o Decreto nº 8.250/14 revogou tal dispositivo. Contudo, tal dispositivo também foi previsto pelo mencionado Decreto nº 39.103/18, do Distrito Federal (*artigo 22, §5º*), não seguindo a tendência da regulamentação federal.

É de ressaltar, ainda, que outras semelhanças deverão ser obrigatoriamente verificadas nas demais regulamentações do Sistema de Registro de Preços, sob pena de ilegalidade, pois decorrem de diretrizes definidas pelo art. 15 da Lei nº 8.666/93.

Nesse sentido, todas as regulamentações deverão se preocupar com certas disposições análogas, em respeito às diretrizes definidas na Lei nº 8.666/93, tais como, por exemplo: preocupações com o princípio da padronização (*artigo 15, I*); subdivisão racional de tantas parcelas de compras com vistas à economicidade (*artigo 15, IV*); necessidade de ampla pesquisa de mercado (*artigo 15, §1º*); uso da modalidade concorrência ou pregão para as licitações de registros de preços (*art. 15, §3º, I c/c art. 11, da Lei nº 10.520/2002*); validade máxima de 01 (um) ano da Ata de Registro de Preços, dentre outros.

3.2 Peculiaridades do Decreto nº 7.892/2013 com relação às demais normatizações

Dentre as peculiaridades criadas pelo Decreto nº 7.892/13, em comparação com as demais regulamentações até então vigentes de outros entes federativos, cabe destacar o "procedimento de Intenção para Registro de Preços".

Em diversas regulamentações, bem como no revogado Decreto nº 3.931/01, ao órgão gerenciador competia realizar o convite de outros órgãos e entidades para participarem do Registro de Preços. Em substituição a essa competência, foi instaurado o procedimento da "Intenção para Registro de Preços", disciplinado no artigo 4º, tal como bem explicitado no decorrer desta obra.

Sobre o funcionamento do procedimento de Intenção para Registro de Preços (IRP), como bem explica Flávia Daniel Vianna, tratou-se, à época, da edição do Decreto nº 7.892/13 de uma inovação que:

> [...] concede uma divulgação ampla da futura licitação por SRP, permitindo que diversos órgãos/entidades que desejem tornar-se órgãos participantes daquela licitação manifestem o interesse e participem dos certames desde o início dos trabalhos. Essa ferramenta por si só será responsável pela diminuição de caronas (uma vez que as intenções de registro de preços ficam em aberto, com a possibilidade de consulta por todos os interessados, que já podem adentrar aos trabalhos na condição de órgão participante).
>
> O sistema permite que os órgãos interessados criem contas como órgão gerenciador e/ou órgão participante, podendo, inclusive, selecionar os serviços ou produtos de sua preferência para serem futuramente avisados via e-mail de novas intenções de registro de preços cadastradas no sistema. Para ter acesso, basta acessar o *site*: http://www.comprasnet. gov.br/. e clicar em: Serviço de Governo > SIASGWeb > SISRP > IRP.[12]

---

[12] VIANNA, Flávia Daniel. Atores da licitação por SRP e implicações do Novo Regulamento nº 7.892/2013. *Revista Síntese – Licitações, Contratos e Convênios*, v. 1, p. 54-61, 2013. p. 61.

Como já mencionado no decorrer desta obra, o Decreto nº 8.250/14, alterando o Decreto nº 7.892/13, incluiu a competência do órgão gerenciador da IRP em (i) estabelecer, quando for o caso, o número máximo de participantes na IRP em conformidade com sua capacidade de gerenciamento; (ii) aceitar ou recusar, antes da elaboração do edital e anexos (artigo 4º, §4º), e justificadamente, os quantitativos considerados ínfimos ou a inclusão de novos itens; e (iii) deliberar, antes da elaboração do edital e anexos (artigo 4º, §4º), quanto à inclusão posterior de participantes que não manifestaram interesse durante o período de divulgação da IRP (artigo 4º, §3º, III).[13]

Este mesmo Decreto nº 8.250/14 modificou o conceito de "órgão participante" (artigo 2º, IV), como sendo todo órgão ou entidade que participa dos procedimentos iniciais do Sistema de Registro de Preços e integra a Ata de Registro de Preços. Anteriormente, considerava-se como "órgão participante" somente os órgãos e entidades federais. Esta mudança deixou claro o intuito de permitir que órgãos e entidades de outras esferas de governo pudessem participar, desde o início, do procedimento do Registro de Preços.

Por influência da regulamentação federal, outros entes federativos passaram a incluir em suas regulamentações o procedimento de *Intenção para Registro de Preços*, como ocorreu com o Decreto nº 39.103/18, do Distrito Federal (artigo 4º).

Nesse contexto, é de se mencionar que a redação final do projeto da nova Lei de Licitações (Projeto de Lei nº 1.292-F do Senado Federal; PLS nº 163/95 na casa de origem) prevê o instituto da *Intenção para Registro de Preços*, em seu art. 85, o qual busca estabelecer a obrigação do órgão ou entidade gerenciadora em possibilitar, na fase preparatória do processo licitatório, no prazo mínimo de 8 (oito) dias úteis, nos termos do regulamento aplicável, "a participação de outros órgãos ou entidades na respectiva ata e determinar a estimativa total de quantidades da contratação".

Até recentemente, a *remuneração de serviços por unidade de medida ou em regime de tarefa* e *limitações estendidas para a adesão do carona* eram peculiaridades do Decreto Federal. Contudo, como afirmado

---

[13] Para uma análise mais aprofundada desta questão, remetemos o leitor para o artigo deste livro, escrito pelo Conselheiro Gilberto Pinto Monteiro Diniz, intitulado "Roteiro do Protagonista do SRP: as Competências do Órgão Gerenciador previstas no Decreto nº 7.892, de 23.01.2013".

no item anterior, a Administração Pública do Distrito Federal passou a compartilhar dessas peculiaridades, com a vigência do revogado Decreto nº 34.509/13, substituída posteriormente pelo Decreto nº 39.103/18. Posteriormente, outros entes federativos passaram a assumir, também inspirados pela regulamentação federal, tais características em suas respectivas regulamentações, cada qual com algumas pequenas variações. Por exemplo, o Decreto nº 7.892/13, alterado pelo Decreto nº 9.488/18, como visto, restringiu ainda mais os limites para adesões a Ata de Registro de Preços por órgãos não participantes, quando não se trata de "compra nacional", nos termos do seu art. 22, §4º e §4-A.

3.3 Peculiaridades de outras normatizações com relação ao Decreto nº 7.892/2013

Existem inúmeras normas realizadas por outras normatizações que, efetivamente, não encontram similitude no Decreto nº 7.892/13. Contudo, para os fins propostos neste Livro, a exposição sistematizada dessas diferenças seria uma tarefa despropositada, incoerente e inócua, visto que se trata de regras procedimentais que não proporcionam nenhum acréscimo teórico ou inovação procedimental, mas que visam adequar o Registro de Preços às respectivas realidades administrativas dos respectivos órgãos ou entidades regulamentadores.

Por exemplo, quando o artigo 3º, do Decreto nº 21.008/09, do Estado do Rio Grande do Norte, diz que "cabe à Secretaria da Administração e dos Recursos Humanos (SEARH), através da Coordenadoria de Compras Governamentais (COMPR), por intermédio da Comissão de Registro de Preços (CRP), a prática de todos os atos de controle e administração do SRP", trata-se de uma particularidade desse Decreto que procura adaptar o procedimento à sua realidade administrativa, definindo a competência do órgão para a sua realização. Contudo, não se trata de peculiaridade que representa uma inovação teórica ou procedimento, importante a ser estudada e comparada com a normatização federal relacionada ao Sistema de Registro de Preços (Decreto nº 7.892/13).

Todavia, duas regulamentações merecem destaque, em vista de inovações trazidas em comparação ao Sistema de Registro de Preços regulamentado pelo Decreto nº 7.892/13. São elas: o Decreto n⁰ 46.311/13, do Estado de Minas Gerais, o qual apresenta grande semelhança com o Decreto n⁰ 31.553/16, do Estado do Maranhão. Trata-se de regulamentações mais detalhadas e preocupadas com a solução de problemas práticos surgidos com o procedimento de Registro de Preços.

• *Sistema de Registro de Preços Permanente (SRPP)*

A maior inovação trazida por esses Decretos é o *Sistema de Registro de Preços Permanente (SRPP)*. Sobre este sistema, Jacoby Fernandes explica com autoridade e sensatez:

> Essa ferramenta – SRPP, permite que um mesmo processo seja atualizado no preço, quantidades e qualidades, partindo de uma premissa muito simples: a tabela de produtos, quantidades e obrigações anexas ao edital, pode ser renovada todos os anos, desde que permita o ingresso e a exclusão de novos licitantes. Não faz nenhum sentido, em termos administrativos, licitar anualmente as mesmas coisas, correndo-se o risco de um exame jurídico, ou controle, vir a condenar um novo edital, ou pior até, o edital que está em uso há muitos anos. Esta repetição anual de procedimentos custa muito caro ao país. O SRPP permite a atualização de preços, de quantidades, qualidades pela simples reabertura da fase de lances, no mesmo processo que há tem um edital aprovado. Funciona, é simples e reduz custos.[14]

De acordo com o artigo 2⁰, inciso XVI, do Decreto n⁰ 46.311/13, do Estado de Minas Gerais, com redação dada pelo Decreto n⁰ 46.945/2016, o "Sistema de Registro de Preços permanente – SRPP" é definido como um Sistema de Registro de Preços com critério de atualização de preços que, na forma do inciso II do §3⁰ do art. 15 da Lei Federal n⁰ 8.666, de 1993, permite a participação de novos licitantes, inclusive com nova disputa por meio de lances, assegurada a publicidade dos atos.

Segundo a regulamentação do Estado de Minas Gerais, o SRPP será processado por licitação, na modalidade de pregão, com expressa previsão da atualização permanente de preços. Por ser obrigatoriamente processada no pregão, deve-se tratar de bens e serviços

---

[14] JACOBY FERNANDES, Jorge Ulisses. *Sistema de Registro de Preços e Pregão Presencial e Eletrônico*. 5. ed. Belo Horizonte: Fórum, 2013. p. 71.

comuns. No Decreto nº 46.311/13, do Estado de Minas Gerais, a atualização de preços no SRPP será feita pela reabertura da fase de lances da licitação, observando-se o seguinte (*artigo 16, §1º*): (i) o aviso de reabertura da fase de lances deverá observar a mesma publicidade e prazo para apresentação de propostas conferidos à licitação que precedeu o Registro de Preços inicial; (ii) a Administração Pública deverá convidar, por meio eletrônico, todos os credenciados e os licitantes do certame inicial; (iii) poderá ser utilizado o mesmo edital e, quando for o caso, minuta de contrato, dispensando-se novo exame do órgão jurídico; (iv) a reabertura da fase de lances da licitação deverá ser precedida de nova estimativa de preços;[15] (v) o edital deverá informar aos licitantes o critério de atualização de preços e a periodicidade.

O edital do SRPP, do Estado de Minas Gerais, poderá ser publicado apenas com a indicação do item e da quantidade máxima estimada, estabelecendo que os licitantes deverão informar somente o seu *interesse* em ofertar proposta para este mesmo item, hipótese em que a oferta de preços e a disputa de lances ficará adiada para o momento em que a necessidade da Administração efetivamente ocorrer (*artigo 16, §3º*). Ao registro desse interesse, o *artigo 16, §4º*, da regulamentação do Estado de Minas Gerais, prevê a observância das seguintes regras:

> I – a necessidade da Administração acerca do produto e a quantidade total estimada serão informadas a todos os licitantes que se credenciarem para a oferta de proposta no respectivo item, pela internet, e, ainda, se possível, por correspondência eletrônica; e
>
> II – na hora e data indicadas, o pregoeiro iniciará a sessão coletando as propostas, iniciando-se a fase de lances, seguindo-se o registro de preços para a quantidade demandada na ocasião, observando-se as demais regras do pregão.
>
> III – a Administração poderá convocar apenas os licitantes que manifestaram o interesse no item ou no lote para apresentar proposta e disputar lance para a demanda ou registro do preço.

---

[15] Nos termos do *artigo 21*, da regulamentação do Estado de Minas Gerais, "a estimativa de preços para balizar o pregoeiro e a comissão de licitação poderá ser baseada: I – nos preços constantes do banco de melhores preços integrante do Sistema Integrado de Administração de Materiais e Serviços do Estado de Minas Gerais – SIAD-MG; II – nos preços de outras ARPs; III – nos preços de tabelas de referência; IV – nos preços praticados no âmbito dos órgãos e entidades da Administração Pública; e V – nas pesquisas feitas junto a fornecedores".

IV – após o registro de interesse no item ou lote, o prazo mínimo entre a informação da necessidade e a abertura da disputa de preços não poderá ser inferior a vinte e quatro horas.

V – no caso do inciso IV, o aviso de abertura da sessão deverá ficar disponível no sítio eletrônico pelo prazo mínimo de quarenta e oito horas, para as demandas com valor estimado superior a R$150.000,00 (cento e cinquenta mil reais).

VI – não constitui direito do licitante o recebimento de comunicação direta.

VII – a necessidade do produto não poderá ser superior à quantidade indicada no edital.

VIII – o licitante vencedor não se obriga ao registro da quantidade total indicada no edital, mas apenas à quantidade informada para a demanda.

O edital de SRPP, na regulamentação do Estado de Minas Gerais, deverá conter, ainda: (i) a informação de que a validade dos preços ofertados não será superior a doze meses; (ii) a indicação do período de atualização dos preços registrados; (iii) a informação de que o mesmo edital poderá ser utilizado com o fim de se promover a atualização a que se refere o item anterior; e (iv) o esclarecimento de que na nova etapa competitiva será admitido o ingresso de novos licitantes pré-qualificados.

O Decreto nº 46.311/13, do Estado de Minas Gerais, impõe como condição de validade do SRPP: (i) a permissão à participação de novos licitantes interessados, bastando o preenchimento das condições previstas no edital, comprovadas no credenciamento e (ii) a atualização de preços, com periodicidade mínima anual (*artigo 17*).

- *Registro Adicional de Preços*

O Decreto nº 46.311/13, do Estado de Minas Gerais, diferentemente do que previu o Decreto Federal, previu ainda o "Registro Adicional de Preços" (*artigos 11 e 12*), determinando que, ao preço do primeiro colocado, o edital poderá estabelecer que serão registrados tantos fornecedores quanto necessários para que seja atingida, em função das propostas apresentadas, a quantidade total estimada para o item. Existe disposição semelhante no Decreto nº 31.553/16, do Estado do Maranhão. O Decreto nº 7.892/13, por sua vez, somente admitiu o registro de demais fornecedores ao preço do primeiro colocado com o objetivo de formar um "cadastro de reserva", "no caso de exclusão do primeiro colocado da ata" (artigo 11, §1º).

Além disso, o Decreto nº 46.311/13, do Estado de Minas Gerais, permitiu, excepcionalmente, a possibilidade de o Edital prever o registro de outros preços, quando o primeiro colocado não conseguir suprir todo o quantitativo estimado e as ofertas forem compatíveis com o mercado (art. 11, §1º).

• *Controle social do Registro de Preços*

Importante registrar que os mencionados Decretos do Estado de Minas Gerais e do Maranhão também disciplinaram os mecanismos de controle social do Registro de Preços (artigos 18 e 24, respectivamente), em harmonia com a diretriz apresentada no artigo 15, §6º, da Lei nº 8.666/93 e aos preceitos do princípio democrático. Com efeito, regulamentou-se que o controle do Sistema de Registro de Preços poderá ser realizado, também, pelo cidadão e pelas pessoas jurídicas, legalmente representadas, mediante petição fundamentada dirigida ao gerenciador do SRP e, quando for o caso, aos titulares dos respectivos órgãos participantes e não participantes. Contudo, nada impede que esse controle seja efetivamente exercido também no Sistema de Registro de Preços da União, disciplinado pelo Decreto nº 7.892/13, em vista do direito constitucional à petição aos órgãos públicos (art. 5, XXXIV, "a", da CR/88).

• *Adesão de entidades privadas à Ata de Registro de Preços*

A regulamentação de Minas Gerais permitiu que *entidades privadas*, não pertencentes à Administração Pública indireta, possam aderir à Ata de Registro de Preços, como órgãos não participantes (artigo 19, §5, II, do Decreto nº 46.311/13 de Minas Gerais). Trata-se da institucionalização de mais uma forma de cooperação entre as esferas públicas e privadas. Não há dúvidas de que a Administração Pública poderá se beneficiar dessa aproximação, principalmente no que tange ao controle dos preços e qualidades dos itens registrados na ata que, em certos casos, serão analisados de forma mais eficiente pelas entidades privadas que, essencialmente, visam ao lucro. Disposição semelhante também foi trazida pelo Decreto nº 31.553/16, do Estado do Maranhão (artigo 21, §10).

DISPOSIÇÕES FINAIS E TRANSITÓRIAS E ANÁLISE COMPARATIVA DO DECRETO Nº 7.892/13 ...

- *Sigilo sobre o preço cotado*

Em sintonia com o mecanismo trazido no artigo 6º do Regime Diferenciado de Contratações (Lei nº 12.462/11), a regulamentação de Minas Gerais deixou expressa a permissão para que a Administração Pública estadual mantenha *sigilo* sobre o preço cotado em procedimentos de pregão, até o final do julgamento da licitação, de modo a melhorar as condições da negociação com o vencedor (artigo 21, §1º). Essa disposição, todavia, não foi abarcada pelo Decreto do Estado do Maranhão.

- *Limitação à adesão do órgão não participante (carona) após a primeira aquisição pelo órgão participante da Ata de Registro de Preços*

Como já mencionado, o Decreto nº 39.103/2018, do Distrito Federal, em seu artigo 22, §5º, prevê que o "órgão gerenciador somente poderá autorizar adesão à ata após a primeira aquisição ou contratação por órgão participante do Registro de Preços, com exceção dos órgãos e entidades do Distrito Federal".

O Decreto nº 7.892/13 possuía disposição semelhante, em seu artigo 22, §5º, o qual previa que o órgão gerenciador somente poderia autorizar adesão à ata "após a primeira aquisição ou contratação por órgão integrante da ata, exceto quando, justificadamente, não houver previsão no edital para aquisição ou contratação pelo órgão gerenciador". No entanto, o Decreto Federal nº 8.250/14 revogou tal dispositivo do Decreto Federal nº 7.892/13, passando tal limitação, até o presente momento, a ser uma particularidade do Decreto do Distrito Federal.

- *Possibilidade de vinculação do preço registrado para todos os órgãos da Administração*

Por fim, cabe aqui homenagear uma disposição específica inicialmente trazida pelo revogado Decreto nº 12.976/07, no Município de Belo Horizonte, o qual tinha estabelecido a obrigatoriedade de o preço registrado pelo órgão gestor ser utilizado por todos os órgãos da Administração, salvo quando for encontrado no mercado preço inferior ao registrado. É o que se deduz do artigo 4º c/c artigo 8º desse Decreto. Tais comandos se mantiveram pelo atual Decreto nº 16.538/2016, do Município de Belo Horizonte (artigo 12), que substituiu o Decreto nº 12.976/07. Tal disposição é importante para (i) evitar gastos operacionais e financeiros desnecessários para a realização de diversos procedimentos licitatórios, bem como (ii) para facilitar a gestão dos preços registrados pelos órgãos de controle interno desse ente federativo.

Referências

JACOBY FERNANDES, Jorge Ulisses. *Sistema de Registro de Preços e pregão presencial e eletrônico*. 5. ed. Belo Horizonte: Fórum, 2013.

VIANNA, Flavia Daniel. Atores da licitação por SRP e implicações do Novo Regulamento nº 7.892/2013. *Revista Síntese – Licitações, Contratos e Convênios*, v. 1, p. 54-61, 2013.

Informação bibliográfica deste texto, conforme a NBR 6023:2018 da Associação Brasileira de Normas Técnicas (ABNT):

VALE, Murilo Melo. Disposições finais e transitórias e análise comparativa do Decreto nº 7.892/2013 com outras regulamentações sobre Registro de Preços. *In*: FORTINI, Cristiana (Coord.). *Registro de Preços*: análise crítica do Decreto Federal nº 7.892/13, com as alterações posteriores. 3. ed. rev., ampl. e atual. Belo Horizonte: Fórum, 2020. p. 245-262. ISBN 978-65-5518-038-1.

SOBRE OS AUTORES

Ariane Shermam Morais Vieira
Doutoranda e mestre em Direito pela Universidade Federal de Minas Gerais (UFMG). Assessora de Conselheiro no Tribunal de Contas do Estado de Minas Gerais (TCE-MG). Advogada.

Bruna Rodrigues Colombarolli
Mestre em Direito Administrativo pela Universidade Federal de Minas Gerais (UFMG). Doutoranda em Direito Administrativo Universidade Federal de Minas Gerais (UFMG). Professora da Universidade Fundação Mineira de Educação e Cultura (FUMEC). Advogada.

Cristiana Fortini
Doutora em Direito Administrativo pela Universidade Federal de Minas Gerais (UFMG). Professora da graduação, do mestrado e do doutorado da Universidade Federal de Minas Gerais (UFMG) e das Faculdades Milton Campos. Vice-Presidente do Instituto Brasileiro de Direito Administrativo. Professora Visitante da Universidade de Pisa-Itália. *Visiting Scholar* na George Washington University (EUA). Ex-Controladora Geral do Município de Belo Horizonte. Diretora do Instituto Brasileiro de Direito Administrativo (IBDA). Ex-Presidente do Instituto Mineiro de Direito Administrativo (IMDA). Ex-Procuradora Geral Adjunta de Belo Horizonte.

Fernanda Piaginni Romanelli
Bacharel em Direito pela Universidade Federal de Minas Gerais (UFMG). Pós-Graduada em Administração Pública pela Fundação João Pinheiro (FJP). Advogada. Controladora Interna do Município de Santa Luzia.

Gilberto Pinto Monteiro Diniz
Mestre e doutorando em Direito pela Universidade Federal de Minas Gerais (UFMG). Bacharel em Ciências Contábeis pelo Instituto Cultural Newton Paiva Ferreira e em Direito pela Faculdade de Direito Milton Campos. Licenciado pleno pelo Centro Federal de Educação Tecnológica de Minas Gerais (CEFET/MG). Especialista em Controle Externo pela Pontifícia Universidade Católica de Minas Gerais (PUC/MG). Conselheiro do Tribunal de Contas do Estado de Minas Gerais (TCE-MG).

Iúlian Miranda

Mestre em Direito Administrativo pela Universidade Federal de Minas Gerais (UFMG). Professor da Pontifícia Universidade Católica de Minas Gerais (PUC-MG). Advogado.

Mariana Magalhães Avelar

Mestre em Direito e Administração Pública pela Universidade Federal de Minas Gerais (UFMG). Especialista em Gestão e Finanças pela Fundação Dom Cabral (FDC). Advogada e Professora do MBA de Licitações e Contratos do IPOG.

Mirela Miró Ziliotto

Mestranda em Direito Econômico e Desenvolvimento na Pontifícia Universidade Católica do Paraná (PUC-PR). Especialista em Direito Administrativo pelo Instituto Romeu Felipe Bacellar Filho. Advogada-sócia do escritório Pironti Advogados.

Murilo Melo Vale

Advogado e professor de Direito Administrativo. Mestre e doutorando em Direito Administrativo pela Universidade Federal de Minas Gerais (UFMG). Pós-Graduado em Direito Público e Tributário. Membro da Comissão de Direito Administrativo da Ordem dos Advogados do Brasil (OAB). Ex-professor substituto de Direito Administrativo da Universidade Federal de Minas Gerais (UFMG).

Rafael Sérgio Lima de Oliveira

Doutorando em Ciências Jurídico-Políticas pela Universidade de Lisboa (ULisboa). Mestre em Direito e Pós-graduado em Direito da Contratação Pública pela Universidade de Lisboa (ULisboa). Participante do Programa de Intercâmbio Esrasmus na *Università degli Studi di Roma* - Tor Vergata. Procurador Federal da Advocacia-Geral da União (AGU). Fundador do Portal L&C (licitacaoecontrato.com.br). Palestrante e Professor em diversos cursos de Pós-graduação no Brasil.

Rodrigo Pironti Aguirre de Castro

Pós-Doutor em Direito pela Universidad Complutense de Madrid (UCM). Doutor e Mestre em Direito Econômico pela Pontifícia Universidade Católica do Paraná (PUC-PR). Professor de Direito Administrativo e Constitucional. Advogado e Parecerista.

Ronny Charles L. de Torres

Advogado da União. Doutorando em Direito pela Universidade Federal de Pernambuco (UFPE). Mestre em Direito Econômico pela Universidade Federal de Pernambuco (UFPE). Pós-graduado em Direito Tributário (IDP). Pós-graduado em Ciências Jurídicas (UNP). Membro da Câmara Nacional de Licitações e Contratos da Consultoria Geral da União. Atuou como Consultor Jurídico Adjunto da Consultoria Jurídica da União perante o Ministério do Trabalho e Emprego.

Sarah Campos

Advogada. Mestre em Direito Administrativo pela Universidade Federal de Minas Gerais (UFMG). Doutoranda em Ciências Jurídico-Políticas pela Universidade de Lisboa (ULisboa), Portugal. Coordenadora-Discente de Relações Institucionais e Sindicais do Programa Universitário de Apoio às Relações de Trabalho e à Administração da Justiça pela Universidade Federal de Minas Gerais (PRUNART/UFMG). Presidente da Comissão de Direito Administrativo da Ordem dos Advogados do Brasil (OAB), Seccional Minas Gerais. Membro da Comissão Especial de Direito Administrativo e da Comissão Especial de Autonomia Universitária do Conselho Federal da Ordem dos Advogados do Brasil.

Thiago Quintão Riccio

Bacharel em Direito pela Universidade Federal de Minas Gerais (UFMG). Mestre em Direito Administrativo pela Universidade Federal de Minas Gerais (UFMG). Advogado.

Esta obra foi composta em fonte Palatino Linotype, corpo 10
e impressa em papel Offset 75g (miolo) e Supremo 250g (capa)
pela Paulinelli Serviços Gráficos, em Belo Horizonte/MG.